Harald Pechlaner, Hans H. Hinterhuber,
Eva-Maria Hammann (Hrsg.)

Unternehmertum und Unternehmensgründung

GABLER EDITION WISSENSCHAFT

Harald Pechlaner, Hans H. Hinterhuber,
Eva-Maria Hammann (Hrsg.)

Unternehmertum und Unternehmensgründung

Grundlagen und Fallstudien

Deutscher Universitäts-Verlag

Bibliografische Information Der Deutschen Bibliothek
Die Deutsche Bibliothek verzeichnet diese Publikation in der Deutschen Nationalbibliografie; detaillierte bibliografische Daten sind im Internet über <http://dnb.ddb.de> abrufbar.

1. Auflage Januar 2005

Lektorat: Ute Wrasmann / Sabine Schöller

Der Deutsche Universitäts-Verlag ist ein Unternehmen von Springer Science+Business Media.
www.duv.de

Umschlaggestaltung: Regine Zimmer, Dipl.-Designerin, Frankfurt/Main
Druck und Buchbinder: Rosch-Buch, Scheßlitz
Gedruckt auf säurefreiem und chlorfrei gebleichtem Papier
Printed in Germany

ISBN 3-8244-8189-8

Vorwort der Herausgeber

„Unternehmertum und Unternehmensgründung: Grundlagen und Fallstudien“: Mit diesem Titel soll zum Einen die enge Verknüpfung zwischen den Herausforderungen des unternehmerischen Denkens und der Gründung von Unternehmen zum Ausdruck gebracht werden, zum Anderen aber an der Schnittstelle von ausgewählten theoretischen Grundlagen und praxisorientierten Fallstudien ein Überblick über ausgewählte Problemstellungen und Lösungsansätze bei Neu- und Umgründungen gegeben werden. In einer globalisierten Weltwirtschaft wird der Schaffung einer Unternehmertum-freundlichen Kultur für die Entwicklung einer Volkswirtschaft oder Region zunehmend größere Bedeutung zukommen. Dabei kommt es vor allem auf die wirtschaftliche Dynamik einer Volkswirtschaft oder Region an, damit deren Entscheidungsträger Lösungsansätze für steigende Arbeitslosigkeit und stagnierende Märkte entwickeln, und so die betreffende Volkswirtschaft langfristig im internationalen Vergleich wettbewerbsfähig machen können.

Innovatives Unternehmertum ist vielfach bei kleinen und mittelständischen Unternehmen auszumachen. Unternehmensgründungen beginnen zudem meist im Kleinen und entwickeln sich erst in der Folge zu erfolgreichen Firmen. Dabei liegt das große Potential der kleinen und mittelständischen Unternehmen vor allem in ihrer hohen Flexibilität und ihren qualitativ hochwertigen Erzeugnissen und Leistungen. Dieser Umstand macht sie im weltweiten Vergleich äußerst konkurrenzfähig, weshalb diese Unternehmen sowie deren unternehmerisch denkende und handelnde Mitarbeiter und Führungskräfte im Mittelpunkt des Interesses stehen.

Zunehmend entwickeln Universitäten und Fachhochschulen Programme zur Forcierung von Entrepreneurship und Unternehmensgründungen, und bieten den Studenten in Lehrgängen und Seminaren vermehrt die Möglichkeit, sich Know-how und Fähigkeiten anzueignen, welches sie für die Gründung „ihres“ Unternehmens benötigen.

Im Rahmen der diversen Entrepreneurship-Lehrveranstaltungen an Universitäten und Fachhochschulen werden vermehrt Fallstudien und Beispiele aus der Praxis herangezogen, anhand derer den Studenten „reelle“ Probleme des Wirtschaftslebens zur Bearbeitung vorgelegt werden, die ihnen ein Gespür für den Umgang mit Problemen und Herausforderungen geben sollen. Aus diesem Grund besteht die Zielsetzung dieses Buches darin, unterschiedliche aktuelle Fragestellungen aus den Bereichen „Unternehmertum“ und „Unternehmensgründung“ aufzugreifen und Praxisbeispiele aus dem Raum Tirol, Vorarlberg, Südtirol und Bayern zur Verfügung zu stellen, die den Studenten einen Einblick in die Praxis geben und so auf die Möglichkeit des Schrittes in die Selbständigkeit hinweisen sollen.

Das Buch gliedert sich in zwei Teile: Grundlagen und Fallstudien. Im Grundlagen-Teil werden dem Leser ausgewählte theoretische und praktische Aspekte des Unternehmertums und der Unternehmensgründung unter besonderer Berücksichtigung von kleinen und mittleren Unternehmen geboten, wobei die meisten Beiträge auf der Basis von empirischen Erhebungen beruhen; im Fallstudien-Teil werden verschiedene, real existierende Unternehmen sowie deren Akteure unter einem spezifischen Blickwinkel (z.B. Innovationsmanagement, Produktentwicklung, Nachfolgeprobleme, Wachstum, Leadership, Führungsverhalten in turbulenten Zeiten mit darauf folgender Umgründung, Neugründung) vorgestellt. Die Fallstudien sind im abschließenden Teil mit Fragestellungen sowie Literaturhinweisen versehen. Der besondere Nutzen besteht für den Leser darin, dass die Fallstudien in Zusammenarbeit mit den betreffenden Unternehmen ausgearbeitet wurden und daher die Probleme und Perspektiven des Unternehmertums in neu- oder umgegründeten Unternehmen „hautnah" kennen gelernt werden können. Den Lehrenden an Universitäten und Fachhochschulen werden von Seiten der Herausgeber auf Anfrage „Teaching Notes" als Hilfestellung zur Lösung der Fälle zur Verfügung gestellt.

Prof. Dr. Harald Pechlaner

Prof. Dipl-Ing. Dr. Hans H. Hinterhuber

Mag. Eva-Maria Hammann

Vorwort des Sponsors

Europas Unternehmensstandorte befinden sich in einem ständigen wirtschaftlichen und technologischen Wettbewerb. Durch starke, innovative Betriebe werden Arbeitsplätze und Wohlstand gesichert.

Tirol ist eine dynamische Region inmitten Europas. Mit einer unvergleichlichen Naturlandschaft, einer gut ausgebauten Infrastruktur und qualifizierten Arbeitskräften bietet Tirol Heimat sowohl für global agierende Konzerne wie die Firmen Riedel, Swarovski oder Plansee als auch für viele kleinere und mittlere Betriebe, die sich durch ihr Können und ihren Fleiß einen Spitzenplatz im nationalen und internationalen Wettbewerb erworben haben. Die Tiroler Zukunftsstiftung versucht durch zahlreichen Aktivitäten, maßgebliche Impulse für die Tiroler Unternehmen und Forschungseinrichtungen zu schaffen. Neben der Gründung von Forschungszentren, der Initiierung von Clustern und berufsorientierten Qualifizierungsmaßnahmen hat sich die Tiroler Zukunftsstiftung eine Kernforderung des Tiroler Wirtschaftsleitbildes zur Aufgabe gemacht – die Unterstützung unternehmerischer Potenziale. So veranstaltet die Tiroler Zukunftsstiftung seit dem Jahr 2000 jährlich den Businessplanwettbewerb adventure X, welcher Jungunternehmern das Rüstzeug zur Selbstständigkeit bereitstellt und dabei versucht, diese auf den Markt und den wirtschaftlichen Wettbewerb vorzubereiten. Zusätzlich schafft die Tiroler Zukunftsstiftung durch Adventure X eine Aufbruchsstimmung im Land, durch die ein dauerhafter Innovations- und Gründungsprozess in Gang gesetzt wird.

Durch diese von der Tiroler Zukunftsstiftung gesetzten Maßnahmen werden sektorale Strukturen gestärkt und das Entstehen innovativer Unternehmen unterstützt und aktiv gefördert. Das vorliegende Buch beleuchtet den Stellenwert solcher Unternehmen für eine Region. Ich wünsche Ihnen viel Vergnügen beim Lesen.

Dr. Harald Gohm

Geschäftsführer der Tiroler Zukunftsstiftung

Inhaltsverzeichnis

Teil II: Fallstudien

Teil I

Grundlagen

Strategisches Unternehmertum

Wie sich Unternehmen durch die Integration von Entrepreneurship/Leadership und strategischer Unternehmensführung kontinuierlich erneuern

Hans H. Hinterhuber

Nicht jeder, der sich bemüht, kann eine Gazelle erjagen;
doch wer eine Gazelle erjagt, der hat sich sicher bemüht.

Annemarie Schimmel

1 Einleitung

Sei allezeit ein anhebender Mensch.
Meister Ekkehart

Eine der wichtigsten Herausforderungen für die Unternehmen in einer Zeit des Umbruchs und der Turbulenz ist, Leadership und Strategie auf allen Verantwortungsebenen und in allen Bereichen zu verankern. Die zentrale Botschaft dieses Beitrags lautet: Je besser es dem Führungsteam gelingt, Leadership/Entrepreneurship und Strategie im Bewusstsein aller Mitarbeiter zu integrieren, desto besser gelingt die kontinuierliche Erneuerung des Unternehmens. Kontinuierliche Erneuerung heißt, den Kunden durch innovative Produkte und Dienstleistungen sowie durch Flexibilität und „responsiveness" einen Mehrwert zu bieten, den sie von den Konkurrenten nicht erhalten.

Diese zentrale Botschaft wird in vier Abschnitten vermittelt.

- Erstens wird gezeigt, was Entrepreneurship/ Leadership ist.
- Zweitens wird ein in der Praxis bewährtes Modell der strategischen Unternehmensführung kurz vorgestellt.
- Drittens wird die These entwickelt, dass durch die Integration von Leadership/ Entrepreneurship strategisches Unternehmertum entsteht.
- Viertens wird gezeigt, wie sich Unternehmen kontinuierlich und wertsteigernd erneuern können.

2 Was heißt Leadership/Entrepreneurship?

Unbesiegbar kannst du sein,
wenn du dich in keinen Wettbewerb einlässt,
in dem zusiegen nicht in deiner Macht steht.

Epiktet

Zwischen Leadership und Entrepreneurship besteht ein kleiner, jedoch wesentlicher Unterschied: Entrepreneurship heißt, sein eigenes Kapital und seine eigene Reputation einsetzen und das entsprechende Risiko für den möglichen Gewinn eingehen, Leadership heißt, seine eigene Reputation und seine Karriere, nicht aber sein eigenes Kapital, im Unternehmen auf das Spiel setzen. Vom Inhalt der Tätigkeit und Verantwortung her besteht zwischen Leadership und Entrepreneurship kein Unterschied.

Wer führen will, sei es als Unternehmer, der sein Kapital riskiert, oder als Mitarbeiter, der seine Reputation und Karriere einbringt, muss (Abbildung 1) (Hinterhuber, 2004, S. 18ff; Hinterhuber/Krauthammer, 2002, S. 32ff):

- ein Visionär sein: Er muss eine Vision in die Herzen seiner Mitarbeiter bringen, die eine Richtung angibt, Sinn vermittelt und das Unternehmen auf Resultate hinbewegt;
- ein Vorbild sein und Mut beweisen: Wirksam kommunizieren sowie Mitarbeiter und Teams anregen und in die Lage versetzen, sich begeistert für gemeinsame Aufgaben zu engagieren, kann nur, wer selbst ein Beispiel gibt und Risiken einzugehen bereit ist;
- Werte für alle Stakeholder schaffen kann nur wer kurzfristig Ergebnisse erzielt und langfristig das Unternehmen stärker macht, d.h. eine überdurchschnittliche, nachhaltige Wertsteigerung erzielt.

Wer auch nur eine dieser drei Anforderungen nicht entspricht, wird seiner Führungsaufgabe als Unternehmer oder Unternehmensmitglied nicht gerecht.

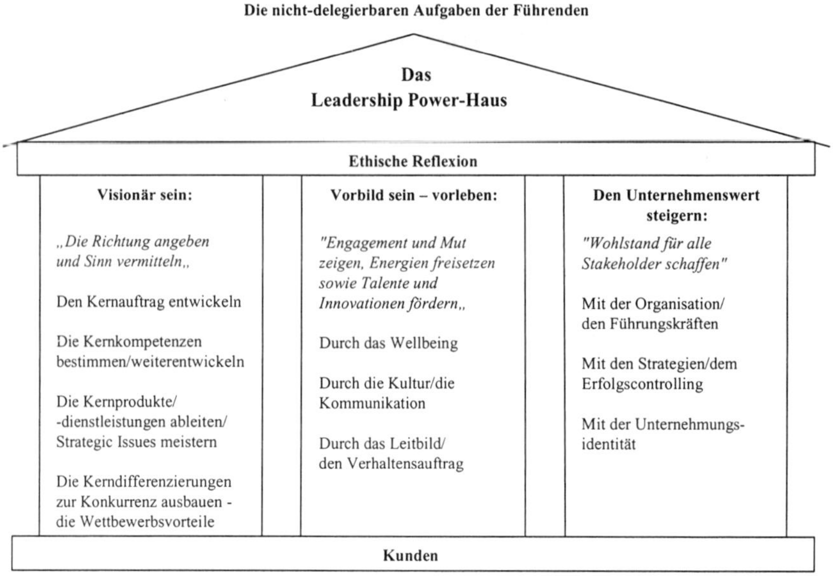

Abbildung 1: Das Leadership-Haus
Quelle: *Hinterhuber/Krauthammer, 2002*

Leadership/Entrepreneurship ist die angeborene oder erworbene Fähigkeit, neue Möglichkeiten zu erschließen sowie andere Menschen anzuregen, sich begeistert, initiativ und kreativ für gemeinsame Ziele und Aufgaben einzusetzen. Leadership/Entrepreneurship ist die Fähigkeit mit anderen Ziele zu erreichen und dabei gleichzeitig diese Menschen zu entwickeln.

Leadership/Entrepreneurship heißt (Schmid, 1998, S. 202ff):

- neugierig bleiben, immer wieder neue, ungewisse Erfahrungen riskieren, aus unterschiedlichen Perspektiven blicken,
- das Gesetz des Handelns auf reflektierte Weise selbst wahrnehmen,
- Initiative als das beste Betriebskapital ansehen,
- offen für den Zufall sein, für das Überraschende und Unerwartete,
- Mut zum Irrtum zu haben,

- sich nicht mit bestehenden Zuständen abfinden,
- aus dem maßlosen Überangebot von Informationen diejenigen herausfiltern, die neue Möglichkeiten erschließen können,
- einen Reichtum gemachter Erfahrungen in sich ansammeln.

3 Was versteht man unter strategischer Unternehmensführung?

Tu, was nötig ist. Nötig aber ist,
dein kleines Handwerk mit Liebe auszuüben.
Marc Aurel

Strategische Unternehmensführung ist eine integrierte Gesamtheit von Entscheidungs- und Handlungshilfen sowie von Einstellungen, mit denen ein Unternehmen in einer turbulenten Umwelt Wettbewerbsvorteile erzielen und ihren Wert nachhaltig und langfristig steigern kann.

Abbildung 2 veranschaulicht ein Gesamtmodell der strategischen Unternehmensführung (Hinterhuber, 2004, S. 21ff).

Strategische Unternehmensführung ist an messbare Ergebnisse gebunden. Die äußeren Kreise im Gesamtsystem der strategischen Unternehmensführung geben die Bereiche an, in denen die Ergebnisse laufend gemessen werden müssen.

Die Unternehmen sind langfristig am erfolgreichsten, die, wie z.B. Shell, General Electric, Siemens, Nestlé oder Exxon, alle Komponenten und Regelkreise der Führung beherrschen und sie zu einem kohärenten, wertsteigernden Ganzen integrieren. Wie Probst und Raisch nachgewiesen haben, geht es vor allem um die richtige Mitte (Probst/Raisch, 2004, S. 37ff):

- um ein Wachstum, das auch die Konsolidierung einschließt,
- um eine starke Führung, die Leitung und Gewähren lassen, zentrale Steuerung und dezentrales Handeln verbindet,
- um eine Unternehmenskultur, die auf Leitung wie auf Vertrauen aufbaut.

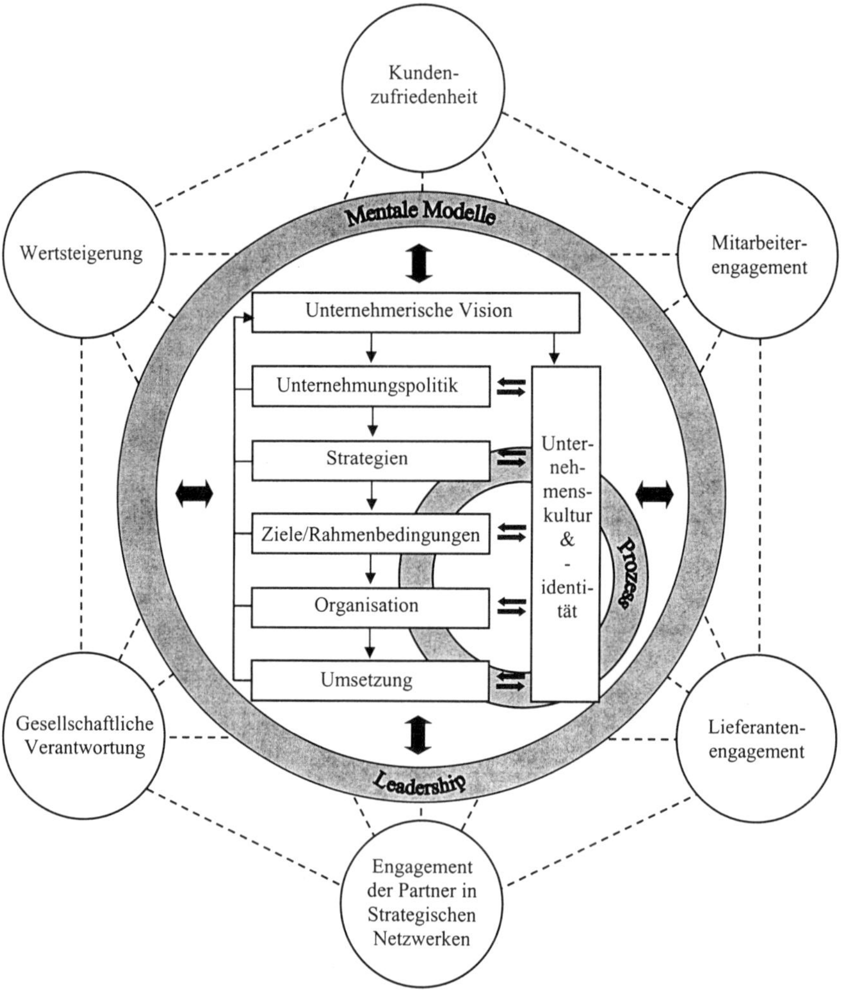

Abbildung 2: Das Gesamtsystem der strategischen Unternehmensführung

Quelle: *Hinterhuber, 2004*

4 Strategisches Unternehmertum ist die Integration von Leadership/ Entrepreneurship

However beautiful the strategy,
you should occasionally look at the results.
Sir Winston Churchill

In einem viel beachteten Beitrag weisen Greiner, Bhampri und Cummings (2003, S. 402ff) auf die unterschiedlichen und divergenten Entwicklungen von Leadership/Entrepreneurship und strategischer Unternehmensführung hin. Die an den bekannten US-Universitäten angebotenen Kurse in strategischer Unternehmensführung entfernen sich zunehmend von interdisziplinären Ansätzen und betonen fast ausschließlich Theorie und Analyse; sie bewegen sich auf einem hohen Abstraktionsniveau, auf dem die Studierenden wohl zu scharfsinnigen, analytischen Einsichten, nicht jedoch zu praktischem, strategiegeleiteten Handeln angeregt werden. Umgekehrt fehlen in der Regel in den Leadership/ Entrepreneurship-Kursen sowohl eine Theorie wie auch eine systematische Behandlung der Instrumente und Methoden, mit denen Unternehmen wertsteigernd in die Zukunft geführt werden können.

In einer Zeit des Umbruchs und der Turbulenz müssen Führende lernen, Strategien zu formulieren und umzusetzen, wenn wenig Zeit für die systematische Sammlung und Analyse von Daten verfügbar ist und viele Stakeholder involviert und motiviert werden müssen, sich engagiert für gemeinsame Ziele einzusetzen.

Abbildung 3 zeigt die Schnittstellen von Leadership/Entrepreneurship und strategischer Unternehmensführung in kleinen und mittleren Unternehmen. Das Ziel ist, sowohl Performance als auch profitables Wachstum zu bewirken; dies gelingt durch die Verbindung von strategischer Offensive (= Leadership/Entrepreneurship) und taktischer Defensive (= strategische Unternehmensführung) (Hinterhuber, 2004, S. 77ff). Führende sind entweder ein Unternehmer- oder ein Angestelltentyp. Wer kein Unternehmertyp ist, der bewältigt die Integration von Leadership/Entrepreneurship und strategischer Unternehmensführung nicht.

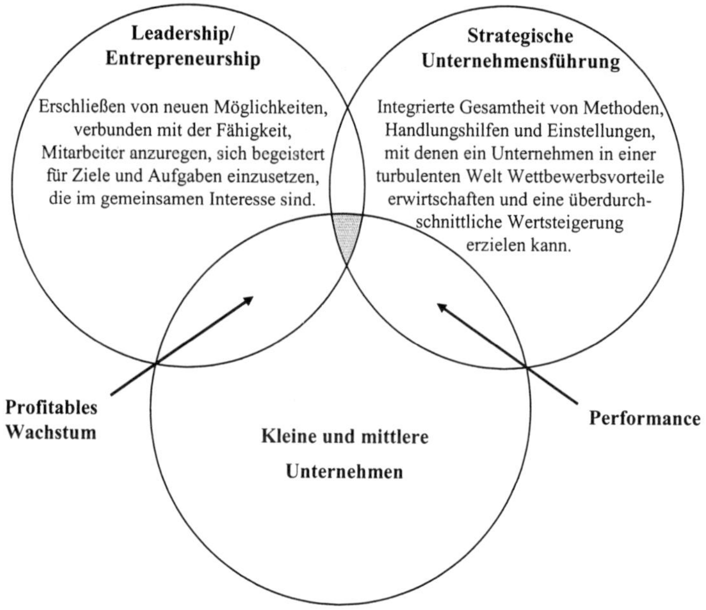

Abbildung 3: Die Integration von Leadership/Entrepreneurship und strategischer Unternehmensführung
Quelle: in Anlehnung an Dale Meyer/Neck/Meeks, 2002

Unternehmer sein heißt, innovativ sein. Die Innovation ist die Grundlage für unternehmerisches Gestalten. Strategisches Unternehmertum ist die Verknüpfung von Offenheit für neue Möglichkeiten mit systematischem strategischen Denken und Handeln. Strategische Unternehmensführung ist dem kognitiven Bereich des Denkens, Urteilens, Entscheidens, Planens und Wollens zuzurechnen. Strategische Unternehmensführung ist auf Performance ausgelegt. Der kognitive Bereich ist Unternehmern und Führungskräften wohl bekannt; die gesamte Aus- und Weiterbildung ist auf Meisterschaft in diesem Bereich ausgerichtet.

Unternehmerische Veränderungsprozesse spielen sich jedoch überwiegend in einem anderen Bereich - dem emotionalen Bereich ab. Der emotionale Bereich ist gekennzeichnet durch: Intuition, Unzufriedenheit, häufig auch Ärger mit dem Status-quo, Unmut mit einem Konkurrenten, Stress und dgl. mehr. Bei unternehmerischen Veränderungsprozessen, wenn eine neue Pionierphase des Unternehmens eingeleitet werden soll, ist in erster Linie der emotionale Bereich gefordert, der allerdings durch die Vernunft geleitet werden muss (Hinterhuber, 2004, S. 35ff). Leadership betrifft mehr den emotionalen, Management mehr den kognitiven Bereich.

Alle großen Unternehmer oder Führungskräfte sind Seefahrern ähnlich, die die Meere erobert haben. Wie diese benützen auch sie Instrumente und Methoden (kognitiver Bereich, Werkzeuge der strategischen Unternehmensführung), sie müssen jedoch die Energie und den Mut besitzen, zu neuen Ufern aufzubrechen und mit der Vergangenheit zu brechen, sie brauchen gesunden Menschenverstand, Sinn für Perspektiven und Proportionen, Hingabe an einen gemeinsamen Zweck, Überzeugungs- und Einfühlungsvermögen, Glaubwürdigkeit, Integrität, mit anderen Worten Einstellungen, die dem emotionalen Bereich (Leadership/Entrepreneurship) zuzuordnen sind.

Strategisches Unternehmertum ist eine Synthese aus Vernunft und Emotion. In der Entfaltung von strategischem Unternehmertum ist die Schule der Praxis der Schule der Theorie überlegen. Sie enthüllt die menschlichen Eigenschaften und gibt dem Charakter die Gelegenheit, sich zu bewähren. Erst in der Praxis zeigt sich das wirkliche Können, das auf Wissen (= kognitiver Bereich, strategische Unternehmensführung) und auf Intuition und Gefühle (= emotionaler Bereich, Entrepreneurship/Leadership) aufbaut. Strategisches Unternehmertum heißt Vernunft und Herz der Menschen ansprechen.

Fassen wir zusammen: Im Zentrum von Leadership/Entrepreneurship steht das Individuum, im Zentrum von strategischem Management die Strategie. Im Unterschied zu Leadership, das ein informeller, flexibler, anregender und zukunftsorientierter Prozess ist, ist strategische Unternehmensführung mehr ein formaler, wissenschaftlicher, ergebnisorientierter und gegenwartsbezogener Prozess.

Wie in Abbildung 3 dargestellt, haben beide Bereiche eine gemeinsame Schnittfläche (Dale Meyer/Neck/Meeks, 2002, S. 1ff). Die gemeinsame Schnittfläche kommt besonders in den unternehmerischen Entscheidungen und in der Behandlung von „Strategic Issues“ zum Ausdruck. Die folgende, allgemeingültige Vorgehensweise zeigt dies (Schmid, 1998, S.200ff).

- Berate dich mit dir selbst.
- Berate dich mit anderen.
- Gewinne Distanz zur Sache.
- Werde vertraut mit der Sache.
- Prüfe systematisch Alternativen.

- Lass die Entscheidung heranreifen.
- Beurteile kritisch die Konsequenzen der Entscheidung.
- Untersuche die Akzeptanz der Entscheidung bei den Betroffenen.
- Prüfe, ob die Möglichkeit besteht, mit der Entscheidung verschiedene Probleme zugleich zu lösen oder verschiedene Möglichkeiten zugleich zu nutzen oder widersprüchlichen Anforderungen gerecht zu werden.
- Prüfe die Anzahl der Optionen, die nach der Entscheidung noch offen stehen.
- Entscheide im Bewusstsein, dass unter den ausgeschlossenen Möglichkeiten sich die „eigentlich richtige" hätte befinden können.
- Sei dir bewusst, dass es keine letzte Gewissheit über den Ausgang der Entscheidung gibt.

Die Punkte 1-6 sind mehr dem Bereich Leadership/Entrepreneurship, die Punkte 7-12 mehr dem Bereich der strategischen Unternehmensführung zuzuordnen.

5 Die kontinuierliche Erneuerung des Unternehmens

Wage es zu denken! Habe den Mut,
dich deiner eigenen Intelligenz zu bedienen.

Immanuel Kant

Horst Albach hat in einem viel beachteten Vortrag im Rahmen des Forums Mittelstand an der WHU die kommenden fünf Jahre wie folgt charakterisiert (Albach, 2004, S. 21f):

- die Ausbreitung des Terrorismus.
- der weiterhin ungelöste Nahost-Konflikt,
- das zu geringe Wachstum,
- der hohe Preis erneuerbarer Energien, wodurch das wirtschaftliche Wachstum gebremst wird,

- die sich verschärfenden Konflikte um Öl- und Gasvorkommen,
- die sich in Europa ausbreitende „Spaßgesellschaft“ ohne verbindende Werte, und
- die zunehmende Lebenszeit, wobei die Alterskrankheiten die Gesundheitspolitik bestimmen werden.

In diesem weltweiten turbulenten und unvorhersehbaren Umfeld sind die Strategien und strategischen Pläne der Unternehmen zwangsläufig kürzer, weniger detailbehaftet und flexibler (Greiner/Bhampri/Cummings, 2003, S. 402ff). Die von Albach entwickelten Szenarien können zu chaotischen Veränderungen in vielen Branchen führen. Die Unternehmen müssen sich kontinuierlich erneuern, wenn sie in diesem Umfeld überleben und ihren Wert nachhaltig steigern wollen. Die kontinuierliche Erneuerung des Unternehmens beruht auf kontinuierlicher Innovation. Maßstab dafür ist die Innovationsrate. Die Innovationsrate ist der Anteil am Umsatz (oder am gesamten Deckungsbeitrag) der Produkte und Dienstleistungen, die nicht älter als fünf Jahre sind. Abbildung 4 zeigt den Beitrag der Produkte und Dienstleistungen zum Umsatz des Unternehmens in Abhängigkeit von ihrem Alter und in zeitlicher Profilierung. Siemens z.B. erzielt mehr als 50% seines Umsatzes mit Produkten und Dienstleistungen, die jünger als fünf Jahre sind. Das in Abbildung 4 abgebildete Unternehmen muss, wenn es sich laufend erneuern will, in fünf Jahren mehr als 55% seines Umsatzes mit Produkten und Dienstleistungen erzielen, die es heute noch nicht kennt, die sich erst in der Forschungs-, Entwicklungs- und Produktionsüberführungsphase befinden oder die durch Akquisition/Zukauf beschafft werden müssen. Strategisches Unternehmertum ist die Voraussetzung dafür, dass laufend neue Möglichkeiten entdeckt und umgesetzt werden. Die kontinuierliche Erneuerung der Unternehmen kann nicht vom Führungsteam an der Spitze allein, sondern muss von allen Unternehmensmitgliedern getragen sein. Das Unternehmen der Zukunft ist deshalb die Leadership Company, dessen Kernkompetenz Leadership/Entrepreneurship auf allen Verantwortungsebenen ist (Hinterhuber, 2004, S. 161ff). Die Fähigkeit des Unternehmens und ihrer Mitarbeiter, sich pro-aktiv den tiefreichenden Veränderungen anzupassen und in strategischen Netzwerken Gewinn/Gewinn-Situationen zu schaffen, wird zum Wettbewerbsvorteil der kommenden Jahre (Friedrich von den Eichen/Hinterhuber/Mirow/Stahl, 2003, S. 99ff). Die Voraussetzung für die kontinuierliche Erneuerung der Unternehmen ist die Integration von Leadership/Entrepreneurship und strategischer Unternehmensführung:

- Leadership/Entrepreneurship ist auf das Entdecken von neuen Möglichkeiten gerichtet, die profitables Wachstum erschließen,
- strategische Unternehmensführung ist das Gesamtsystem von Methoden und Einstellungen, auf denen die Performance des Unternehmens beruht.

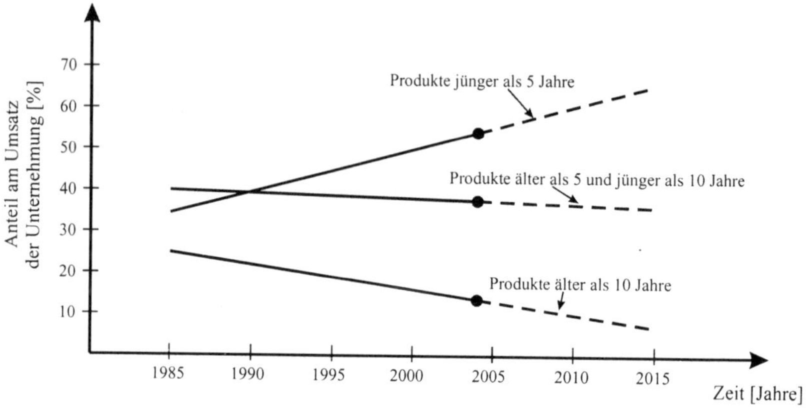

Die Innovationsrate ist der Anteil der Produkte/Dienstleistungen am Umsatz, die jünger als fünf Jahre sind

Abbildung 4: Der Beitrag der Produkte/Dienstleistungen zum Umsatz des Unternehmens in Abhängigkeit von ihrem Alter (Beispiel)

Quelle: *Hinterhuber, 2004*

6 Zusammenfassung und Ausblick

Die Qualität deines Lebens hängt von der Qualität deiner Gedanken ab.
Marc Aurel

Das Ziel dieses Beitrags ist es, Leadership/Entrepreneurship und strategische Unternehmensführung zusammenzuführen und zum Experimentieren mit der Integration der beiden bislang getrennten Disziplinen einzuladen. Die wichtigsten Ergebnisse sind:

- Entrepreneurship heißt, Möglichkeiten entdecken und erschließen, die andere nicht sehen und dadurch ein profitables Wachstum des Unternehmens zu bewirken.
- Strategische Unternehmensführung ist eine integrierte Gesamtheit von Methoden, Handlungshilfen und Einstellungen, mit denen ein Unternehmen in einer turbulenten Umwelt Wettbewerbsvorteile erzielen und ihre Performance verbessern kann.
- Strategisches Unternehmertum ist die Integration von Entrepreneurship/Leadership und strategischer Unternehmensführung.
- Die kontinuierliche Erneuerung des Unternehmens in einer Zeit, in der alles unsicher ist, beruht auf strategischem Unternehmertum.
- Strategisches Unternehmertum ist ein weites, noch wenig bearbeitetes Forschungsgebiet.

Für strategisches Unternehmertum ist nicht gefährlicher als die Einseitigkeit und nichts fördernder als die Offenheit gegenüber dem Neuen und die Erkenntnis, dass neben dem Beruf noch tausend andere Dinge stehen, die auch ihr Lebensrecht haben. Wenn der Unternehmer oder die Führungskraft die Methoden und Einstellungen der strategischen Unternehmensführung beherrscht und darüber hinaus innere Sicherheit und innere Festigkeit besitzt und vom eigenen Wert und von seiner Verantwortung als Führender überzeugt ist, dann ist er oder sie durch das meist bessere Verhaltne den Konkurrenten überlegen. Die kontinuierliche Erneuerung eines Unternehmens ist das Ergebnis der Arbeit nicht nur des Führungsteams an der Spitze, sondern auch von vielen Individuen, deren persönliches Engagement wenig spektakulär im Verborgenem bleibt.

7 Literatur

Albach, H.(2004): Szenarien erfolgreichen Unternehmertums. In: Signale Eins, S. 21-22

Dale Meyer, G./Neck, H.M./Meeks, M.D. (2002): The Entrepreneurship – Strategic Management Interface. In: Hitt, M.A./Ireland, R.D./Camp, S.M./Saxton, D.L. (Hrsg.): Strategic Entrepreneurship. Creating a New Mindset, Oxford, S. 1-16

Friedrich von den Eichen, St.A./Hinterhuber, H.H./Mirow, M./Stahl, H.K. (2003): Das Netz knüpfen. In: Harvard Business Manager, August 2003, S. 99-107

Greiner, L.E./Bhampri, A./Cummings, Th.G. (2003): Searching for a Strategy to Teach Strategy. In: Academy of Management Learning and Education 2, Nr. 2, S. 402-420

Hinterhuber, H.H. (2004): Leadership. Strategisches Denken systematisch schulen von Sokrates bis Jack Welch. 2. Auflage, Frankfurt am Main

Hinterhuber, H.H. (2004): Strategische Unternehmungsführung, 7. Auflage, Berlin - New York

Hinterhuber, H.H./Matzler, K. (Hrsg.) (2004): Kundenorientierte Unternehmensführung. 4. Auflage, Wiesbaden

Hinterhuber, H.H./Pechlaner, H./Kaiser, M.O./Matzler, K. (Hrsg.) (2004): Kundenmanagement als Erfolgsfaktor, Berlin

Hinterhuber, H.H./Krauthammer, E. (2002): Leadership – mehr als Management, 3. Auflage, Wiesbaden

Probst, G./Raisch, S. (2004): Die Logik des Niedergangs. In: Harvard Business Manager, März 2004, S. 37-45

Schmid, W. (1998): Philosophie der Lebenskunst. Eine Grundlegung, Frankfurt am Main

Stahl, H.K./Hinterhuber, H.H. (Hrsg.) (2003): Erfolgreich im Schatten der Großen. Wettbewerbsvorteile für kleine und mittlere Unternehmen, Berlin

Die Veränderung von Branchengrenzen als strategische Chance für neues Unternehmertum

Wolf von Holzschuher

1 Einleitung

Der Fokus strategischen Managements in Unternehmen liegt auf einem Gestaltungsprozess der Zukunft. Unternehmen sind hierbei der permanenten Dynamik und der zunehmenden Komplexität ihrer mittelbaren und unmittelbaren Umwelt ausgesetzt, wobei die Maßgabe des unternehmerischen Handels darin liegen muss, diese Veränderungen zu antizipieren, um ein Maximum der Ziele des eigenen Unternehmens zu erfüllen.

Diese Veränderungen der Unternehmensumwelt gewinnen zunehmend an Dynamik, ihre Einflussfaktoren werden vielfältiger und die Auswirkungen dieser Veränderungen auf die einzelne Unternehmung nehmen an Wirkungsgrad permanent zu. So muss sich das Unternehmen bzw. der einzelne Unternehmer in einem Netzwerk mit Einflüssen bedingt durch z.B. technologische Entwicklungen, Diskontinuitäten im politisch-rechtlichen und ökonomischen Umfeld, demographische Trends wie die Überalterung der Gesellschaft oder durch nachhaltige Veränderungen in der Konsumorientierung der wichtigen Kunden bzw. Käufergruppen positionieren.

Seit den letzten 10-15 Jahren ist ein Phänomen zu beobachten, dass für unternehmerisches Handeln immer mehr an Bedeutung gewinnt: die zunehmende Annäherung von Branchensegmenten und das Verschwinden klar definierbarer Branchengrenzen. So verschwinden traditionelle Segmentgrenzen, einzelne Geschäftsbereiche, einst eindeutig voneinander abgrenzbare Branchen wachsen zusammen oder verschmelzen gar ineinander. In der Wahl geeigneter Maßnahmen und in der aktiven Gestaltung der zukünftigen Wettbewerbsschauplätze unter Berücksichtigung dieser Entwicklungen liegen die großen Herausforderungen qualifizierten strategischen Managements im Sinne einer nachhaltigen und zukunftsorientierten Unternehmenssteuerung.

Faktoren wie das Zusammenwachsen von Branchen, die Veränderungen der zentralen Geschäftslogiken innerhalb von Branchen oder die Obsolenz bestehender strategischer Instrumente für die Gestaltung von Branchen bergen Gefahren für das erfolgreiche Fortbestehen etablierter Geschäftsmodelle, sie schaffen aber neue Spielregeln für das Entstehen innovativer unternehmerischer Konzepte bzw. sie fördern ganz wesentlich die Entstehung neuen Unternehmertums.

2 Die Definition der Branche als strategischer Wettbewerbsschauplatz – Vorherrschendes Grenzverständnis von Märkten und Segmenten

Über die eigene Wettbewerbsstrategie setzt sich das Unternehmen in Bezug zu seinem Umfeld. Nach PORTER stellt die Branche den aus Unternehmenssicht relevanten Umfeldausschnitt dar, da sie der eigentliche Wettbewerbsschauplatz des Unternehmens ist (Porter, 1992, S. 25). Sie beschreibt in diesem Sinne den relevanten Markt des Unternehmens. In engem Zusammenhang hiermit steht die Frage nach dem strategischen Geschäftsfeld und somit den Grenzen bzw. dem Ausmaß unternehmerischer Aktivitäten (Pauls, 1998, S. 57).

Grundsätzlich entsteht eine Marktabgrenzung durch die Spezifizierung eines Teils des „Totalmarktes". Ein Totalmarkt konstituiert sich aus allen existenten Produkten, Anbietern, Bedürfnissen und Kunden (von Stackelberg, 1951). Somit ergeben sich als Abgrenzungskriterien für Märkte ihre Angebots- bzw. ihre Nachfrageseite oder Kombinationen aus beiden Seiten (vgl. Abbel, 1980)[1]. Hier werden in der Regel „ähnliche" Produkte oder Anbieter und „ähnliche" Bedürfnisse oder Kunden zusammengefasst (Bauer, 1989).

Die Produktähnlichkeit innerhalb einer festzulegenden Branche kann über das preistheoretische Konzept der Substitutionslücke ermittelt werden. Hierbei wird auf die relativ höhere Substituierbarkeit in den Augen der Konsumenten abgestellt (Bain, 1968, S. 124f; Robinson, 1964, S.17). Eine Möglichkeit, die Substituierbarkeit der Produkte zu bestimmen, bietet das Konzept der Kaufpreiselastizitäten (Triffin, 1960, S. 97ff). Mittels dieses Ansatzes werden die Produkte, deren Elastizitätskoeffizienten einen bestimmten Schwellenwert auf der von 0 bis Inf. Reichenden Werteskala unterschreitet, ein und denselben Markt zugeordnet (Nieschlag/Dichtl/Hörschgen, 1988, S. 64).

Gegen diesen Ansatz ist einzuwenden, dass die preispolitischen Maßnahmen der Anbieter nicht die einzige Variabel darstellen, welche die bestehenden Konkurrenzbeziehungen zwischen zwei Produkten determinieren. Ferner erweist sich die Wahl eines geeigneten Schwellenwertes, ab dessen eine Substitutionsbeziehung vorliegt, als schwierig. Aus informationsökonomischen Gründen ist zudem eine empirische Branchenabgrenzung mittels der Kreuzspreiselastizität in der Regel nicht durchführbar.

[1] Abbel führt in diesem Zusammenhang an, dass die Marktdefinition eines strategisch geführten Unternehmens entlang der Dimensionen Identität des Kunden, Technologie und Funktionsanforderungen erfolgt [vgl. ABELL (1980), Kapitel 7 bis 9].

In der Praxis greifen Unternehmen daher auf sachliche Abgrenzungskriterien zurück. So kann die Ähnlichkeit z.B. an physikalisch-technischen bzw. funktionalen Produkteigenschaften festgemacht werden. Der Markt wird anhand der subjektiv empfundenen Substituierbarkeit der Produkte im Hinblick auf die Deckung eines identischen oder zumindest ähnlichen Bedarfs definiert. Alternativ kommen auch die Technologien und Fertigungsprozesse der Unternehmen, die im Rahmen der Produktion der Produkte eingesetzt werden, zur Definition des relevanten Wettbewerbsschauplatzes in Betracht (Hofmann, 1982, S. 107).

- Die anbieterorientierte Marktdefinition bedient sich des beobachtbaren Verhaltens der Wettbewerber als Abgrenzungskriterium. Der relevante Markt konstituiert sich aus der Summe aller Unternehmen, deren Aktionen und Reaktionen im Rahmen der strategischen Planung aus Sicht einzelnen Anbieters zu antizipieren sind. Der Ansatz des Benchmarkings bietet das logisch Gerüst, um systematisch die Daten für diesen Ansatz zu erheben.

- Die Bedürfnisse des Konsumenten bilden die Grundlage für die bedürfnissorientierte Marktabgrenzung. In der neueren Literatur werden „Bedürfnisse bzw. Motive im Sinne der Motivationstheorie als autonom entstehende oder durch Sozialisation entstehende Antriebskräfte im Inneren des Menschen angesehen, die sowohl von aktivierenden als auch von kognitiven Kräften gekennzeichnet sind“ (Nieschlag/Dichtl/Hörschgen, 1988, S. 145). Sie sind unspezifisch, d.h. sie richten sich nicht auf ein konkretes Objekt der Bedürfnisbefriedigung aus. Ein Beispiel für solch eine bedürfnisorientierte Marktabgrenzung ist der Markt für Transportmittel.

- Kundenseitig kann ein Markt definiert werden, indem all solche Kunden zusammengefasst werden, die eine Konkretisierung ihres Bedürfnisses in Form des gleichen Bedarfs anstreben. Bedarf bezeichnet hierbei die spezifische Ausrichtung und Verdichtung einer Antriebsempfindung an einem konkreten Objekt im Sinne eines Produktes oder einer Dienstleistung (Nieschlag/Dichtl/Hörschgen, 1988, S. 145). Ein Beispiel für eine kundenorientierte Marktabgrenzung ist der Markt für Zahnarztpraxen.

In der betriebswirtschaftlichen Literatur wird grundsätzlich der Standpunkt vertreten, dass die nachfrageorientierten Marktdefinitionen den angebotsorientierten Marktdefinitionen unter strategischen Gesichtpunkten überlegen sind (Urban/Hauser, 1980, S. 89; Kotler/Biemel,

1995, S. 423 ff). In der Unternehmenspraxis dominiert die Abgrenzung nach Produkten und Kunden. Ferner wird die regionale Dimension von Märkten berücksichtigt (Pauls, 1998).

3 Die Bedeutung klarer Grenzziehungen für die Entwicklung von Wettbewerbsstrategien in Zeiten der Stabilität des unternehmerischen Umfelds

Wettbewerbsstrategien beziehen sich auf einen relevanten Wettbewerbsschauplatz. Zur Formulierung von Wettbewerbsstrategien benötigen Unternehmen Informationen. Konkret erfassen Unternehmen spezifische Daten in ihrer Makro- und Mikroumwelt, welche die externen Rahmenfaktoren des strategischen Managements eines Unternehmens determinieren (Pauls, 1998). Der Makroumwelt sind die ökonomische, die technische, die soziokulturelle, die physische und die politisch-rechtliche Komponente zuzuordnen (Raffèe, 1979, S. 4ff). Diese Makroumwelt bildet den Rahmen für die Handlungen aller oder einer größeren Zahl von Unternehmen. Sie weist in der Regel keinen engen Bezug zur jeweiligen spezifischen Unternehmensaufgabe auf. Zur Mikroumwelt zählen der direkte und indirekte Wettbewerb, die Abnehmer und Lieferanten. Sie beschreibt das Umfeld des Unternehmens, mit dem es zur Erzielung seiner Sachziele mittelbar oder unmittelbar interagieren muss. Die Definition der Mikroumwelt leitet sich aus der Definition des relevanten Wettbewerbsschauplatzes ab. Branchen- und Segmentgrenzen sind das Ergebnis der „ordnenden Tätigkeit eines ordnenden Wesens" – das Unternehmen bedient sich ihrer mit dem Ziel, die Effektivität und Effizienz seiner Handlungen durch Abstimmung und erkennbare Ordnung zu erhöhen. Korrespondierend greift das Unternehmen auf die Abgrenzung der Makro- und Mikroumwelt zu, um die Relevanz von Informationen zu bewerten (Selektion), Informationen zuzuordnen (Zuordnung) und zu interpretieren (Interpretation) (Pauls, 1998). Die Verbindlichkeit und der hohe Konkretisierungsgrad sind die konstituierenden Merkmale dieser „konstruierten Ordnung" (Hayek, 1994).

In Zeiten eines stabilen Umfelds des Unternehmens stellen die Abgrenzungen von Branchen und Segmenten legitime komplexitätsreduzierende Strukturierungen dar, die wirtschaftliches Handeln vereinfachen. Diese Strukturen werden weiter ausgefeilt durch die Arbeit von Verbänden, Marktforschungsinstituten und strategischen Abteilungen. Die Wirtschaftssubjekte in- und außerhalb des Unternehmens weisen ein einheitliches Verständnis von Grenzen auf. Die Kommunikation vereinfacht sich dadurch zunehmend.

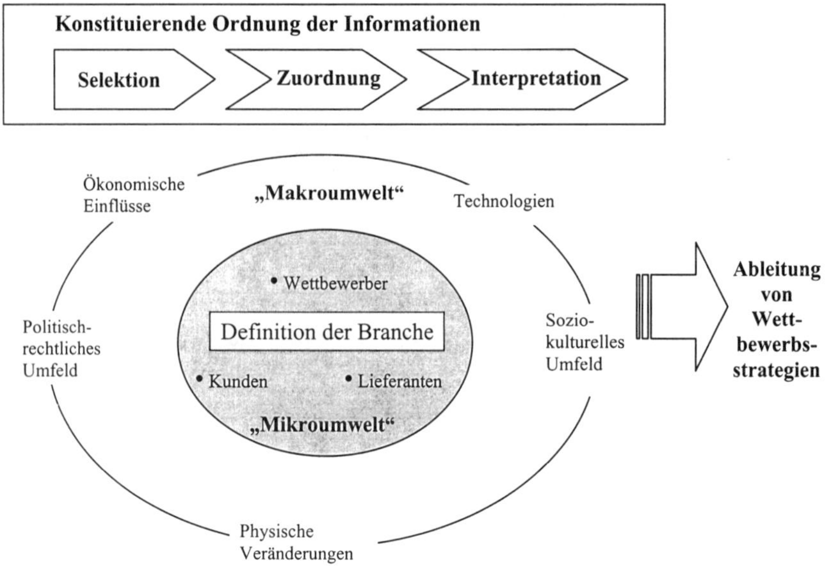

Abbildung 1: Die Ordnung von Informationen im Rahmen der Entwicklung von Wettbewerbsstrategien
Quelle: *eigene Darstellung*

4 „Panta rei“ – Die Überflüssigkeit des vorherrschenden Grenzverständnisses von Unternehmen in dynamischen Märkten

Unternehmen sind einer Vielzahl von Veränderungsparametern und einer immensen Veränderungsgeschwindigkeit dieser Parameter in ihrer Umwelt ausgesetzt. Unter anderem gehören hierzu:

- die Internationalisierung des Absatzes durch das Zusammenwachsen von Wirtschaftsräumen, verminderten Protektionismus und die Angleichung von Konsumgewohnheiten,
- technologische Entwicklungen,
- Zunehmende Konkurrenz durch ehemalige Entwicklungsländer
- veränderte Konsumerwartungen und zunehmende Illoyalität auf der Verbraucherseite
- demographische Veränderungen,

- Deregulierung und Privatisierung
- Konzentration durch Unternehmenszusammenschlüsse
- Vernetzung von Unternehmen durch Kooperationen

Neben den hier aufgelisteten Faktoren wirken noch andere Faktoren als Auslöser und Katalysatoren für die Veränderung vorhandener Branchenstrukturen, die sich auf etablierte Wertschöpfungsketten und Wettbewerbsvorteile der Unternehmen substanziell auswirken können. Auf Ebene der einzelnen Branchen bedingen diese Faktoren das Wachstum oder die Degeneration, das Entstehen oder Verschwinden und die Kon- oder Divergenz von Branchen. So haben sich einzelne Nischenmärkte der Vergangenheit zu Massenmärkten der Zukunft entwickelt, so z.B. die gentechnische Entwicklung und Herstellung von Medikamenten, Kombinationen von Telekommunikationsgeräten und Multimedia-Applikationen (z.B. Online-Gaming) oder das interaktive Fernsehen. Das Gesundheitswesen, das Bildungswesen, der Transport, das Bankwesen, das Verlagswesen, die Telekommunikation, die Pharmabranche, der Einzelhandel unter anderem – sie alle werden tief greifenden Wandlungen unterzogen, die sich im Wachstum und der Degeneration, im Entstehen neuer und im Verschwinden alter sowie in der Kon- bzw. Divergenz von Wettbewerbsschauplätzen äußern. Diese Wandlungen bergen enorme Ertrags- und Verlustpotenziale für die Betroffenen (Pauls, 1998).

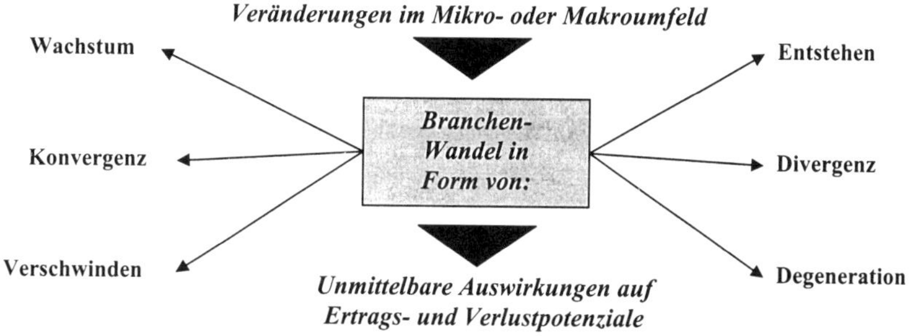

Abbildung 2: Wandel und industrielle Revolution
Quelle: eigene Darstellung

Die Veränderungen in der Unternehmensumwelt wirken direkt oder indirekt auf die Kriterien ein, die von Unternehmen bei der Abgrenzung ihres relevanten Wettbewerbsschauplatzes zugrunde gelegt werden. Betrachtet man beispielhaft die Vielzahl von Interdependenzen zwischen den Einflussfaktoren Deregulierung, Privatisierung, technologische Trends, Veränderungen in den Konsumerwartungen und die sich daraus ergebende immense Anzahl möglicher Veränderungsparameter und deren Veränderungsgeschwindigkeit, so wird deutlich, dass klassische Strukturierungen und Ordnungsvorstellungen, die ihren Ausdruck in Branchen- und Segmentgrenzen gefunden haben, zunehmend ihre Gültigkeit verlieren. Die Grenzziehungen von Branchen und strategischen Segmenten sind instabil. Ein Denken in gegebenen Branchen- und Segmentgrenzen wird vor diesem Hintergrund den Ansprüchen, die an strategisches Verhalten zu stellen sind, nicht gerecht (Schendel, 1994; Lorsch, 1986, S. 98; Dierkes, 1988, S.556 ff).

Die meisten Unternehmen berücksichtigen lediglich diejenigen Informationen, die sich der aktuelle Gestalt ihres Wettbewerbsschauplatzes zuordnen lassen. Das dynamische Verständnis des Marktes der meisten Unternehmen beschränkt sich auf Produkte, Technologien, marktrelevante Handlungen und deren identifizierbaren Akteure, ein Blick für die Veränderungen an den Grenzen des Unternehmens existiert in der Regel nicht. Eine fatale Bedeutung kommt in diesem Zusammenhang dem Marktanteil zu, über den die Unternehmen ihre Position in Relation zum Wettbewerb bestimmen. Der Marktanteil ist nichts weiter als die Beschreibung eines aktuellen Zustands in einem klar definierten Wettbewerbsschauplatzes. Er versagt aber bei als zukunftsorientierte und strategiebestimmende Stellgröße.

Mit einer statistischen Auffassung und Betrachtungsweise von Branchen- und Segmentgrenzen ist die Gefahr verbunden, dass Unternehmen die Möglichkeiten zur Transformation ihrer Branche, die über die Veränderungsfaktoren in der Unternehmenswelt bedingt werden, zu spät erkennen. So treten Wettbewerber mit neuen Produkt-Leistungs-Kombinationen auf den Plan, die die etablierten Spieler des Wettbewerbsschauplatzes teilweise völlig überraschen. Selbst hervorragend geführte Unternehmen wie z.B. IBM, CATERPILLAR, GM, EASTMAN KODAK, FIAT oder XEROX wurden vom Wandel nicht verschont. Diese Unternehmen waren nicht in der Lage, ihre Ressourcen neu zu verteilen, um auf die veränderte Wettbewerbslandschaft zu reagieren und mussten in Folge erhebliche Marktanteilsverluste auf ihren angestammten Märkten hinnehmen (Schendel, 1994, S. 6).

Das Denken in „stabilen Ordnungen" von Branchen und Segmenten reduziert die strategischen Optionen, die das Unternehmen in Betracht ziehen kann. Unternehmen bauen in ihren Branchen und Segmenten Markeintritts- respektive Mobilitätsbarrieren auf, um sich vor potenziellen Wettbewerbern zu schützen (Pauls, 1998). Ein Unternehmen, das in fest definierten

Branchen- und Segmentgrenzen denkt, sieht sich unüberwindlichen Barrieren gegenübergestellt, wenn es seine Aktivitäten auf fremde Wettbewerbsschauplätze ausdehnen möchte. Es hätte aber wahrscheinlich ein wesentlich breiteres Spektrum strategischer Möglichkeiten, wenn es seinen Blickwinkel auf die Entwicklungen außerhalb Grenzziehungen gegebener Branchen lenkte.

5 Die Bedeutung unternehmerischer Migration als Chance, Werte zu schaffen

Management wird in Zukunft auch bedeuten, verstärktes Augenmerk auf die Veränderungsprozesse an den Grenzen des eigenen Wettbewerbsschauplatzes zu richten. Branchen unterliegen permanenten Transformationsprozessen, die in unterschiedlicher Geschwindigkeit und Intensität alle wesentlichen Komponenten der „gelebten" Strategie des Unternehmen beeinflussen: unternehmerische Ressourcen, Produkte und Dienstleistungen und Vertriebskanäle. Die Vorschau der Entwicklungen in einer Branche, das zielgerichtete Identifizieren und richtige Einschätzen der relevanten ökonomischen, technologischen und soziokulturellen, physischen und politisch-rechtlichen Bestimmungsfaktoren in ihrem komplexen Zusammenspiel stellen daher die zentralen Voraussetzungen des Managements der Zukunft dar (Reiners, 1995). Die Branche darf nicht als gegebene Variable verstanden werden, sondern muss in das Blickfeld der Unternehmen als eine zu gestaltenden Variable rücken.

Die Fähigkeit, das Denken innerhalb fester Grenzen zu verlassen und diese Grenzen der eigenen Branche aktiv zu gestalten, ist das bezeichnende Charakteristikum, das die so genannten „Migrationsunternehmen" eint (Pauls, 1998). Diese Unternehmen bewegen sich entlang bestehender Grenzen und schaffen dadurch neue Wettbewerbsschauplätze bzw. leiten Transformationsprozesse innerhalb ihrer Branchen ein. Die strategischen Ansätze der Migrationsunternehmen müssen den folgenden Anforderungen entsprechen (Pauls, 1998):

a) Umweltbezug, d.h. eine explizite Berücksichtigung des Einflusses von Veränderungen in der Umwelt auf das unternehmerische Verhalten

b) Zukunftsbezug, d.h. Antizipation der Veränderungen der Unternehmensumwelt

c) Langfristigkeit, im Sinne einer hohen zeitlichen Gültigkeit der strategischen Annahmen und damit Implikationen

d) Potenzialbezug, d.h. Verweisen auf die spezifischen Potenziale eines einzelnen Unternehmens

e) Gestaltungsbezug, d.h. das Eröffnen neuer Möglichkeiten der wirtschaftlichen Informationsverwertung durch aktives Gestalten der Informationen von Branchen.

6 Die Veränderung von Branchengrenzen als strategische Chance durch die fortschreitende Konvergenz von Technologie und Unterhaltung – Jamba! und Neun Live

Der Erfolg unternehmerischer Migration bzw. der Vorwegnahme der Veränderungen von Branchengrenzen durch innovatives Management kann anhand von Geschäftsmodellen, die auf die Konvergenz von Technologie und Unterhaltung ausgerichtet sind, demonstriert werden. Die zunehmende Verschmelzung von Informations- und Kommunikationstechnologie und hochwertigen Inhalten hat in den letzten 5 Jahren enorm zugenommen, insbesondere durch die explosionsartige Ausbreitung der Internets. In den nächsten Jahren wird diese Entwicklung sich noch weiter beschleunigen, da die Vorteile für den Nutzer innovativer Technologien, wie z.B. Breitbandkommunikation, hochauflösendes Digitalfernsehen (HDTV), sowie UMTS-fähige Mobilfunkgeräte etc. nur durch eine Synthese mit angepassten Inhalten zum Tragen kommt.

Wenn die Inhalte nicht auf die Technologie abgestimmt werden und neue Nutzenbündel dadurch für den Kunden entstehen, die sich klar von den bisherigen und etablierten Angeboten unterscheiden, dann werden niemals Massenmärkte oder lukrative Nischenmärkte entstehen können, die eine Refinanzierung der Investitionen erlauben. Als Beispiel seien an dieser Stelle die Milliardeninvestitionen angelsächsischer Investoren in den deutschen TV-Kabelmarkt in den letzten Jahren genannt – zwar wurden hochmoderne Infrastrukturen geschaffen, die neben TV-Programmen, Internet und Telefonie auch interaktive Applikationen wie TV-Commerce per Rückkanal oder „Video on Demand“ vorgesehen haben – das Zielpublikum bzw. der TV-Zuschauer hat aber schlichtweg in den letzten Jahren kein Interesse an derartigen kostenpflichtigen Zusatzangeboten gehabt, da er zum einen durch ein breites Free-TV gesättigt ist oder kostengünstigere Alternativtechnologien nutzt.

Die im Folgenden beschriebenen Geschäftsmodelle haben ein anderes Vorgehen gewählt, indem sie ihre Strategie an den Grenzen bestehender, populärer Branchen ausgerichtet haben und sich erfolgreich innerhalb von Konvergenzbereichen etabliert haben:

6.1 "Neun Live" (9Live Fernsehen GmbH & Co. KG)

Aus dem ehemaligen defizitären "Frauensender" TM 3 wurde im Jahr 2001 Deutschlands erster interaktiver Quiz- und Gewinnspiel- Sender, der von der ehemaligen MTV-Geschäftsführerin Christiane zu Salm damit in ein völlig neues Segment in der deutschen Fernsehlandschaft geführt wurde: „Call in TV" bzw. die konsequente Ausrichtung eines kompletten Fernsehprogramms auf die Verknüpfung von Telefonie und visuelle Unterhaltung. Mittlerweile gilt das Geschäftsmodell von „9Live" als Pionier und Benchmark in der von sinkenden Werbeeinnahmen stark in Mitleidenschaft gezogenen Fernsehbranche. So hat das Unternehmen im Jahr im Durchschnitt pro Monat über 20 Millionen (!) Anrufe erhalten, die den einzelnen Zuschauer jeweils ca. 0,49 € gekostet haben und somit 78,8 Mio. € erlöst bei einem Vorsteuergewinn von 29 Mio. €. Die Umsatzrendite von fast 40% ist im deutschen TV-Markt absolut einzigartig und demonstriert die hohe Rentabilität dieses innovativen Geschäftsmodells. Noch ist der Anteil von „Call in" an den Gesamterlösen der deutschen TV-Anbieter gering. Doch er wird sich laut Studien in den kommenden Jahren vervielfachen: trugen die anrufenden Fernsehzuschauer 2001 gerade mal 0,4 Prozent zu den Einnahmen der Sender bei, werden es nach Schätzungen der Management- und Technologieberatung Detecon 2006 schon 3,6 Prozent sein. Das entspräche rund einem Zehntel der Werbeerlöse der Branche (Financial Times Deutschland, www.ftd.de /neun-live, 22.06.2004).

Momentan setzen Fernsehsender in Deutschland zwischen 250 und 300 Mio. € mit Telefon-Mehrwertdiensten um. Bis 2008 werden es 780 Mio. € sein, schätzt das Forschungsinstitut Goldmedia, Berlin (W&V 22/2004). Das Angebot der so genannten telefonischen Mehrwertdienste in den deutschen Fernsehsender wird qualitativ und quantitativ weiter ausgebaut – Vorbild für die Branche: „9Live". Bei den Privatsendern liegt der Schwerpunkt der Angebote überwiegend auf Gewinnspielen, aber auch auf Umfragen („Tele-Voting"). Die öffentlich-rechtlichen Sender ARD und ZDF konzentrieren sich deutlich auf Service und Information.

Das Unternehmen 9Live hat es geschafft, entlang der Branchengrenzen von Telekommunikations-Diensten und TV-Sendern einen neuen Wettbewerbschauplatz innerhalb von drei Jahren entstehen zu lassen, den es als Marktführer dominiert.

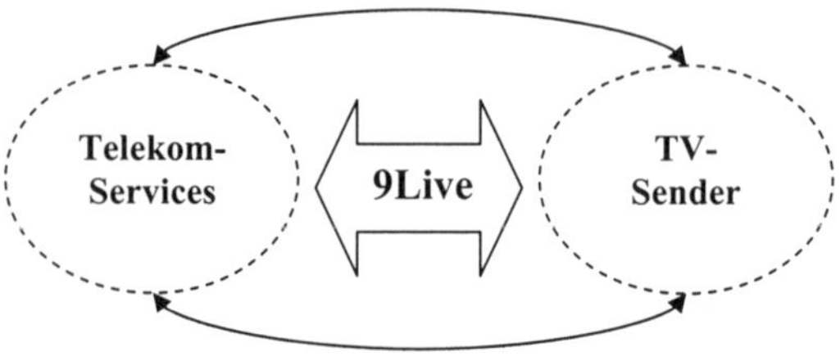

Abbildung 3: Positionierung von 9Live zwischen den beiden Branchen
Quelle: *eigene Darstellung*

6.2 Jamba! (Jamba! AG)

Die Jamba! AG wurde im Jahr 2000 von den Brüdern Marc, Oliver und Alexander Samwer mit Unterstützung von weiteren Investoren gegründet. Zuvor hatten sich die Brüder durch den Verkauf der von Ihnen in kürzester Zeit aufgebauten Auktions-Plattform Alando.de an Ebay Inc. einen Namen in der deutschen Internetbranche gemacht. Das Unternehmen gehört mit seinem Angebot von mobilen Mehrwertdiensten wie z.B. Klingeltöne, Handy-Spiele, Logos, Datings-Services u.a. zu den Markführern im Markt für Mobile Entertainment.

Dieser Markt hat sich erst in den letzten Jahren herauskristallisiert, er verbindet mobile Engeräte mit innovativen, speziell auf die Rahmenbedingungen der Handy-Nutzer angepassten Inhalten. Die Content Umsätze aus mobilen Unterhaltungsdiensten sollen von 820 Mio. Euro im Jahr 2002 bis zum Jahr 2006 auf 3,8 Mrd. Euro ansteigen. Zu dieser Prognose kamen die Experten der Technologieberatung Sapient in Ihrer Studie „Mobile Entertainment – A new dimension of entertainment". Nach ihrer Ansicht kristallisieren sich in diesem Zusammenhang Spiele, Glücksspiele und Lifestyle als die erfolgreichsten Segmente heraus. Die Bedeutung der SMS als Informations- und zunehmend auch als Unterhaltungsmedium wurde von den etablierten Playern im Telekom-Markt zunächst gänzlich unterschätzt, mittlerweile hat sich hieraus eine der wesentlichen Einnahmequellen der Telekom-Konzerne ergeben: in 2003 wurden in Deutschland rund 25,5 Mrd. SMS bei einer Zahl von 64,78 Mio. Handynutzern verschickt (Financial Times Deutschland, 18.06.2004). Der Umsatz allein mit Klingeltönen über Mobile Portale soll in Deutschland im Jahr 2003 rd. € 165 Mio. betragen haben, mehr als irgendwo sonst in Europa. Die prognostizierten Zuwachsraten indes sind enorm: Bis 2008 soll allein der europäische Klingelton-Markt von € 800 Mio. in 2003 auf rund € 3 Mrd. anschwellen („Der Spiegel", 22/2004).

Jamba! hat das Potenzial des Mobile Entertainments als eines der ersten Unternehmen in der deutschen Telekommunikationsbranche entdeckt und hat sich konsequent als so genanntes Mobiles Portal auf in erste Linie vergleichsweise simple und massentaugliche Handy-Applikationen für ein junges Zielpublikum fokussiert, während die etablierte Konkurrenz Milliarden in den Aufbau von Infrastrukturen investiert hat. Es ist dem Unternehmen als völlig unabhängiger Anbieter ohne festen Kundenstamm gelungen, im Gegensatz zu konzerneigenen Mobilen Portalen großer Mobile-Provider wie T-Mobile oder Vodafone, innerhalb von wenigen Jahren eine starke Marke aufzubauen, die für Unterhaltung und mobile Kommunikation steht. Mittlerweile erreicht Jamba! nach eigenen Angaben mehrere Millionen Endkunden in neun europäischen Ländern durch Distributions- und Abrechnungsbeziehungen mit Mobilfunkbetreibern wie Vodafone, T-Mobile und KPN. Das Unternehmen hat mit seinen 320 Mitarbeitern in 2003 einen Umsatz von rd. € 70 Mio. erwirtschaftet. Im Mai 2004 wurde die Übernahme der Jamba! AG durch das US-amerikanischen Unternehmen VeriSign Inc. zu einem Transaktionsvolumen in Höhe von rd. € 280 Mio. bekannt gegeben.

Jamba! hat seine Geschäftsmodell darauf ausgerichtet, mobile Unterhaltungsdienste mit einem Mehrwert für ein klar definiertes Zielpublikum anzubieten, die auf den folgenden Merkmalen beruhen: Mobilität, Erreichbarkeit, Lokalisierung und persönliche Identifizierung. Dies sind zentrale Unterscheidungskriterien, aufgrund deren sich Mobile Entertainment klar von anderen Unterhaltungsangeboten via TV oder PC differenziert. Jamba! hat mit seinem Geschäftsmodell die Grenzen der klassischen mobilen Kommunikation hin in Richtung innovativer Unterhaltung aufgebrochen.

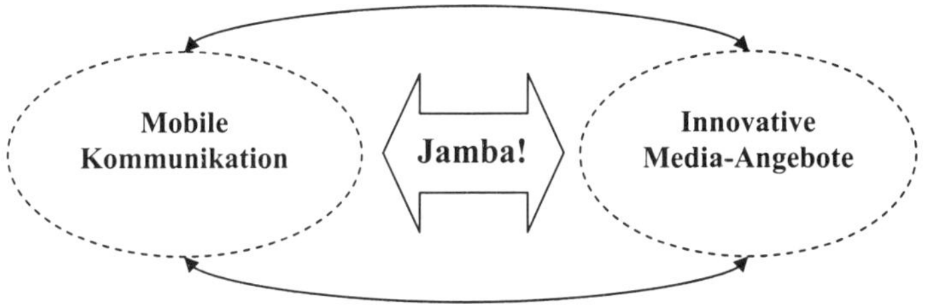

Abbildung 4: Positionierung von Jamba! zwischen den beiden Branchen

Quelle: eigene Darstellung

7 Zusammenfassung und Ausblick

In den vorgehenden Seiten wurde das bisherige, verbreitete Verständnis und die damit verbundene Vorgehensweise beschrieben, Branchen als fest definierte Wettbewerbsschauplätze mit einer klaren Trennlinie gegenüber anderen Feldern des Wettbewerbs zu sehen. Dieser Standpunkt hat zur Entwicklung von unternehmerischen Wettbewerbsstrategien als Ergebnisse einer konstituierenden Ordnung innerhalb eines stabilen unternehmerischen Umfelds geführt, die durch Selektion, Zuordnung und Interpretation von gegebenen Informationen bzgl. der Makro- und der Mikroumwelt des einzelnen Unternehmens geprägt war. Ein unternehmerisches Denken, das sich allein innerhalb fest definierter Branchengrenzen bewegt, wird den Ansprüchen an erfolgreiches strategisches Management, das sich im permanenten Wechselspiel der zunehmend komplexen und dynamischen Veränderungen der Unternehmensumwelt bewegen muss, nicht mehr gerecht. Eine Vielzahl von Einflussfaktoren wirkt mittlerweile auf den unternehmerischen Wettbewerbsschauplatz ein, wie z.B. Deregulierung, Privatisierung, technologische Trends, Veränderungen in den Konsumerwartungen etc.

Branchengrenzen verändern sich permanent: Management wird in Zukunft auch bedeuten, verstärktes Augenmerk auf die Veränderungsprozesse an den Grenzen des eigenen Wettbewerbsschauplatzes zu richten und insbesondere Branchen nicht als Konstanten, sondern als Variabeln zu sehen. Die Fähigkeit, das Denken innerhalb fester Grenzen zu verlassen und diese Grenzen der eigenen Branche aktiv zu gestalten, ist das bezeichnende Charakteristikum, durch das sich Migrationsunternehmen auszeichnen. Insbesondere die Konvergenz zwischen Medien und Technologien fördert und fordert die unternehmerische Migration als eigene Kompetenz von Unternehmen. In diesem Zusammenhang wurden mit 9Live und Jamba! zwei Geschäftsmodelle beschrieben, die sich entlang den Grenzen bestehender, populärer Branchen ausgerichtet und sich erfolgreich innerhalb von Konvergenzbereichen etabliert haben.

Wenn es zukünftig gelingt, im Rahmen von wirtschaftswissenschaftlichen Forschungsarbeiten das Konzept der unternehmerischen Migration in ein holistisches Theoriegebäude zu integrieren, lassen sich hieraus wesentliche strategische Implikationen der Unternehmensführung ableiten (Pauls, 1998, S. 219).

8 Literaturverzeichnis

Abbel, D.F. (1980): Defining the Business: The Starting Point of Strategic Planning, Englewood Cliffs

Arnold Picot, A./Reichwald, R./Wigand, R.T. (2002): Die grenzenlose Unternehmung, Wiesbaden

Bain, J.S. (1975): Industrielle Organisation: Funktionsfähiger Wettebewerb und strukturelle Bedingungen für funktionsfähigen Wettbewerb, in: Herdzina, K. (Hrsg.): Wettbewerbstheorie, Köln, S. 179-192

Bauer, H.H. (1989): Marktabgrenzung: Konzeption und Problematik von Ansätzen und Methoden zur Abgrenzung und Strukturierung von Märkten unter besonderer Berücksichtigung von markttheoretischen Verfahren, Berlin

Der Spiegel (2004), „Handys: Die große Piep-Show“, Ausgabe 22, S. 184-186

Dierkes, M. (1988): Unternehmenskultur und Unternehmensführung - Konzeptionelle Ansätze und gesicherte Erkenntnisse, in: ZfB, No. 5/6, Vol. 58, S. 554-575

Financial Times Deutschland, www.ftd.de , Abrufdatum: 22.06.2004

Heuskel, D. (1999): Wettbewerb jenseits von Industriegrenzen - Aufbruch zu neuen Wachstumsstrategien, Frankfurt/New York

Hofmann, H.-J. (1992): Die Evolution von Marktstrukturen: eine theoretische und empirische Untersuchung zur Entwicklung der horizontalen Unternehmenskonzentration, Bern/Stuttgart

Kotler, P./Biemel, F. (1995): Marketing-Management, 8. Auflage, Stuttgart

Lorsch, J. (1986): Managing Culture: The Invisible Barrier to Strategic Change, in : California Management Review, No. 2, Vol. 28, S. 95-103

Nieschlag, R./Dichtl, E./Hörschgen, H. (1988): Marketing, 15. Auflage, Berlin

Pauls, S. (1998): Business Migration - eine strategische Option, Wiesbaden

Porter, M.E. (1999):Wettbewerbsstrategie - Methoden zur Analyse von Branchen und Konkurrenten, Frankfurt/Main

Raffeè, H. (1979): Marketing und Umwelt, Stuttgart

Reiners, H.-P. (1995): Strategische Kontrolle: eine mehrdimensionale, vernetzte Betrachtung der Kontrollaufgabe der Unternehmensleitung mit Schwerpunkt auf dem instrumentalen Aspekt, Bern/Stuttgart/Wien

Robinson, J. (1964): The Economics of Imperfect Competition, London

Schendel, (1994): Introduction to the Summer 1994 Special Issue – „Strategy: Search For New Paradigms”, in: Strategic Management Journal, Vol. 15, S- 1-14

Sydow, J. (1992):Strategische Netzwerke - Evolution und Organisation, Wiesbaden (Nachdruck)

Triffin, R. (1960): Monopolistic Competition and General Equilibrium Theory, Cambridge

Urban, G.L./Hauser, J.R. (1980): Design and Marketing of New Products, Englewood Cliffs

von Hayek, F.A. (1994): Freiburger Studien, 2. Auflage, Tübingen

von Stackelberg, H. (1951): Grundlagen der theoretischen Volkswirtschaftslehre, 2. Auflage, Tübingen

W&V Magazin, „Millionengeschäft für die TV-Sender", Ausgabe 22/2004

Die Rolle von Business Plan-Wettbewerben im Rahmen der Unternehmensgründung

Harald Pechlaner & Sandra Schwaiger

1 Einleitung

In Zeiten zunehmender Dynamik und Intensität des Wettbewerbs in gesättigten Märkten sowie zunehmender Diskussion um die Lösungsmöglichkeiten hoher Arbeitslosigkeit in entwickelten Volkswirtschaften gewinnen Unternehmensneugründungen und innovatives Unternehmertum innerhalb der betriebswirtschaftlichen Diskussion an neuem Gewicht. Auch an Universitäten und Fachhochschulen werden zunehmend spezielle Programme zur Forcierung von Entrepreneurship und Unternehmensgründungen angeboten (vergleiche dazu Frank/Landström, 1997; Kriegesmann, 2000).

Jedes Land hat eine bestimmte Schicht potentieller Unternehmer. Es ist von großer volkswirtschaftlicher Bedeutung, diese Menschen zu mobilisieren und sie bei der Umsetzung ihrer Idee zu unterstützen (siehe dazu auch Pleitner, 2001). Bei einigen Personen besteht die Gefahr, dass das Gründen im Stadium des Gedankenexperiments verharrt. Andere wiederum haben sich entschlossen, die Geschäftsidee umsetzen zu wollen. Jedoch stehen dem potentiellen Unternehmer in der Vorgründungsphase eine Fülle von Problemen und Hürden gegenüber, die so manche Gründungswillige frühzeitig aufgeben lassen.

Business Plan-Wettbewerbe (BPW) sind eine Möglichkeit, um Gründungen zu initiieren. Bei diesen Wettbewerben können alle Gründungswilligen ihre Geschäftsidee unverbindlich und kostenlos mit Hilfe von Fachexperten aus verschiedenen Bereichen zu einem umfassenden Geschäftskonzept ausarbeiten. Die potentiellen Unternehmensgründer werden über relevante Themenbereiche informiert. Zusätzlich stellen die am Wettbewerb teilnehmenden Betreuer, wie z.B. Steuerberater, Unternehmensberater oder Bankexperten ihr Wissen den potentiellen Gründern zur Verfügung.

Das Anliegen dieses Beitrages besteht darin, festzustellen, welche Bedeutung eine Teilnahme an einem Business Plan-Wettbewerb für die Gründung eines Unternehmens hat. Aus diesem Grund wird der Zusammenhang zwischen der Teilnahme an einem BPW und einer Unternehmensgründung im Detail untersucht. Weiters soll ermittelt werden, inwieweit die angebotenen Leistungen in Bezug auf das Gründungsvorhaben ein Hilfe darstellen. Zur Ermittlung dieser Fragestellungen wurde in einem ersten Schritt, basierend auf den in der Literatur behandelten Theorien und Studien, der Gründungskontext analysiert. Im Folgenden wurden jene Faktoren heraus gearbeitet, die einen Einfluss auf die Gründungsentscheidung haben. Dies ist die Grundlage für eine empirische Untersuchung von drei Business Plan-Wettbewerben in Österreich und Deutschland zur Feststellung der oben dargelegten Zusammenhänge.

2 Unternehmensgründung – Ein konzeptioneller Bezugsrahmen

Unternehmergeist bildet vielfach die Grundlage für die Wettbewerbsfähigkeit eines Landes. Daher erlangt das Thema Unternehmensgründung zunehmend Priorität im Rahmen der wirtschaftspolitischen Diskussion vieler entwickelter Volkswirtschaften. Neugründungs-Förderungsgesetze in vielen europäischen Ländern mit dem Ziel der Erleichterung von Gründungsinitiativen bestätigen diesen Trend. Denn diese neuen Unternehmen sind auch eine Hoffnung zur Verminderung der Arbeitslosigkeit. Innovative Gründungen sollen nicht nur den Technologietransfer verstärken, sondern langfristig auch neue Wirtschaftsstrukturen, neue Branchen und neue Arbeitsplätze schaffen (Szyperski, 1990, S. 13).

Kleine Unternehmen sind imstande, überproportional viele Arbeitsplätze im Gegensatz zu großen Unternehmen zu schaffen (Delmair/Davidsson, 2000). Weiters konnte durch eine Studie im Großraum von München nachgewiesen werden, dass Neugründungen einen jährlichen Beschäftigungszuwachs von 3,5% aufweisen (Brüderl/Bühler/Ziegler, 1993, S. 523).

Ein beträchtliches Problem in Zusammenhang mit der Diskussion um Unternehmensneugründungen ergibt sich bei den vorhandenen statistischen Daten. Die Erfassung an den verschiedenen staatlichen Stellen unterscheidet nicht zwischen echten Neugründungen und jenen, wo es zu Übernahmen bereits bestehender Betriebe oder zur Eröffnung von Zweigniederlassungen kommt. Diese „new registrations“ lassen aufgrund der vorliegenden statistischen Daten keine Rückschlüsse auf die jährliche Zuwachsrate von Neugründungen zu (Wanzenböck, 1998a, S. 127).

2.1 Der Gründungskontext

Wie in Abbildung 1 ersichtlich, gibt es vier grundsätzliche Möglichkeiten der Gründung von Unternehmen:

Gründung	Derivative	Originäre
Unselbständige	Fusion / Umgründung	Betriebsgründung
Selbständige	Betriebsübernahme	Unternehmensgründung

Abbildung 1: Formen der Unternehmensgründung
Quelle: Szyperski und Nathusius, 1999, S. 27

Im Rahmen dieses Beitrages ist nur die Unternehmensgründung als „die Schaffung eines gegenüber seiner Umwelt abgegrenzten und vorher in gleicher Struktur nicht existierenden Systems“ (originäre Gründung) von Interesse (Baaken, 1989, S. 15). Die Unternehmensgründung kann als eine Funktion der Person des Gründers, seiner Geschäftsidee und des Umfeldes, in welchem die Gründung stattfindet, bezeichnet werden.

2.1.1 Das Umfeld

Das Umfeld für eine Gründung ist je nach Land, Branche und allgemeiner Wirtschaftssituation unterschiedlich. Grundsätzlich kann jedoch gesagt werden, dass durch das Zusammenspiel von makroökonomischen Rahmenbedingungen und mikrosozialem Umfeld spezifische Chancen und Restriktionen für das Gründungsvorhaben entstehen (Frank/Korunka/Lueger, 1999, S. 50; Delmair/Davidsson, 2000). Die einzelnen Faktoren des Umfeldes können je nach Ausprägung entweder gründungsfördernd oder gründungshemmend sein.

- Makroökonomische Rahmenbedingungen: Diese schaffen eine Struktur von Gründungsmöglichkeiten, die unabhängig von den einzelnen (potentiellen) Gründern existiert. Die technologische Entwicklung und Marktsituation bzw. die Branchenstruktur einer Volkswirtschaft können beispielhaft genannt werden. In rezessiven Zeiten sind die Rahmenbedingungen für die Etablierung eines Gründungsvorhabens andere als in Zeiten wirtschaftlichen Aufschwungs. Weiters ist die Situation am Arbeitsmarkt ein wichtiger Faktor (Frank/Korunka/Lueger, 1999, S. 23).

- Mikrosoziales Umfeld: Dieses für die Gründungsentscheidung sehr wichtige Umfeld ist von den persönlichen Charakteristiken der Gründungswilligen geprägt. Jeder Mensch hat unterschiedliche persönliche Erfahrungen und Kontakte, die durch das mikrosoziale Umfeld geprägt wurden. Es ermöglicht somit unterschiedliche Zutrittsmöglichkeiten zu Ressourcen und Informationen.

- Der wichtigste Faktor dieses Umfeldes ist die familiäre Sphäre (Plaschka, 1986a, S. 35). Was zweifellos einen sehr großen Einfluss hat, ob eine Person den Schritt in die Selbständigkeit wagt oder nicht, ist die Unterstützung der Familie und Freunde für das Vorhaben des Gründungswilligen (Brüderl/Preisendörfer/Ziegler, 1996, S. 52).

Barrieren der Unternehmensgründung können definiert werden als von der Person oder ihrem Umfeld wahrgenommene und für das Gründen als relevant erachtete Faktoren, die diese verlangsamen, als belastend erscheinen lassen, es verteuern, es verzögern oder dies gänzlich verhindern. Wesentliche Barrieren für die Unternehmensgründung sind im Rahmen des Umfeldes die Attraktivität einer selbständigen Tätigkeit bis hin zur gesellschaftlichen Einschätzung von Erfolg und Misserfolg einer selbständigen Tätigkeit (UNICE, 1999, S. 11), weiters die allgemeine wirtschaftliche Lage (Wirtschaftswachstum, Arbeitslosenquote, Sparquote, privater Konsum) sowie geltende Rechtsordnungen.

2.1.2 Die Gründerperson

Die makroökonomischen Rahmenbedingungen und das mikrosoziale Umfeld schaffen die Bedingungen, innerhalb derer eine Unternehmensgründung möglich ist. Unabhängig davon bedarf es konkreter Personen, die Gründungen realisieren können (Frank/Korunka/Lueger, 1999, S. 50). Diese Personen zeichnen sich durch unterschiedliche Kompetenzen und Eigenschaften aus. Aus diesem Grund können die Chancen und Möglichkeiten, die sich aus dem Umfeld ergeben, unterschiedlich wahrgenommen werden (Busenitz/Lau, 1996).

Die verschiedenen Ausprägungen des Humankapitals und der Persönlichkeit können gründungsfördernd oder –hemmend sein. Beim Humankapital kann unterschieden werden zwischen dem allgemeinen und dem spezifischen. Zum allgemeinen Humankapital zählt etwa die schulische Ausbildung, die Berufserfahrung sowie der Erwerbsstatus. Denn die Gründungsentscheidung hängt auch von dem erwarteten Nutzen der Selbständigkeit ab. Unter dem spezifischen Humankapital wird Branchenerfahrung, Erfahrung aus früherer selbständiger Tätigkeit und berufliche Netzwerkbildung verstanden (Brüderl/Preisendörfer/ Baumann, 1991, S. 94).

Der persönliche Charakter eines Gründers spielt eine entscheidende Rolle bei der Frage, ob die Geschäftsidee verwirklicht wird oder nicht (Herron/Sapienza, 1992; Chen/Greene/Crick, 1998). Untersuchungen haben gezeigt, dass Eigenschaften wie z.B. Risikoneigung, Durchhaltevermögen, Unabhängigkeit, Geradlinigkeit und das Verlangen nach Autonomie entscheidend sind, ob eine Person seine Geschäftsidee verwirklichen wird oder nicht. Andere Studien wiederum betonen, dass die Selbstüberzeugung und die soziale Kompetenz Einfluss auf die Gründungsentscheidung haben (Naffziger/Hornsby/Kuratko, 1994, S. 32).

Personenbedingte Barrieren für eine (erfolgreiche) Gründung können in einer fehlenden betriebswirtschaftlichen Ausbildung oder in Berufserfahrungen liegen, die keinen Zusammenhang mit dem Gründungsvorhaben aufweisen. Eine bestimmte Branchenerfahrung erleichtert die Realisierung einer neuen Geschäftsidee. Weiters hat eine Person mit Branchenerfahrung meist auch ein berufliches Netzwerk aufgebaut. Das Fehlen bestimmter Persönlichkeitsmerkmale, wie Leistungsmotivation, Risikobereitschaft, Kreativität und Durchhaltevermögen, stellt an sich noch keine Barriere dar, kann aber unter bestimmten Umständen zu einer Barriere werden.

2.1.3 Die Geschäftsidee

Ausgangspunkt einer jeden Unternehmensgründung ist die überzeugende Geschäftsidee. Sie ist der erste Meilenstein im Gründungsprozess (Kubr/Ilar/Marchesi, 1997, S. 23). Damit eine neue Unternehmung in einen Markt erfolgreich eintreten kann, muss sie sich von Anfang an klar und deutlich positionieren. Die Unternehmung muss Wettbewerbsvorteile besitzen, um sich so von seinen Konkurrenten klar unterscheiden zu können. Dies bedeutet, dass das Produkt bzw. die Dienstleistung eine innovative Komponente besitzen muss.

All diese Faktoren, die einen Einfluss auf die Gründungsentscheidung haben, können jedoch nicht einzeln betrachtet werden, sondern müssen als interdependentes System angesehen werden. So wird z.B. das Humankapital einer Person sowohl von seiner Makro- als auch Mikroumwelt bestimmt. Weiters ist es möglich, dass zwei Personen dieselbe Geschäftsidee haben. Dem einem gelingt es jedoch aufgrund seiner Kompetenzen und Persönlichkeitsmerkmale, diese auch umzusetzen, während beim anderen das Gründen im Stadium des Gedankenexperiments verbleibt.

2.2 Der Prozess der Unternehmensgründung

Der Gründungsprozess bezieht sich im Rahmen dieses Beitrages auf die zeitliche Spanne vom Aufkommen der Gründungsidee bis hin zur tatsächlichen Unternehmensgründung. Zwischen dem Anfangs- und Endpunkt des Gründungsprozesses durchläuft der potentielle Gründer verschiedene Phasen, in denen er als Entscheidungsträger die zur Auswahl stehenden Handlungsalternativen bewerten muss. Dieser Reifeprozess geht vom vagen Erkennen der beruflichen Alternative „Selbständigkeit" aus und vollzieht sich über die Planung bis hin zur tatsächlichen Gründung.

In der Entrepreneurship-Literatur gibt es eine Vielzahl phasenorientierter Ansätze, die mit einer unterschiedlichen Anzahl von Entwicklungsstufen arbeiten und mit diesen Entwicklungsstufen bestimmte charakteristische Aspekte verbinden. Ohne Zweifel durchläuft ein potentieller Gründer in seiner Vorgründungszeit verschiedene Phasen, jedoch bleibt offen, in wie viele Phasen der Gründungsprozess unterteilt werden soll. Im Rahmen dieser Arbeit sollen dennoch verschiedene Phasen des Gründungsprozesses vorgestellt werden, da die Ausprägungen der einzelnen Phasen, wenn auch in unterschiedlicher Intensität, grundsätzlich bei jedem Gründungsprozesses vorhanden sind. Die Abgrenzung der einzelnen Phasen soll eher als Strukturierungsvorschlag betrachtet werden, denn die Grenzen zwischen den einzelnen Phasen des Gründungsprozesses verschwimmen und greifen ineinander über (siehe dazu auch Mellewigt/Witt, 2002).

Bevor eine Person ein neues Unternehmen gründet, können zwei große Vorgründungsphasen unterschieden werden (Starr/Fondas, 1992, S. 67f.). Diese können sodann wieder in einzelne Abschnitte gegliedert werden, in welchen der potentielle Gründer seinem Vorhaben näher rückt. In der Entscheidungsphase steht das Erkennen einer Geschäftsidee im Mittelpunkt. Diese Idee ist der ausschlaggebende Punkt für die folgenden unternehmerischen Aktivitäten. Es ist jedoch auch möglich, dass zunächst nur der Wunsch nach beruflicher Selbständigkeit vorhanden ist, ohne dass sich damit schon eine konkrete Geschäftsidee verbindet (Klandt, 1996, S. 59). Die Handlungsphase beinhaltet den Weg von der Entscheidung, die Idee zu realisieren, bis hin zur Gründung des Unternehmens. Diese Phase kann unterteilt werden in eine Latenzphase, in welcher die Reflektion über eine mögliche berufliche Alternative als Unternehmer abgeschlossen wird und der Gründungswillige zu handeln beginnt (Weihe, 1994, 27ff). Diese Phase ist besonders gekennzeichnet durch Informationsgewinnung und -

verarbeitung. In der nun folgenden Planungsphase wird die Umsetzung der Geschäftsidee detailliert ausgearbeitet und auch zahlenmäßig und aktionsbezogen konkretisiert. In diese Phase fallen auch die behördlichen Kontakte und formalen Ansuchen, der es bedarf, um ein Unternehmen zu gründen, wie z.B. Abschluss des Gesellschaftsvertrages, Anmeldung des Gewerbes, Eintragung ins Firmenbuch, Ansuchen um finanzielle Förderungen und Finanzierung etc. Diese formalen Schritte sind je nach Unternehmen, Branchenzugehörigkeit oder gewählter Rechtsform verschieden. Sind diese Schritte erfolgreich abgeschlossen, so steht dem Start des Unternehmens nichts mehr im Wege und die letzte Teilphase, die Gründungsphase, kann beginnen: Hier wird das Unternehmen formal etabliert. Im Gegensatz zu den vorher genannten Phasen, die sich in Zeiträumen entwickeln, ist die Gründungsphase eine Momentaufnahme. Nach der Gründung des Unternehmens beginnt die Frühentwicklungsphase. Es muss an dieser Stelle auch betont werden, dass der Gründungsprozess ein dynamischer Prozess ist, in dem sich sowohl das Umfeld als auch die Gründungschancen verändern können. Picot et al. (1989, S. 110) zeigen auf, dass eine Geschäftsidee weniger durch Zufall oder durch gezielte Suche entsteht als vielmehr durch intensive Beobachtung des Marktes und der technischen Entwicklungen.

2.3 Die Förderung von Unternehmensgründungen

Zunehmend richten Staaten und Länder eigene Institutionen ein, die der Gründungsberatung dienen (siehe auch Thierstein et al., 1999). Durch diese Beratungsangebote und Informationshilfen versucht die öffentliche Hand, Unternehmensgründungen zu forcieren. Hinter dieser Förderpolitik stecken natürlich auch mittelbare Zielsetzungen, wie Beschäftigungs-, Struktur-, Wachstums-, Wettbewerbs- und Innovationswirkungen (Weihe, 1994, S. 11). Neben den öffentlichen Institutionen werden auch private Institutionen bzw. Unternehmen von den Gründungswilligen für Beratungsleistungen aufgesucht. Jungbauer-Gans und Preisendörfer (1991, S. 989) stellen fest, dass der häufigste Ansprechpartner der Steuerberater ist. An zweiter Stelle folgen Bekannte und Freunde, die bereits einmal selbständig waren bzw. noch immer sind. Weiters spielen auch Vertreter von Banken und Rechtsanwälte ein gewisse Rolle. Venture-Capital-Gesellschaften investieren Kapital in junge, wachstumsträchtige Unternehmen. Die Besonderheit des Venture Capital als moderne Form der Eigenkapitalfinanzierung liegt in der Verbindung der Finanzierungsfunktion mit aktiver unternehmerischer Beteiligung (vgl. Nathusius, 1990, S. 27). Zudem bieten diese Beteiligungsgesellschaften dem jungen Unternehmen aktive Managementunterstützung.

Die Förderung von Unternehmensgründungen wirkt sich grundsätzlich vorteilhaft auf das Gründungsvorhaben aus. Frank Mugler und Wanzenböck (1995, S. 16) untersuchten, wie sich geförderte Unternehmen im Gegensatz zu nicht geförderten Gründungen in den kommenden Jahren nach der Gründung entwickeln. Im speziellen wurden die Überlebens- bzw. Beendigungsquoten untersucht. Hierbei konnte festgestellt werden, dass geförderte Unternehmensgründungen im statistischen Durchschnitt einem wesentlich geringeren Beendigungsrisiko ausgesetzt sind als nicht geförderte. Dies könnte auch darauf zurückzuführen sein, dass, wer finanzielle Förderungen beantragt, auch eine detaillierte Investitions- und Finanzplanung vorlegen muss. Dies wiederum lässt darauf schließen, dass Unternehmen, die eine finanzielle Förderung in Anspruch genommen haben, die Gründung genauer und detaillierter geplant haben als nicht geförderte Gründungen und aus diesem Grund auch eine höhere Überlebensquote aufweisen.

Eine weitere Alternative, finanzielle und beratende Unterstützung zu bekommen, besteht durch das so genannte „Business Angels Netzwerk". Im Rahmen dieser Vereinigung unterstützen ehemalige Führungskräfte, Unternehmer und Wirtschaftsexperten die Existenzgründer mit Geld, Kontakten und Know-how. Die Motivation von Business-Angels beschränkt sich nicht nur auf die Chance, finanziell am Erfolg eines vielversprechenden Unternehmen beteiligt zu sein. Für sie zählt auch die Möglichkeit, die eigenen Erfahrungen weiterzugeben und aussichtsreiche Gründer zum Erfolg zu führen (Munich Business Angel Network, 1999).

Die genannten Formen der Unterstützung sind im deutschsprachigen Raum erst im Entstehen, wachsen jedoch in manchen Ländern sehr schnell (Thierstein et al., 1999). Mit einer Unterstützung von Venture Capital oder einem Business Angel kann jedoch nur gerechnet werden, wenn sich das Unternehmen auf dem Terrain der schnell wachsenden Märkte bewegt. Andernfalls bleiben dem potentiellen Gründer vordergründig die klassischen Möglichkeiten der Unterstützung vorbehalten.

3 Die Rolle von Business Plan-Wettbewerben im Rahmen der Unternehmensgründung

Businesspläne sind Geschäftskonzepte, deren Grundlage eine technologische Neuentwicklung, eine Produkt- oder Service-Idee ist. Diese Geschäftskonzepte stellen sowohl eine Planungs- als auch Kommunikationsgrundlage für das Unternehmen oder den Gründer dar. Auch ein bestehendes Unternehmen hat mit Hilfe eines Business Plans die Möglichkeit, neue Aktivitäten zu planen, zu beurteilen und zu kommunizieren (vgl. Kubr/Ilar/Marchesi, 1997). Im Rahmen einer Unternehmensgründung stellt der Business Plan eine schriftliche Zusammenfassung aller Aktivitäten, die zur Unternehmensgründung erforderlich sind, dar. Es handelt sich also um ein Dokument, das Auskunft über alle wesentlichen Aspekte des zu gründenden Unternehmens gibt. Dazu gehören sowohl praktische Fragen der Gründung, des Betriebes und der Führung als auch alle betriebswirtschaftlichen Analysen zu Kosten, Umsatz, Rentabilität und Wachstum.

Eine gründliche schriftliche Vorbereitung „zwingt" den Gründungswilligen, seine Ziele, Strategien und deren Umsetzung detailliert zu durchdenken und ihnen eine klar erkennbare Richtung zu geben. Im Weiteren hat das Erarbeiten eines Business Plans die Aufgabe, Wissenslücken und Schwachstellen aufzuzeigen, um so nach Erkennen der Chancen und Risiken die richtigen Entscheidungen herbeizuführen. Zu den externen Aufgaben eines Business Plans gehört die Kommunikation nach außen, was besonders für potentielle Kapitalgeber wichtig ist (vgl. Klandt, 1996, S. 86ff; Frank/Plaschka/Roessl, 1989, S. 192; Kubr Ilar/Marchesi, 1997, S. 4; Longenecker, 1997, S. 116f.). Es muss jedoch auch betont werden, dass der Business Plan kein „Freibrief" für eine erfolgreiche Gründung bzw. für den späteren Unternehmenserfolg darstellt (Sahlman, 1997; Reid, 1999).

Die Auswertung der Literatur ergab eine grundsätzlich ähnliche Struktur von Businessplänen im Rahmen der Vorbereitung von Unternehmensgründungen: Executive Summary, die Geschäftsidee, die Gründerperson, der Markt, Marketing, das Unternehmen, Realisierung, Chancen und Risiken, Finanzierung (vgl. u.a. Kubr/Ilar/Marchesi, 1997, S. 49-120; Longenecker, 1997, S. 123ff; o.a. Teilnehmerhandbücher der Business Plan-Wettbewerbe: Promotion München, Nordbayern und Salzburg).

3.1 Der Business Plan-Wettbewerb

Initiatoren und Veranstalter sind von Wettbewerb zu Wettbewerb verschieden, dennoch haben sie gemeinsam, dass sie im Zuge des Wettbewerbes versuchen eine Plattform aufzubauen, die dem potentiellen Unternehmensgründer in der Vermittlung von Know-how als auch beim Netzwerkaufbau behilflich sein kann. Diese Plattformen bestehen sodann aus Unternehmen, Hochschulen, staatlichen Institutionen und verschiedenen Medien. Hauptziel dieser Wettbewerbe ist es, neue Gründungen zu initiieren.

Die meisten Business Plan-Wettbewerbe verwenden ein 3-Stufen-System, d.h. der Business Plan wird Schritt für Schritt in drei Stufen erarbeitet. Von Stufe zu Stufe steigen die Anforderungen an den Inhalt und den Umfang des Business Plans. In Stufe 1 liegt der Schwerpunkt beim Kundennutzen, in Stufe 2 beim Marketing und in Stufe 3 wird der gesamte Plan inklusive eines Finanzplanes eingereicht. Der Einstieg in den Wettbewerb ist für den potentiellen Gründer jedoch auf jeder der drei Stufen möglich. Es bleibt dem Teilnehmer überlassen, ob er von Anfang an teilnimmt, ob er frühzeitig den Wettbewerb wieder abbricht oder ob es erst in Stufe 2 oder 3 einsteigt.

Nach jeder Stufe werden die eingereichten Konzepte von einer Jury auf Realisierbarkeit, Finanzierbarkeit und Erfolgschancen bewertet und den Teilnehmern sodann wieder als Feedback zurückgegeben. Die Überprüfung der Geschäftsidee auf Plausibilität durch kompetente externe Personen wird auch in der Gründungsliteratur als äußerst wichtig angesehen.

Während des Ablaufes der Wettbewerbe finden in regelmäßigen Abständen von ca. zwei Wochen Informations- und Weiterbildungsveranstaltungen statt, bei denen Gründungs-relevante Themenbereiche behandelt werden. Im Rahmen dieser Veranstaltungen wird versucht, insbesondere betriebswirtschaftliches Wissen zu vermitteln, denn häufig sind erfolgsversprechende Konzeptionen zum Scheitern verurteilt, da betriebswirtschaftliche Fragestellungen unbeachtet bleiben (Szyperski/Nathusius, 1999, S. 40). Ebenfalls in regelmäßigen Abständen finden Kontaktveranstaltungen statt, an denen sowohl Coaches als auch die potentiellen Gründer teilnehmen. Coaches können Unternehmensberater, Steuerberater, Bankexperten oder erfahrene und erfolgreiche Unternehmer sein, die den Gründungswilligen an diesen Veranstaltungen ihr Wissen zur Verfügung stellen. Der Teilnehmer hat also die Möglichkeit, im Rahmen einer lockeren Atmosphäre offene Fragen zu klären als auch wichtige Kontakte zu knüpfen.

3.2 Empirische Befunde

Es wurden in Kapitel 2 bereits die fördernden bzw. hemmenden Einflussfaktoren auf die Gründungsentscheidung dargestellt. Im vorliegenden Kapitel wird untersucht, welche Rolle die Teilnahme an einem Business Plan-Wettbewerb, neben den schon bekannten Einflussvariablen, im Rahmen einer Unternehmensgründung spielt. Der empirische Teil der Arbeit befasst sich also mit der Frage, welche Bedeutung die Teilnahme an einem BPW für die Gründung eines Unternehmens hat. Weiters soll aufgezeigt werden, inwieweit die angebotenen Leistungen des Wettbewerbes in Bezug auf das Gründungsvorhaben der Teilnehmer eine Hilfe darstellen.

Nach genauer Durchleuchtung der Abläufe und Inhalte mehrerer Business Plan-Wettbewerbe, der Teilnahme an diversen Veranstaltungen und auch Gesprächen mit mehreren Teilnehmern konnten entsprechende Hypothesen generiert werden. Zur Ermittlung der Forschungsfrage und den daraus abgeleiteten Hypothesen wurde ein Fragebogen erstellt.

Der Einfluss einer Teilnahme am BPW in Bezug auf das Gründungsvorhaben kann mittels Intensität der Teilnahme am BPW festgestellt werden. Zur Operationalisierung dieser Fragestellung wurde die Teilnahmeintensität mit Hilfe mehrerer Kriterien definiert: zum einen die „Einreichung des Business Plans", d.h. in wie vielen und welchen Stufen der Business Plan eingereicht wurde. Zum anderen ist die Intensität der Teilnahme auch davon gekennzeichnet, wie oft ein Teilnehmer die Möglichkeit nutzt Informationsveranstaltungen zu besuchen. Und drittens haben die Personen im Rahmen eines Business Plan-Wettbewerbs die Gelegenheit, mit Fachexperten und anderen potentiellen Unternehmensgründern Gespräche zu führen. Aus Sicht der Gründerperson sind vor allem der Zugang zu Informationen und die Kapazität der Informationsverarbeitung in der Vorgründungsphase von besonderer Bedeutung. Gründer, die auf Netzwerke, soweit sie im Rahmen des Business Plan-Wettbewerbs angeboten werden, zugreifen können, die es ihnen erlauben, diese Informationsfülle und -diversität zu verarbeiten, haben bessere Voraussetzungen, den Gründungsprozess erfolgreich abzuschließen (vgl. Naffziger/Hornsby/Kuratko, 1994, S. 34; Frank/Korunka/Lueger, 1999, S. 41). Wie oft solche Gesprächsmöglichkeiten von den Teilnehmern genutzt wurden, ist ebenfalls als Kriterium für die Intensität der Teilnahme herangezogen worden.

Es wurden im Rahmen dieser Arbeit drei Business Plan-Wettbewerbe ausgesucht, zwei in Deutschland und einer in Österreich, an deren Teilnehmer die Fragebögen nach Beendigung des Wettbewerbes zugesandt wurden. Die Zielgruppen dieser Studie sind definiert als originäre Unternehmensgründer, die vor dem Wettbewerb ihre Idee noch nicht umgesetzt hatten. Aus diesem Grund musste für den Wettbewerb in Österreich eine Filterfrage eingebaut werden, da hier auch Personen teilnehmen konnten, die ihr Unternehmen bereits gegründet hatten. Der Aufbau des Fragebogens orientiert sich in erster Linie an den im Bezugsrahmen festgelegten Dimensionen Gründerperson, Umwelt, Geschäftsidee, Intensität der Teilnahme, Stadium der Gründung und wettbewerbsbezogene Faktoren. Die genannten Dimensionen wurden sodann in einzelne Fragen operationalisiert. Im Vorfeld der empirischen Erhebung wurden ein Pre-Test sowie persönliche Interviews durchgeführt. Dadurch konnten Lücken im Fragebogen entdeckt und angepasst werden. Im Dezember 1999 wurden insgesamt 330 Fragebögen ausgeschickt. Innerhalb von 4 Wochen konnte ein Rücklauf von 22.7% erzielt werden was der Berücksichtigung von 75 Fragebögen in der Auswertung entspricht.

3.2.1 Stichprobe und Motive

- Teilnehmer an der Befragung

Das Alter der Teilnehmer beträgt zwischen 18 und 70 Jahren, mit einem Mittelwert von 38,5 und einer Standardabweichung von 11,17 Jahren. Auffallend ist, dass mehr als die Hälfte der befragten Personen (51,4%) einen Hochschulabschluss haben. 29,2% schlossen mit einem Fachschulabschluss, welcher in Deutschland das Abitur und in Österreich die Matura mit einbezieht, ab. Der Anteil der Personen mit mittlerer Reife liegt bei 11,1% und jener mit einem Lehrabschluss bei 8,3%. Die Mehrheit der Geschäftsideen der befragten Teilnehmer wurden in den Jahren 1998 (43,1%), 1997 (27,8%) und 1999 (9,7%) geboren, d.h. zum Zeitpunkt der Teilnahme hatte die Mehrheit diese Idee schon seit ungefähr einem Jahr.

- Motivation der Teilnahme

Auf die Frage, warum die Personen am Business Plan-Wettbewerb teilgenommen haben, konnten die Befragten mehrere Gründe angeben. Die drei wichtigsten Gründe sind: das Vorantreiben der Geschäftsidee, das Erlernen der Erstellung eines Business Plans und das Knüpfen neuer Kontakte.

3.2.2 Statistische Ergebnisse

Das Hauptziel der Studie besteht darin, zu überprüfen, ob ein positiver Zusammenhang zwischen der Teilnahme an einem Business Plan-Wettbewerb und dem Gründungsstatus besteht. Um die Zielsetzungen der Studie zu überprüfen, werden im Folgenden Thesen aufgestellt, die sodann mit unterschiedlichen statistischen Verfahren des SPSS-Programmes untersucht werden, wobei die entscheidende Variable zu Beurteilung der Hypothesen der Stand der Unternehmensgründung ist.

- Intensität der Teilnahme und Stand der Unternehmensgründung

Die für die Charakterisierung der Intensität verwendete Variable „Einreichung des Business Plans" kann in „Abbrecher" und „Durchhalter" eingeteilt werden. Ein frühzeitiger Abbruch ist charakterisiert durch das Einreichen des Business Plans in Stufe 1 und/oder Stufe 2, wobei in den darauf folgenden Stufen nicht mehr eingereicht wurde. „Durchhalter" sind dadurch gekennzeichnet, dass sie in einer beliebigen Stufe eingestiegen sind und auch in den darauf folgenden Stufen ihren Geschäftsplan eingereicht haben, was bedeutet, dass diese Personen auf jeden Fall in Stufe 3 eingereicht haben.

These 1: **Es wird angenommen, dass intensive Teilnehmer nach dem Business Plan-Wettbewerb der Unternehmensgründung näher sind bzw. bereits gegründet haben als nicht-intensive Teilnehmer.**

Zur Unterscheidung zwischen einer intensiven Teilnahme und einer weniger intensiven Teilnahme sind die Intensitätsvariablen folgendermaßen operationalisiert worden:

Eine intensive Teilnahme ist gegeben, wenn:

- der Teilnehmer zu den „Durchhaltern" gezählt werden kann,
- über 40% der angebotenen Informationsveranstaltungen besuchte und/oder
- über 40% der Kontaktveranstaltungen besuchte.

Mit dem Mann-Whitney-Test kann eine Signifikanz von 0,024 zwischen intensiven Teilnehmern und nicht-intensiven Teilnehmern festgestellt werden. Dies bedeutet, dass intensive und nicht-intensive Teilnehmer sich eindeutig in unterschiedlichen Gründungsstadien befinden. Jene Teilnehmer, die intensiv am Wettbewerb teilgenommen haben, befinden sich, weiter vorne im Gründungsprozess, als nicht intensive Teilnehmer.

- intensive Teilnahme

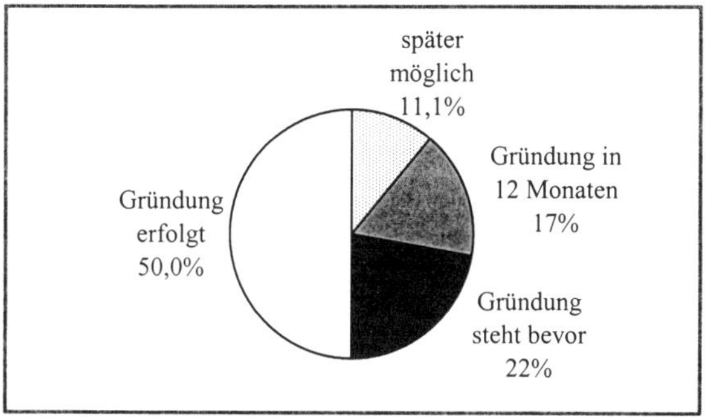

- weniger intensive Teilnahme

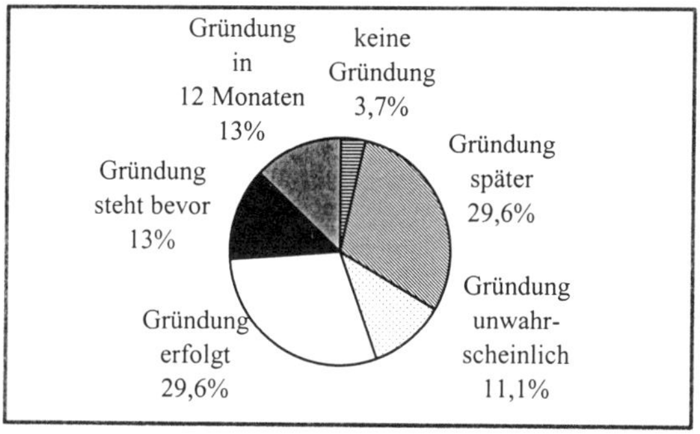

Abbildung 2: Gründungsvorhaben und Teilnahme am Business Plan-Wettbewerb
Quelle: *eigene Darstellung*

Daraus kann man schließen, dass durch eine intensive Teilnahme sehr wohl Hürden und Schwierigkeiten der Vorgründungs-Phase überwunden werden können und sich die potentiellen Unternehmensgründer nach Teilnahme am Business Plan-Wettbewerb ausreichend vorbereitet fühlen, um den Schritt in die Selbständigkeit zu wagen. Die Hürden und Schwierigkeiten sind je nach Teilnehmer sehr unterschiedlich. Manchen fehlt eine gewisse Information oder eine Finanzierungsmöglichkeit, andere wollen, bevor sie ihr Produkt auf den Markt bringen, ihre Idee noch einmal objektiv überprüfen lassen. Einige benötigen auch einfach nur einen Anstoß von außen um selbst an der Realisierung ihrer Idee zu arbeiten.

- Teilnehmertypus

Mit Hilfe eines Streudiagramms wurden die Teilnehmer nach Gründungswahrscheinlichkeit und Gründungsstand in 4 Typen eingeteilt.

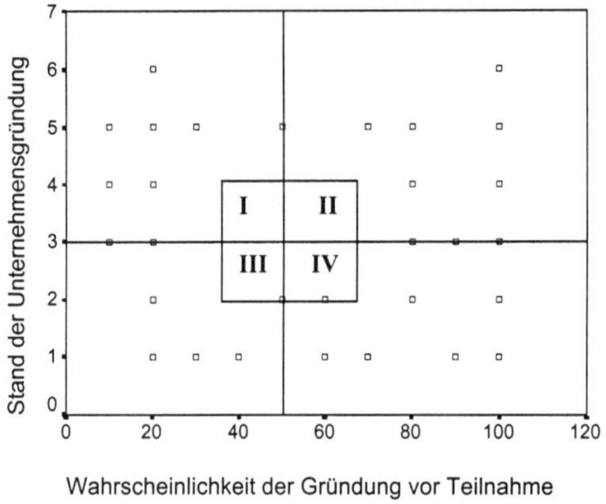

Abbildung 3: Teilnehmertypen I bis IV
Quelle: eigene Darstellung

Das Streudiagramm macht die vier Teilnehmertypen ersichtlich:

- Typus I: vor der Teilnahme: Gründungswahrscheinlichkeit unter 50%; nach der Teilnahme: spätere Gründung möglich oder nicht vorgesehen
- Typus II: vor der Teilnahme: Gründungswahrscheinlichkeit über 50%; nach der Teilnahme: spätere Gründung möglich oder nicht vorgesehen
- Typus III: vor der Teilnahme: Gründungswahrscheinlichkeit unter 50%; nach der Teilnahme: Gründung bereits erfolgt oder in nächster Zeit

- Typus IV: vor der Teilnahme: Gründungswahrscheinlichkeit über 50%; nach der Teilnahme: Gründung bereits erfolgt oder in nächster Zeit

These 2: **Es wird angenommen, dass jene Teilnehmer, welche ihr Unternehmen bereits gegründet haben oder kurz davor stehen, eher einen vollständigen Business Plan erarbeitet haben als jene, die ihr Unternehmen wahrscheinlich oder sicher nicht gründen werden.**

Der Mann-Whitney-Test konnte eine hohe Signifikanz der beiden Gruppen feststellen. Unabhängig von der Gründungswahrscheinlichkeit vor der Teilnahme bedeutet dies, dass jene Personen, die ihr Unternehmen schon gegründet haben bzw. bald gründen werden, ihren Business Plan in mehr Stufen eingereicht haben als jene, die wahrscheinlich bzw. bestimmt nicht gründen werden; d.h., dass jene Personen des Typus III, die ihr Unternehmen schon gegründet haben oder bald gründen werden, ihren Business Plan in mehr Stufen eingereicht haben als jene, die im Gründungsprozess noch weiter zurückliegen. Dasselbe Ergebnis zeigte sich durch den Vergleich der Teilnehmertypen II und IV.

Teilnehmertypus I Teilnehmertypus III

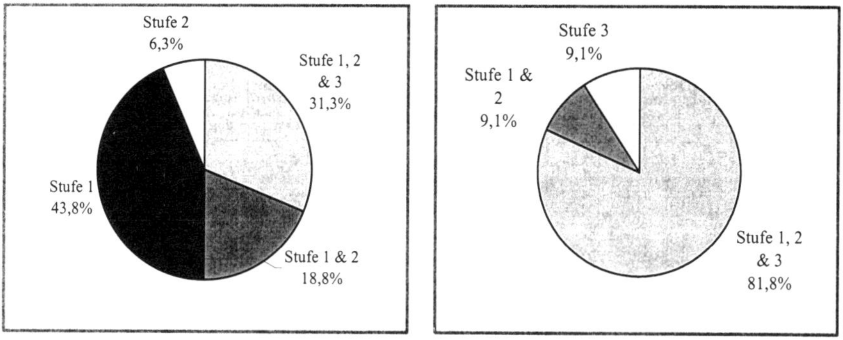

Abbildung 4: Teilnehmertypen I und III im Vergleich
Quelle: eigene Darstellung

Es wird aus der Abbildung klar ersichtlich, dass jene Personen, die ihr Unternehmen noch nicht gegründet haben, unabhängig von der Gründungswahrscheinlichkeit vor der Teilnahme, vor allem nur in den Stufen 1 und/oder Stufe 2 ihren Business Plan eingereicht haben. Es befinden sich unter ihnen jedoch nur wenige Personen, die ihre schriftlich ausgearbeitete Geschäftsidee auch in Stufe 3 eingereicht haben.

Man muss auch in Betracht ziehen, dass der Business Plan unter anderem eine „Selektionsfunktion" wahrnimmt. Eine Teilnahme am Business-Plan muss und soll auch nicht zwingend zu einer Realisierung der eingebrachten Geschäftsidee führen. Sinn und Zweck eines Business Plans ist es nämlich auch, mit den Teilnehmern die Geschäftsideen systematisch auf deren Realisierbarkeit zu überprüfen. In der Tat haben 33,3% der Teilnehmer des Typus II und 25% des Typus I angegeben, durch die Teilnahme am Wettbewerb festgestellt zu haben, dass ihre Geschäftsidee nicht tragbar sei.

- Einflussvariablen auf den Gründungsstatus

In den vorangegangenen Analysen konnte festgestellt werden, dass die Variable Einreichung des Business Plans einen großen Einfluss darauf hat, in welchem Status des Gründungsprozesses sich ein Teilnehmer befindet. Es ist jedoch klar, dass nicht nur allein eine Teilnahme am Business Plan bestimmend dafür ist, ob es zu einer Unternehmensgründung kommt oder nicht. Es gibt natürlich zahlreiche andere Faktoren, welche die Gründungsentscheidung beeinflussen. Im Folgenden sollen nun auch die in der Gründungsliteratur angeführten Einflussvariablen in die Analyse einbezogen werden. Zu diesem Zweck wurde die Literatur nach empirisch untersuchten Größen, die einen Einfluss darauf haben, ob es zu einer Unternehmensgründung kommt oder nicht, untersucht. Da die Anzahl der existierenden Einflussgrößen zu groß ist, musste eine selektive Auswahl getroffen werden, die im Folgenden angeführt wird.

- Unterstützung der Familie (vgl. Kirschbaum,1990, S. 85; Naffziger/Hornsby/Kuratko, 1994, S. 32),
- Ausbildung (vgl. Wanzenböck, 1998b, S. 38; Klandt, 1990, S. 34; Brüderl/Preisendörfer/Ziegler, 1996, S. 50),
- Frühere Selbständigkeit (vgl. Krueger, 1993, S. 7; Szyperski/Nathusius, 1999, S. 40),
- Branchenerfahrung (vgl. Kirschbaum, 1990, S. 85),
- Sicherheit der Gründung (vgl. Krueger, 1993, S. 17).

Um die Rolle des Business Plan-Wettbewerbs im Rahmen einer Unternehmensneugründung zu untersuchen, wird im Kommenden die neue Einflussvariable „Einreichung des Business Plans“ hinzugefügt. Die Teilnehmer können ihren Business Plan nach freiem Willen nur in einer oder in mehreren Stufen einreichen. Den höchsten Wert, den die Teilnehmer bei dieser Variable angeben können, ist, dass sie ihren Business Plan in allen drei Stufen eingereicht haben. Den niedrigsten Wert nimmt eine Einreichung nur in Stufe 1 ein. Je höher der Wert der Einreichung, desto mehr und intensiver hat sich die Person mit der Planung ihrer Geschäftsidee auseinandergesetzt. Dies wird den Gründungsvorgang positiv beeinflussen.

These 3: Es ist anzunehmen, dass – neben den in der Literatur bestätigten Einflussvariablen – die Einreichung des Business Plans auch einen Einfluss auf den Gründungsstatus hat.

Diese Hypothese wird mit Hilfe der Diskriminanzanalyse überprüft, indem versucht wird, die Klassifikation in die 6 verschiedenen Gründungsstadien mit Hilfe der oben angeführten Variablen durchzuführen. Die Diskriminanzanalyse lieferte eine Trefferquote von 60%. Würde man nach der am häufigsten vorkommenden Klasse eine Einteilung treffen, dann wäre die Trefferquote 33,3%. Dieses Ergebnis bedeutet, dass man aufgrund dieser Variablen zu 60% voraussagen kann, in welchen Gründungsstatus ein Teilnehmer fällt. Die standardisierten kanonischen Diskriminanzkoeffizienten geben an, wie die Werte der einzelnen Variablen sein müssen, damit sie in einen bestimmten Gründerstatus fallen. So ist z. B. herauszulesen, dass jene Teilnehmer mit einer hohen Ausbildung, mit Unterstützung der Familie, mit hoher Gründungswahrscheinlichkeit vor der Teilnahme, bei früherer Selbständigkeit, bei Einreichung des Business Plans mindestens in Stufe 2 und 3, und einer Branchenerfahrung sehr wahrscheinlich in Gründungsstatus 1 fallen. Gründungsstatus 1 bedeutet im Rahmen dieser Arbeit, dass ein Teilnehmer sein Unternehmen bereits gegründet hat. Abgesehen von der Variable „Einreichung des Business Plans“ ist dieses Ergebnis deckend mit den empirischen Untersuchungen, die bereits von anderen Forschern gemacht wurden. Die Werte der Diskriminanzfunktionskoeffizienten dieser Variable bekräftigen die Aussage der oben getroffenen Hypothese.

- Je höher der Wert der Variable „Einreichung des Business Plans“ ist, wobei der höchste Wert bedeutet, dass die Person seinen Business Plan in Stufe 1, 2 und 3 eingereicht hat, desto wahrscheinlicher ist, dass dieser Teilnehmer sein Unternehmen schon gegründet hat.

- Je höher der Wert der Variable ist, desto unwahrscheinlicher ist es, dass der Teilnehmer in Gründungsstatus 4 fällt, was in diesem Fall bedeutet, dass eine spätere Gründung möglich ist.

- Je niedriger der Wert der Variable, desto unwahrscheinlicher ist die Unternehmensgründung des Teilnehmers.

Führt man nun nochmals eine Diskriminanzanalyse mit denselben Variablen durch, lässt dabei aber die Variable „Einreichung des Business Plans“ aus der Analyse heraus, so sinkt der Erklärungsgrad der Variablen um 13,8% auf 46,2%.

Die Ergebnisse der Diskriminanzanalyse sind ein eindeutiges Indiz dafür, dass eine Teilnahme am Business Plan-Wettbewerb einen positiven Effekt auf den Gründungsstand hat. Der Business Plan-Wettbewerb kann jedoch seine Wirkung nicht entfalten, wenn die Teilnehmer nur halbherzig partizipieren. Wenn die potentiellen Unternehmensgründer allerdings in allen Stufen teilnehmen oder zumindest in den höheren Stufen, so erhalten sie durch die Teilnahme einen Anstoß, sich mit ihrer Geschäftsidee in allen Details zu beschäftigen. Die Teilnehmer werden dadurch angetrieben, ihr Vorhaben genau zu planen. Oft nämlich haben die Teilnehmer ihre Geschäftsidee schon seit längerem, aber sie hatten noch nie den Mut aufgebracht, diese auch in die Tat umzusetzen. Nimmt eine Person von Anfang an am Business Plan-Wettbewerb teil, so wird Schritt für Schritt ein in sich schlüssiges und durchdachtes Geschäftskonzept erstellt. Das Feedback der Jury, aber auch die Hinweise der Fachexperten können somit in die Überlegungen der Teilnehmer bei der Planung ihres Vorhabens mit einfließen. Je mehr sich die Teilnehmer dadurch mit ihrer Geschäftsidee auseinander gesetzt haben, desto eher fühlen sie sich für ihr Vorhaben ausreichend vorbereitet und wagen den Schritt in die Selbständigkeit.

4 Zusammenfassung

Es soll an dieser Stelle noch einmal betont werden, dass es sicher nicht Sinn und Zweck eines Business Plan-Wettbewerbs ist, dass jeder Teilnehmer nach Beendigung des Wettbewerbes zwingend kurz vor der Gründung seines Unternehmens steht. Die Ideen sollen nämlich durch eigenes Durchdenken oder Anregungen von Experten auf deren Realisierung und Marktfähigkeit überprüft werden. Je nach Ausprägung des Wettbewerbes wird sodann noch spezielles Gewicht auf die Finanzierung der Vorhaben gelegt. Dies geschieht einerseits dadurch, dass den Teilnehmern geholfen wird ihre Geschäftsidee, speziell aus dem technischen Sektor, auch für Experten im Wirtschaftsbereich verständlich darzustellen. Andererseits überprüft eine Jury, die auch aus Personen des Finanzbereichs besteht, die Ideen der Teilnehmer auf Finanzierbarkeit. Insgesamt wird in diesem Beitrag verdeutlicht, dass Business Plan-Wettbewerbe einen wichtigen Beitrag zur möglichst professionellen Gründung eines Unternehmens haben können, mit dem Ziel, vorweg die potentiellen Gründer mit den typischen gründungshemmenden Faktoren zu konfrontieren und darüber hinaus eine umfassende betriebswirtschaftliche Sichtweise des spezifischen Gründungskontextes zu ermöglichen.

5 Literaturhinweise

Baaken, T., (1989): Bewertung technologieorientierter Unternehmensgründungen, Berlin

Brüderl, J./Bühler, C./Ziegler, R., (1993): Beschäftigungswirkung neugegründeter Betriebe, in: Mitteilung aus der Arbeitsmarkt- und Berufsforschung, Nr. 4, S. 521-527

Brüderl, J./Preisendörfer, P./Baumann, A., (1991): Determinanten der Überlebenschancen neugegründeter Kleinbetriebe, In: Mitteilung aus der Arbeitsmarkt- und Berufsforschung, Nr. 1. S. 91-100

Brüderl, J./Preisendörfer, P./Ziegler, R., (1996): Der Erfolg neugegründeter Betriebe. Eine empirische Studie zu den Chancen und Risiken von Unternehmensgründungen, Betriebswirtschaftliche Schriften, Heft 140, Berlin

Busenitz, L.W./Lau, C.M. (1996): A cross-cultural cognitive model of new venture creation, in: Entrepreneurship Theory and Practice, 20(4), S. 25-37

Chen, C.C./Greene, P.G./Crick, A. (1998): Does entrepreneurial self-efficacy distinguish entrepreneurs from managers?, in: Journal of Business Venturing, 13(3), S. 295-316

Delmair, F./Davidsson, P. (2000): Where do they come from? Prevalence and characteristics of nascent entrepreneurs, in: Entrepreneurship & Regional Development, Vol. 12, S. 1-23

Frank, H./Korunka, Ch./Lueger, M. (1999) Fördernde und hemmende Faktoren im Gründungsprozess: Strategien zur Ausschöpfung des Unternehmerpotentials in Österreich, Forschungsbericht, Wien

Frank, H./Landström, H. (1997): Entrepreneurship and small business research in Europe – analysis and reflections, in: Landström, H./Frank, H./Veciana, J.M. (eds.): Entrepreneurship and Small Business Research in Europe, Aldershot et al., S. 382-395

Frank, H./Mugler, J./Wanzenböck, H., (1995): Entwicklungspfade geförderter Unternehmensgründungen - Beendigungsquoten und Wachstumsdynamik, In: Journal für Betriebswirtschaft, 1., S. 5-20

Frank, H./Plaschka, G./Roessl, D. (1989): Planning behavior of successful and non-successful founders of new ventures, in: Entrepreneurship & Regional Development, 1, S. 191-206

Herron, L./Sapienza, H.J. (1992): The Entrepreneur and the Initiation of new venture launch activities, in: Entrepreneurship Theory and Practice, 17(1), S. 49-54

Jungbauer-Gans, M./Preisendörfer, P., (1991): Verbessern eine gründliche Vorbereitung und sorgfältige Planung die Erfolgschancen neugegründeter Betriebe?, in: Zeitschrift für betriebswirtschaftliche Forschung (zfbf), 43(11), S. 987-996

Kirschbaum, G. (1990): Gründungsmotivation, in: Szyperski, N./Roth, P. (Hrsg.), Entrepreneurship - Innovative Unternehmensgründung als Aufgabe, Stuttgart, S. 79-87

Klandt, H., (1996): Der integrierte Unternehmensplan: ein Instrument für die Gründungplanung, Köln-Dortmund: Förderkreis Gründungsforschung, Entrepreneurship-Research-Monographien, Bd. 7

Kriegesmann, B. (2000): Unternehmensgründungen aus der Wissenschaft, in: Zeitschrift für Betriebswirtschaft, 70(4), S. 397-414

Krueger, N. (1993): The impact of prior entrepreneurial exposure on perceptions of new venture feasibility and desirability, in: Entrepreneurship Theory and Practice, 18(1), S. 5-21

Kubr, T./Ilar, D./Marchesi, H., (1997): Planen, gründen, wachsen. Mit dem professionellen Business Plan zum Erfolg, Zürich: McKinsey & Company

Longenecker, J. (1997): Small business management: an entrepreneurial emphasis (10th ed.), Cincinnati

Mellewigt, Th./Witt, P. (2002): Die Bedeutung des Vorgründungsprozesses für die Evolution von Unternehmen: Stand der empirischen Forschung, In: Zeitschrift für Betriebswirtschaft, 72(1), S. 81-110

Munich Business Angel Network (1999) (Hrsg.): Business Angels – Netzwerke für Unternehmer, Int. Kongress für Unternehmer, Investoren und Berater, 23. September, München

Naffziger, D./Hornsby, J./Kuratko, D., (1994): A Proposed Research Model of Entrepreneurial Motivation, in: Entrepreneurship Theory and Practice, 18(3), S. 29-41

Nathusius, K., (1990): Venture Capital in der Bundesrepublik Deutschland - Chancen, Voraussetzungen und Forderungen, in: Szyperski, N./Roth, P., (Hrsg.), Entrepreneurship - Innovative Unternehmensgründung als Aufgabe, Stuttgart, S. 25-38

Picot, A./Laub, U.D./Schneider, D. (1989): Innovative Unternehmensgründungen. Eine konomisch-empirische Analyse, Berlin et al.

Plaschka, G., (1986a): Unternehmenserfolg: Eine vergleichende empirische Untersuchung von erfolgreichen und nicht erfolgreichen Unternehmensgründern, Schriftenreihe der Abteilung für Gewerbe-, Klein- und Mittelbetriebe, Band 7, Wien

Pleitner, H.J. (2001): Entrepreneurship – Mode oder Motor?, in: Zeitschrift für Betriebswirtschaft, 71(10), S. 1145-1159

Reid, G.C. (1999): Complex Action and Simple Outcomes: How New Entrepreneurs Stay in Business, in: Small Business Economics, 13(4), S. 303-315

Sahlman, W. (1997): How to write a great business plan, in: Harvard Business Review, July-August, S. 98-108

Starr, J./Fondas, N., (1992): A model of entrepreneurial socialization and organization formation, in: Entrepreneurship Theory and Practice, 17(1), S. 67-76

Szyperski, N., (1990): Innovative Gründer forcieren Technologietransfer, in: Szyperski, N./Roth, P. (Hrsg.), Entrepreneurship - Innovative Unternehmensgründung als Aufgabe, Stuttgart, S. 3-9

Szyperski, N./Nathusius, K., (1999): Probleme der Unternehmensgründung: eine betriebswirtschaftliche Analyse unternehmerischer Startbedingungen, 2.A., Lohmar et al.

Thierstein, A., Wolter, S.C., Wilhelm, B./Birchmeier, U. (1999): Der stille Boom – Gründerinitiativen im Aufwind. Bern

UNICE (1999): Fostering Entrepreneurship in Europe: The UNICE Benchmarking Report 1999, Brussels

Wanzenböck, H., (1998a): Überleben und Wachstum junger Unternehmen, Wien

Wanzenböck, H., (1998b): Das österreichische Gründungsgeschehen. Eine Analyse der Struktur und des Beschäftigungseffektes der Unternehmensgründungen des Jahres 1997, in: Mugler, J. (Hrsg.): Materialien des Instituts für Betriebswirtschaftslehre der Klein- und Mittelbetriebe an der Wirtschaftsuniversität Wien, Wien

Weihe, H., (1994): Entrepreneurship- Neue Wege zum Unternehmertum, Hamburg

Technologie- und Gründerzentren in Europa – Ein Ländervergleich

Markus Mair

1 Theoretischer Hintergrund

Technologie- und Gründerzentren, ihre Wirkungsweise und besonders ihr regionalwirtschaftlicher Nutzen sind in den letzten Jahren verstärkt in das öffentliche Interesse gerückt. Dabei gibt es naturgemäß sehr unterschiedliche und z.T. auch kontrovers geführte Diskussionen. Um insbesondere die Wirkungsweise der Technologie- und Gründerzentren besser zu verstehen und um aufzeigen zu können, wie die Effizienz und Effektivität der Einrichtungen verbessert werden können, wurden in den letzten Jahren zahlreiche Evaluierungsversuche, Benchmarking- und Best-Practice-Studien durchgeführt. Ziel dabei war, die Zentren untereinander vergleichen zu können und mittels eines Ranking die "Spreu vom Weizen" zu trennen. Nichts dergleichen wird im Rahmen dieses Beitrags angestrebt. Vielmehr wird ein Teil der strategischen und operativen Tätigkeit der Technologie- und Gründerzentren aufgezeigt, welche mit den Aussagen und Einschätzungen der eingemieteten Unternehmen verglichen und abgewogen werden.

So zahlreich wie Technologie- und Gründerzentren auf der ganzen Welt angesiedelt sind, so zahlreich und wortschön sind auch ihre Bezeichnungen: Technologiezentren, Gründerzentren, Technologie- und Gründerzentren, Existenzgründerzentren, Technologietransferzentren, Innovationszentren, Kompetenzzentren, Inkubatoren („Business-Incubators"), Impulszentren, Business and Innovation Center, Technikzentrum und Technologiefabrik um nur einige zu nennen. Die vielseitigen im Umlauf befindlichen Begriffe für Zentren, welche Gründungen initiieren und das Unternehmenswachstum betreuen wollen, werden in dieser Arbeit unter dem Begriff Technologie- und Gründerzentren, kurz TGZ, zusammengefasst. Abbildung 1 zeigt eine Möglichkeit, die verschiedenen Ausrichtungen der Zentren voneinander zu unterscheiden und einzuordnen. Dabei soll vor allem der Unterschied zwischen "echten TGZ" und anderen Einrichtungen aufgezeigt werden. Die "echten TGZ" sind in der Matrix in der rechten unteren Ecke angesiedelt. Sie lassen sich durch einen hohen Grad an Unterstützung, Beratung und Dienstleistungen und zudem – jedoch nicht notwendigerweise – durch die Technologieorientierung ihrer Mieter, von anderen Zentren unterscheiden. Im Gegensatz dazu findet man die reinen Gewerbeflächen und Gewerbeparks („industrial estate") in der linken oberen Ecke. Sie führen gewöhnlich keinen Selektions- oder Auslesungsprozess bei den Unternehmen durch und bieten nur geringe oder keine Unterstützung, Beratung und Dienstleistungen für die Unternehmen an. In aller Regel beschränken sie sich auf den Verkauf oder die Vermietung ihrer ausgewiesenen Gewerbeflächen.

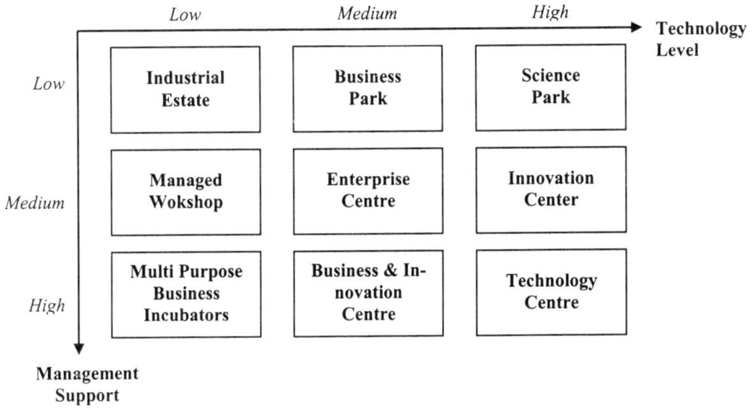

Abbildung 1: Typologie von TGZ
Quelle: CSES 2002

Heute wird im Allgemeinen unter TGZ eine Einrichtung verstanden, die jungen Unternehmen mittels Infrastrukturen und kompetenter Beratung Hilfe anbietet, um die Risiken der Unternehmensgründung zu mindern. Sie hat sich jedoch erst in einem jahrzehntelangen Entwicklungsprozess herauskristallisiert. Die ersten Einrichtungen in den '60er und '70er in den USA hatten mit den heutigen Technologie & Gründerzentren – bis auf die Bereitstellung von Flächen und Fabrikhallen zu günstigen Konditionen – wenig gemein. In einer großzügigen Betrachtungsweise kann man diese Einrichtungen als Start eines Unterstützungssystems zur Förderung von Unternehmensgründungen und -entwicklung sehen, das sich innerhalb weniger Jahrzehnten, mit wenigen Ausnahmen, über die ganze Welt verbreitet und durchgesetzt hat.

Der Grundgedanke der TGZ entwickelte sich Ende der '70er Anfang der '80er Jahre, begleitet durch einen Anstieg der Arbeitslosenzahlen und der Krise in einigen traditionellen Industriebranchen. Amerika und Europa erkannten, dass es Zeit war für neue Lösungen um aus der Krise herauszukommen; es wurde zudem versucht, über staatliche Interventionen mobiles Kapital und Arbeitsplätze von wirtschaftlich gut entwickelten Regionen auf wirtschaftlich schwache Regionen umzuverteilen. Zu dieser Zeit wurden die TGZ als Instrument eingesetzt, um Innovationen voranzutreiben und den Technologietransfer zu unterstützen. Die "erste Generation" von TGZ in den '80er Jahren boten vor allem Räumlichkeiten und gründungsbezogene Dienstleistungen an. In den '90er Jahren erkannte man, dass es für eine erfolgreiche Gründung mehr bedarf als Räume, Flächen und moderate Dienstleistungen. Die TGZ brauchen ein Netzwerk, um den eingemieteten Unternehmen professionelle Hilfe anbieten zu können. Dies sind die Charakteristiken der zweiten Generation von TGZ, obgleich viele TGZ noch in der ersten Stufe anzufinden sind (vgl. Lalkaka, 2001).

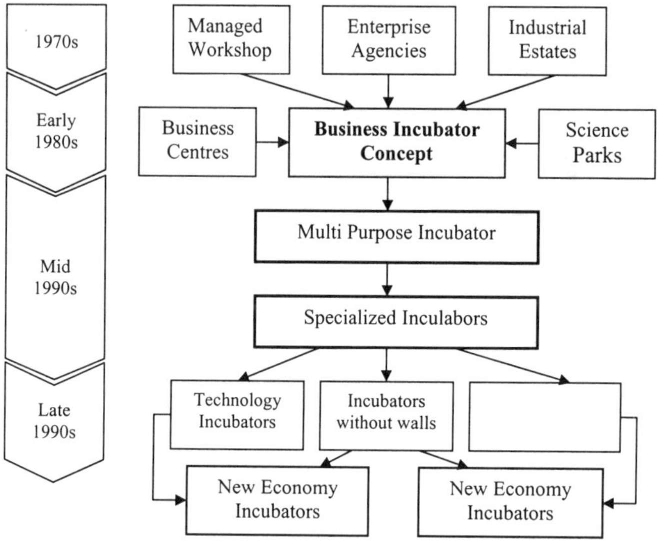

Abbildung 2: Evolution des TGZ-Modells
Quelle: CSES 2002

2 Die Aufgaben der Technologie- und Gründerzentren (TGZ)

Damit Zentren zu recht den Namen TGZ führen, müssen sie bestimmte Aufgaben wahrnehmen und sich dabei auf innovative technologieorientierte bzw. -basierte Unternehmensgründer und -gründungen konzentrieren (ADT, 2000). Die folgenden Aufgaben basieren auf die Ausarbeitung durch die *Arbeitsgemeinschaft deutscher Technologie- und Gründerzentren e.V.* (ADT).

- Informelle Unterstützung von Unternehmensgründung und -wachstum. Dieser Komplex beinhaltet die wichtigsten Aufgaben von TGZ überhaupt. Sein Vorhandensein ist der wichtigste qualitative Unterschied zu "normalen" Anbietern von Gewerbeimmobilien. Das Ausmaß reicht dabei von der Initiierung innovativer technologieorientierter/ -basierter Unternehmensgründungen in der Region, über die Betreuung der Vorgründungs- und Gründungsphase sowie die Begleitung der Festigungsphase bis zur zielgerichteten Vorbereitung des Jungunternehmens auf die Zeit nach dem Auszug aus dem TGZ. Die Gründung und der Aufbau eines Technologieunternehmens sind entscheidungsintensive Prozesse (vgl. Pleschak, 2000). Angesichts der Neuheit, Interdisziplinarität und Komplexität der Problemstellungen finden Gründer, aber auch gestandene Unternehmer, in den Bewertungs- und Entscheidungssituationen unternehmensintern nicht immer sichere Lösungen. Das Zentrenmanagement kann bei der Vermittlung von Kontakten zu den Beteiligungsgebern unterstützend wirken. In immer mehr Regionen bilden örtliche Finanzierungsinstitute Venture-Capital-Fonds, die sich in innovativen Unternehmen mit Beteiligungen engagieren wollen.

- Infrastrukturelle Unterstützung von Unternehmensgründung und -wachstum. Die von TGZ angebotenen Leistungen in diesem Bereich werden auch durch viele Anbieter höherwertiger Büroflächen zur Verfügung gestellt und sind demzufolge kein Alleinstellungsmerkmal für TGZ, dürfen aber trotzdem nicht fehlen. Zu diesem Aufgabenkomplex gehören z.B. Gemeinschaftseinrichtungen (Konferenzräume, Teeküche), Bereitstellung von technischen Anlagen und technischen Dienstleistungen usw.

- Unterstützung von Unternehmensgründung und -wachstum durch flexible Mietangebote. TGZ müssen generell in der Lage sein, binnen kürzester Zeit, also z.B. innerhalb eines Monats, auf Änderungsanträge ihrer Mieter zu reagieren. Bei einem voll belegten Zentrum geht diese Fähigkeit, die für junge Unternehmen bisweilen lebenswichtig ist, verloren. Dies bedeutet, dass ein TGZ nie 100%-ig ausgelastet sein darf. Die Flexibilität bezieht sich auf die Art der zu mietenden Räume (Büro-, Produktions- und Laborfläche), die Größe und die zeitliche Nutzungsdauer.

- Technologietransfer und Technologieorientiertheit der Einlieger können normalerweise nur TGZ wahrnehmen, die eng mit Hochschul- oder außeruniversitären Forschungseinrichtungen bzw. mit den Forschungs- und Entwicklungsabteilungen von Industriebetrieben zusammenarbeiten. Wo derartige Möglichkeiten fehlen, z.B. in ländlichen, d.h. strukturschwachen Gebieten, ist die Wahrnehmung von Aufgaben des Technologietransfers stark erschwert. Allerdings realisiert jedes Zentrum mit innovativen Unternehmensgründern einen "Technologietransfer über Köpfe" schon deshalb, weil die jungen Unternehmer ihre eigenen oder anderweitigen Ideen, die aus Forschung und/oder Entwicklung oder einfach dem technologischen Fortschritt entspringen, in marktfähige Produkte umsetzen. Demzufolge besteht für TGZ in ländlichen Regionen bei geeigneter Struktur der eingemieteten Unternehmen durchaus die Chance, über diese den Technologietransfer zu betreiben. Darüber hinaus ist es aber erforderlich, dass die TGZ generell ihren eigenen Beitrag dazu erbringen, den Technologietransfer in der jeweiligen Region zu unterstützen und zu modernisieren. Dies kann durch geeignete Veranstaltungen als auch durch aktive Zusammenarbeit mit wissenschaftsnahen Einrichtungen geschehen.

3 Die Studie

Nach diesen ersten definitorischen Überlegungen folgt nun der praktische Teil der Arbeit, die auf den Auswertungen zweier Fragebögen beruht, die an 326 TGZ in Deutschland, Österreich und Italien, sowie 626 zufällig ausgewählten, in den TGZ etablierten Unternehmen zugesandt wurden.

3.1 Untersuchungsergebnisse: Technologie- und Gründerzentren (TGZ)

3.1.1 Die Besitzstrukturen der TGZ

Zunächst sollen die Besitzstrukturen und Eigentumsverhältnisse der Technologie- und Gründerzentren betrachtet werden. Wie aus der Untersuchung hervorgeht (vgl. hierzu Abbildung 3), ist die öffentliche Hand an einem Großteil der TGZ beteiligt. 50 % der TGZ haben eine rein öffentliche[2], über 13 % eine überwiegend öffentliche (mehr als 75 %) Besitzstruktur. Knapp 1/4 der TGZ haben gemischte Eigentumsverhältnisse (zwischen 25% und 75 %). In der Minderheit befinden sich, mit 9,5 %, die rein privat geführten TGZ. Verschwindend klein ist der Anteil, bei welchen die öffentliche Hand zwar vertreten ist, aber weniger als 25 % der Beteiligungen hält. Auf dieses Beteiligungsverhältnis trifft man lediglich bei 3,6 % der untersuchten TGZ. Blickt man auf die Häufigkeit der Beteiligungen lässt sich erkennen, dass in 9 von 10 TGZ öffentliche Körperschaften beteiligt sind. Beinahe verschwindend gering ist die Häufigkeit der Beteiligung von Universitäten an den TGZ. Lediglich in 4,4 % aller untersuchten TGZ sind Universitäten als Miteigentümer vertreten. Auf der Seite der privaten TGZ sind

[2] Als öffentlich gelten: Öffentliche Körperschaften (Stadt, Gemeinden, Land, ...), öffentliche Unternehmen, Verbände und Universitäten. Als privat gelten: Banken, private Unternehmen und andere Private (private Stiftungen, Privatpersonen).

in 40 % aller untersuchten TGZ Banken beteiligt. Andere Private, darunter sind Privatpersonen, private Vereine und Organisationen zu verstehen, sind in etwa 7 % aller TGZ als Eigenkapitalgeber anzufinden.

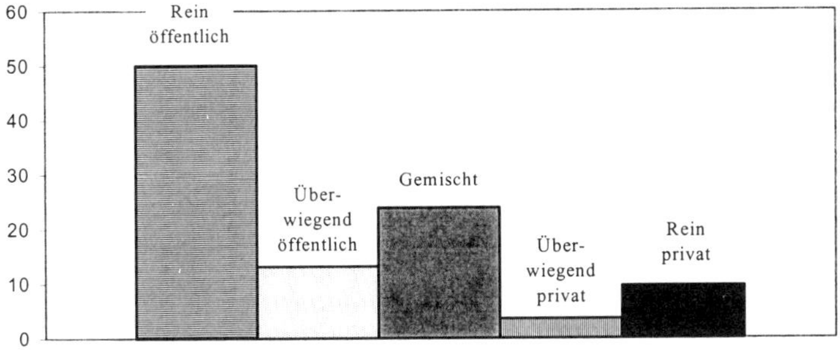

Abbildung 3: Beteiligungsstruktur der TGZ (in %)
Quelle: eigene Erhebung

Werden die Eigentumsverhältnisse im detaillierten Ländervergleich untersucht, so wird man feststellen, dass in Italien am häufigsten rein öffentliche TGZ anzutreffen sind, rein private gab es in der Untersuchung überhaupt keine. Obgleich in Österreich ebenfalls über 50 % der TGZ rein öffentlich geführt werden, gibt es über 23 % TGZ, die rein private Besitzstrukturen aufweisen. Den größten Anteil haben in Deutschland ebenfalls die rein öffentlich geführten TGZ, jedoch sind die Mischformen (privat und öffentlich) stärker vertreten als in den anderen beiden Ländern. Rein private TGZ sind auch in Deutschland mit knapp 7 % seltener anzutreffen.

3.1.2 Das Umfeld und die Dichte

Wenn man das Umfeld der einzelnen TGZ untersucht und dies mit dem Alter bzw. mit den verschiedenen Altersphasen[3] der jeweiligen TGZ in Verbindung bringt, lässt sich erkennen, dass die Standorte in den ländlichen Gebieten in letzter Zeit zu nehmen, während zugleich die universitären Standorte abnehmen. Berücksichtigt man, dass eine Streuung an TGZ über das gesamte Territorium angestrebt wird, ist dieser Trend nichts Außergewöhnliches. Universitäre und wissenschaftliche Standorte sind determinierte, d.h. in der Anzahl begrenzte Gebiete, welche bereits heute eine hohe Dichte an TGZ aufweisen. Ländliche Gebiete überwiegen an-

[3] Altersphasen nach ADT: a) Festigungsphase: Gründung des TGZ vor 1989, b) Etablierungsphase: Gründung des TGZ zwischen 1990 und 1994, c) Aufbauphase: Gründung des TGZ nach 1995

teilsmäßig im Flächenvergleich jene Gebiete mit industriellem oder universitärem Umfeld. Zudem wird das Konzept des TGZ als wichtiges Standbein der kommunalen Politik und Wirtschaftsförderung angesehen (vgl. Reschl 2001). Jene TGZ, welche sich heute in der Festigungsphase befinden, sprich die älteren unter den TGZ, haben einen stärken regionalen Bezug zu Universitäten. Jene TGZ, die sich erst in der Aufbauphase befinden, wurden vermehrt in einem ländlichen und industriellen Umfeld errichtet. Sie stehen fern ab von Universitäten und Forschungseinrichtungen, wodurch enge Kontakte und Kooperationen erheblich erschwert werden.

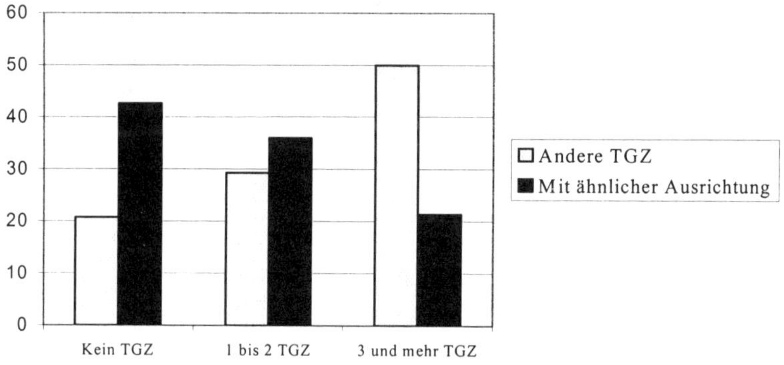

Abbildung 4: Die Dichte der TGZ (in %)
Quelle: eigene Erhebung

Jedes TGZ wurde im Fragebogen nach der Anzahl weiterer TGZ in einem Umkreis von 50 km um das betreffende TGZ abgefragt. Zudem sollten die Geschäftsführer und Mitarbeiter der TGZ angeben, wie hoch die Zahl der TGZ ist, die eine gleiche oder ähnliche Ausrichtung haben und sich ebenfalls in einem Umkreis von 50 km befinden. „Ähnliche Ausrichtung" bedeutet dabei beispielsweise gleiche oder ähnliche Branchenschwerpunkte (z.B. Spezialisierung auf Biotechnologie). Wenn man die obige Abbildung 4 betrachtet, kann man feststellen, dass lediglich 21 % der TGZ ein absolutes Alleinstellungsmerkmal besitzen, also kein anders TGZ im Umkreis von 50 km zum Konkurrenten haben. Etwa 42 % der TGZ haben kein TGZ mit gleicher oder ähnlicher Ausrichtung in unmittelbarer Nähe. Knapp 30 % der TGZ haben ein bis zwei TGZ im direkten Umfeld und knapp 35 % konkurrieren mit ein bis zwei TGZ mit einer vergleichbaren Ausrichtung in ihrem unmittelbaren Umfeld. Die Hälfte aller TGZ haben drei und mehrere TGZ in ihrer Umgebung, jedoch nur 21 % haben drei oder mehrere TGZ mit gleicher oder ähnlicher Ausrichtung in der Nähe. Auffällig ist die Tatsache, dass fast drei

Viertel aller TGZ, in deren Umkreis weitere ein bis zwei TGZ angesiedelt sind, ein bis zwei TGZ eine gleiche oder ähnliche Ausrichtung gewählt haben. Rund 45 % aller TGZ, die drei oder mehrere TGZ im Umkreis haben, zeigen auch drei und mehrere TGZ mit gleicher oder ähnlicher Ausrichtung. Knapp 28 % konkurrieren mit ein bis zwei TGZ mit gleicher oder ähnlicher Ausrichtung in der unmittelbaren Umgebung. Man kann zwar erkennen, dass tendenziell eine gewisse regionale Konzentration an TGZ besteht, jedoch wird die Annahme widerlegt, dass je mehr TGZ sich im Umkreis von 50 km befinden, desto höher auch die Anzahl der TGZ mit gleicher oder ähnlichen Ausrichtung sei. Die unterschiedliche Verteilung der TGZ lässt nicht auf die Bildung von Branchencluster schließen, wie dies z.B. in den USA (Silicon Valley) der Fall ist. Vielmehr wird versucht, ein breites Spektrum an Branchen abzudecken. Über die Vor- und Nachteile einer solchen Tendenz muss diskutiert werden. Zum einen bedeutet eine breite "Branchenstreuung" in einer bestimmten Region, eine gewisse Eigenständigkeit in Bezug auf branchenspezifischen Wirtschaftsschwankungen oder der übermäßigen Konzentration einer Branche auf ein Gebiet, zum anderen gehen jedoch die Synergieeffekte, die mit einer Clusterbildung einhergehen, weitgehend verloren. Die Eigendynamik, d.h. die eigenständige Ansiedlung von Zuliefer- und Abnehmerfirmen, wird auf diese Weise stark eingeschränkt bzw. aufgehoben.

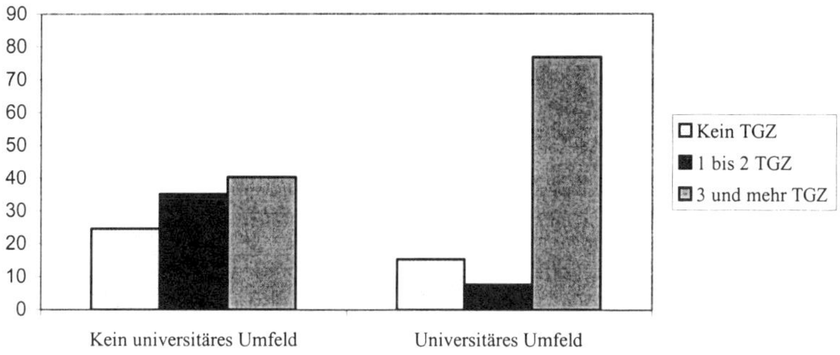

Abbildung 5: Die Dichte und das Umfeld der TGZ (in %)

Quelle: *eigene Erhebung*

Doch wo werden Technologie- und Gründerzentren errichtet? Um diese Frage zu klären, wurde verglichen, wo sich Ansiedlungen von TGZ häufen. Ein Blick auf Abbildung 5 macht deutlich, dass die Dichte der TGZ in der Nähe von Universitäten bzw. wissenschaftlichen Einrichtungen zunimmt. 77 % aller TGZ, welche sich in einem universitären Umfeld befinden, haben in ihrem Umkreis drei oder mehr TGZ. Es gilt aber auch hier, dass die Anzahl der TGZ allgemein, d.h. also nicht notwendigerweise die Anzahl der TGZ mit gleicher oder ähnlicher Ausrichtung, zunimmt, sodass es auch hier zu keiner branchenspezifischen Clusterbildung kommt, sondern wiederum eine breite Streuung durch unterschiedliche Schwerpunkte der TGZ.

3.1.3 Die strategischen Ziele der TGZ

Die TGZ-Mitarbeiter wurden im Fragebogen gebeten, kurz Stellung zu den in Tabelle 1 angeführten strategischen Zielen zu nehmen. Dabei wurde auf die Veränderung in der Wichtigkeit der Ziele seit der Gründung bis zum heutigen Zeitpunkt geachtet[4]. Die Tabelle zeigt, geordnet nach der durchschnittlichen Wichtigkeit zum heutigen Zeitpunkt, die angeführten strategischen Ziele, die durchschnittliche Bewertung zum heutigen Zeitpunkt und zum Gründungszeitpunkt, sowie die durchschnittliche Veränderung in der Wichtigkeit seit der Gründung des TGZ bis heute. Das Unternehmertum zu forcieren, bleibt nach wie vor das wichtigste Ziel der TGZ, gefolgt von den Bemühungen, Innovationen voranzutreiben und qualifizierte Arbeitsplätze zu schaffen. Ordnet man die Ziele nach der durchschnittlichen Bewertung zum Gründungszeitpunkt, bleibt die Reihenfolge bis auf eine Ausnahme erhalten. „Den Technologietransfer zu unterstützen“ wurde zum Zeitpunkt der Gründung der TGZ als weniger wichtig bewertet. Heute hat das Ziel an Wichtigkeit zugenommen. Ein strukturschwaches Gebiet zu beleben und den regionalen Arbeitsmarkt zu entlasten, hat im Laufe der Zeit an Wichtigkeit verloren. Vielleicht auch deshalb, weil sich gezeigt hat, dass die TGZ und die eingemieteten Unternehmen bei weitem nicht die erhofften Arbeitsplätze schaffen konnten, wie ursprünglich vermutet. Als Schlusslicht bleibt das Ziel, den guten wirtschaftlichen Standort zu nutzen. Es versteht sich, dass nicht alle TGZ die gleichen Zielsetzungen haben und diese als gleich wichtig empfinden.

[4] Die TGZ hatten die Möglichkeit, die Wichtigkeit des Ziels zum heutigen Zeitpunkt und zum Gründungszeitpunkt mit 1 sehr wichtig bis 4 unwichtig zu bewerten.

Strategische Ziele	Durchschnittliche Bewertung		
	Heute	Gründung	Differenz
Das Unternehmertum in der Region forcieren	1,29	1,33	0,04
Innovationen vorantreiben	1,40	1,48	0,08
Qualifizierte Arbeitsplätze zu schaffen	1,45	1,57	0,12
Technologietransfer zu unterstützen	1,72	1,80	0,08
Ein strukturschwaches Gebiet zu beleben	1,79	1,76	- 0,03
Den Arbeitsmarkt in der Region zu entlasten	1,93	1,82	- 0,11
Den guten wirtschaftlichen Standort nutzen	2,30	2,46	0,16

Tabelle 1: Die strategischen Ziele der TGZ

Quelle: eigene Erhebung

Es machen sich auch Unterschiede in den drei untersuchten Ländern bemerkbar. Nicht jedes der drei Länder hat die gleichen Schwerpunkte sowie die gleichen Interessen in Bezug auf arbeits- und wirtschaftspolitische Maßnahmen. Ob sich dies in der strategischen Ausrichtung der TGZ bemerkbar macht, wird über die verschiedenartige Auslegung ihrer Ziele untersucht. Unterschiede zeigen sich beim Ziel, den "regionalen Arbeitsmarkt zu entlasten". 60 % der italienischen TGZ bewerten dieses Ziel als wichtig, jeweils 20 % finden es sehr wichtig bzw. weniger wichtig. Ein ähnliches Bild ergibt sich in Deutschland, jedoch ist mit 46 % die Anzahl der TGZ größer, die das Ziel als sehr wichtig einschätzen. In Österreich findet man eine andere Situation vor. Zwar hält die Mehrheit der TGZ mit über 56 % das Ziel für sehr wichtig, jedoch beurteilen es die restlichen knapp 44 % weniger wichtig. Fast 20 % halten das Ziel sogar für unwichtig. Österreichische und deutsche TGZ bewerten die Zielsetzung "Innovationen voranzutreiben" in über 93 % der Fälle als wichtig, lediglich zwischen 5 % und 7 % sind der Meinung es sei weniger wichtig. Italienische TGZ urteilen ähnlich, allerdings sind 10 % der Auffassung es sei weniger wichtig und 10 % stellen fest, dass dies überhaupt nicht wichtig ist. Wenn man das Ziel, den "Technologietransfer unterstützen", vergleicht, fällt auf, dass es in allen drei Ländern seit der Gründung der TGZ an Wichtigkeit gewonnen hat. Vergleicht man die drei Länder untereinander, so bildet lediglich Deutschland eine Ausnahme. Über 94 % der österreichischen TGZ halten den Technologietransfer für sehr wichtig, knapp 6 % weniger wichtig. Eine ähnliche, jedoch weniger stark ausgeprägte Situation finden wir in Italien. 60 % der Befragten konstatieren eine große Wichtigkeit, während 30% es als wichtig und 10% als weniger wichtig erachten. Nur knapp über 34% der deutschen TGZ bewerten die Unterstützung des Technologietransfer als sehr wichtig, 42% als wichtig, 15% als weniger wichtig und sogar 8% als unwichtig.

TGZ nehmen Unternehmen auf, welche ihrerseits wieder Angestellte und Arbeiter einstellen. Es bleibt die Frage, wie die TGZ ihre Wirkung auf die Beschäftigung sehen. Unterschiede lassen sich hier vor allem zwischen den drei Ländern erkennen. In Deutschland und Österreich gehen die TGZ davon aus, dass sie eine starke bis sehr starke positive Wirkung auf die Beschäftigung ausüben. In Italien sehen die TGZ diese Wirkung nicht. Über 54% der italienischen TGZ geben an, nur einen geringen Beitrag zur Entlastung des Arbeitsmarktes beizutragen. Diese eher verhaltene Einschätzung der Beschäftigungseffekte durch die TGZ wird auch von Sternberg (1996) vertreten.

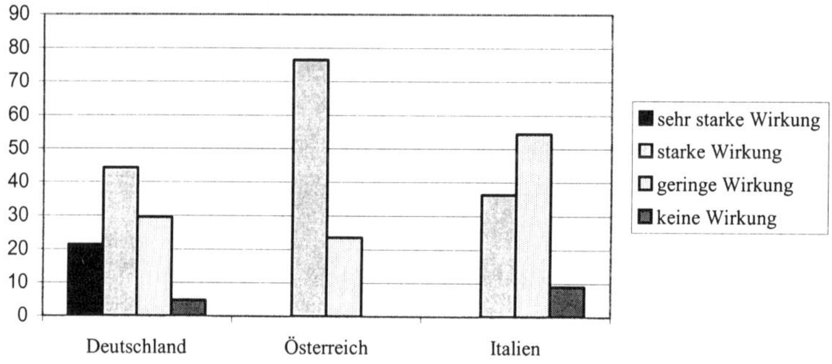

Abbildung 6: Beschäftigungseffekte der TGZ in den drei Ländern (in %)
Quelle: *eigene Erhebung*

3.1.4 Die Aufnahmekriterien für Unternehmen

Die Frage, wer bzw. welches Unternehmen in ein TGZ einziehen darf, wurde bisher noch nicht geklärt. Welche Aufnahmekriterien müssen junge Unternehmen erfüllen, um die Räumlichkeiten in einem TGZ mieten zu dürfen? Nicht jedes TGZ steht für jedes Unternehmen offen. Unabhängig davon, ob ausreichend Platz für ein weiteres Unternehmen vorhanden ist, müssen zusätzliche Bedingungen erfüllt werden, damit ein Unternehmen den Einzug in ein TGZ vollziehen kann.

Aufnahmekriterien	Durchschnittliche Bewertung
Innovative Geschäftsidee	1,81
Technologieorientierte Tätigkeit	2,11
Bereits ausgearbeiteter Businessplan	2,29
Bestehende Finanzierung	2,38
Branchenzugehörigkeit	2,78
Das Unternehmen muss aus der Region kommen	3,34
Andere	

Tabelle 2: Aufnahmekriterien und durchschnittliche Bewertung der TGZ
Quelle: eigene Erhebung

Im Fragebogen sollten die TGZ die in Tabelle 2 angeführten Aufnahmekriterien nach ihrer Wichtigkeit bewerten. Sie zeigt die Aufnahmekriterien, sortiert nach ihrer durchschnittlichen Wichtigkeit. Unter dem Punkt "Andere" wurden vor allem die folgenden Aufnahmekriterien genannt: einerseits muss das Unternehmen eine Neugründung, andererseits der Unternehmer ein Existenzgründer oder Jungunternehmer sein. Weiters wird oft vom eingemieteten Unternehmen "verlangt", die angebotenen Dienstleistungen des TGZ in Anspruch zu nehmen. Persönlichkeitsmerkmale des Unternehmers, wie beispielsweise das Auftreten und der Unternehmerwille sind dabei ebenso wichtig wie die Realisierbarkeit und ein vorhandener Markt für das Produkt. Es machen sich jedoch auch Unterschiede zwischen den drei Ländern bemerkbar. Die folgenden Aufnahmekriterien werden von deutschen, österreichischen und italienischen TGZ als verschiedenartig wichtig angesehen.

- Das Unternehmen muss bereits eine bestehende Finanzierung vorweisen. Nicht für alle TGZ in den drei Ländern ist eine bestehende Finanzierung des Unternehmens vor dem Einzug gleich wichtig. Für deutsche und italienische TGZ ist zu erkennen, dass etwa die Hälfte der TGZ eine bestehende Finanzierung zur Voraussetzung macht. Aber auch die österreichischen TGZ (76,5 %) setzen eine gesicherte finanzielle Basis des Unternehmens voraus.

- Das Unternehmen muss in einer/m bestimmten Branche/Technologiefeld tätig sein. Nicht alle TGZ spezialisieren sich auf ein oder einige wenige Technologiefelder. Dadurch wird auch die Branchen-/Technologiefeldzugehörigkeit der Unternehmen nicht immer zwingend vorausgesetzt. Am seltensten findet man dies in 22 % der deutschen und 36 % der italienischen TGZ. Weit häufiger zeigt sich dies jedoch bei österreichischen TGZ. Über 75 % nehmen Unternehmen nur auf, wenn diese in einer bestimmten Branche/Technologiefeld tätig sind.

- Das Unternehmen bzw. der Unternehmer muss aus der Region kommen. Für italienische (45 %) und österreichische (41 %) TGZ trifft dieses Kriterium durchaus zu. Lediglich 11 % der deutschen TGZ erachten dies als wichtig. Eine Begründung für diesen Unterschied könnte darin liegen, dass die Anzahl und somit die Dichte an TGZ weitaus höher ist als in Italien und Österreich. Es ist für ein deutsches TGZ folglich viel schwieriger, die Räumlichkeiten mit regionalen Unternehmern zu füllen. Sieht man das TGZ als Einrichtung, in dem sich Unternehmen ansiedeln und durch ihre Tätigkeiten Arbeitsplätze schaffen, ist es letztlich gleich, woher der Unternehmer kommt.

- Das Unternehmen muss eine innovative Geschäftsidee haben. Große Unterschiede in Bezug auf eine innovative Geschäftsidee der Unternehmen konnten zwischen den drei Ländern nicht ausfindig gemacht werden. Für den Großteil der TGZ ist dies ein wichtiges Kriterium. Für italienische TGZ gilt jedoch, dass über 82 % der Zentren dies als sehr wichtig und 10 % als wichtig einstufen. Eine etwas weniger starke Ausprägung finden wir bei deutschen und österreichischen TGZ vor. Etwa 50 % sehen dies als sehr wichtiges und 20 % als wichtiges Kriterium.

In den TGZ sind, wie nicht anders zu erwarten, vor allem junge Unternehmen (jünger als fünf Jahre) eingemietet. Das Durchschnittsalter der Unternehmen beläuft sich auf drei bis vier Jahre. Allerdings fällt auch auf, dass weiters Unternehmen in den TGZ anzutreffen sind, welche bereits 10 Jahre und länger bestehen. Knapp 58 % der Unternehmen sind mit der Gründung des Unternehmens ins TGZ eingezogen, über 42 % der Unternehmen wurden bereits vor dem Einzug ins TGZ gegründet. Von den Unternehmen, die vor dem Einzug ins TGZ gegründet wurden, waren nur 26 % jünger als ein Jahr, 74 % davon waren bereits älter als ein Jahr. Im Durchschnitt gründeten sich die Unternehmen zwischen ein und drei Jahre vor dem Einzug ins TGZ. Während in knapp 60 % der untersuchten Fälle die Unternehmensgründung eine Teamgründung war, haben 40 % der Gründer das Unternehmen allein gegründet.

Ein überraschendes Bild ergibt sich, wenn man die Unternehmen nach ihren Haupt- und Nebensitzen aufgliedert. Etwa 58 % der Unternehmen sind verhältnismäßig kleine Unternehmen mit einem Hauptsitz im TGZ. 22% der Unternehmen sind bereits größer und haben neben dem Hauptsitz im TGZ noch weitere Nebensitze (Filialen) außerhalb des TGZ. 20% der Unternehmen haben interessanterweise nicht den Hauptsitz im TGZ, sondern nehmen die Räumlichkeiten lediglich für einen Nebensitz bzw. einer Filiale in Anspruch.

3.2 Untersuchungsergebnisse: Unternehmen

Die Unternehmen wurden gebeten, eine Einschätzung zu ihrer wirtschaftlichen Situation und der wirtschaftlichen Situation der gesamten Branche abzugeben. Interessant ist der Vergleich deshalb, weil die Einschätzung der Branche als Vergleich zu den Konkurrenten angesehen werden kann. Dabei ergibt sich ein erfreuliches Bild für die Unternehmen selbst, aber auch für die TGZ und ihre Arbeit. Mit wenigen Ausnahmen sehen sich die Unternehmen überwiegend in einer besseren oder zumindest gleich guten wirtschaftlichen Situation, verglichen mit der Branche selbst. Aus den Ergebnissen lässt sich für die eingemieteten Unternehmen folgendes feststellen:

- Unternehmen, welche in einer wirtschaftlich schwierigen Branche tätig sind, zeigen eine zumeist bessere Performance als die anderen Branchenteilnehmer.
- Unternehmen, welche in einer Branche mit (kurzfristiger) Wachstumsperspektive tätig sind, liegen im Branchendurchschnitt.

3.2.1 Die Überlebensrate der Unternehmen in TGZ

Es stellt sich die Frage, ob sich dieses Bild auch in der Überlebensrate der Unternehmen widerspiegelt? Etwa 22 % der TGZ hatten bis zur Durchführung der Befragung kein Unternehmen, welches seine Geschäftstätigkeit aufgegeben hat, solange es im TGZ untergebracht war. Über 25 % der TGZ haben eine Aufgabenquote der Unternehmen von 10-15 % (Abbildung 7). Im Durchschnitt beenden in den TGZ zwischen 5,6 % (Median) und 7,2 % (Mittelwert) der Unternehmen ihre Tätigkeit, bevor sie das TGZ verlassen haben. Der Begriff 'Aufgabe' ist dabei mit Vorsicht zu betrachten und ist nicht mit einer Insolvenz vergleichbar. "Aufgabe der Tätigkeit" beinhaltet neben Insolvenzen auch Übernahmen und Veräußerungen von Unternehmen. Um Missverständnisse zu vermeiden, wird dies in der weiteren Diskussion durch die "Überlebensrate der Unternehmen" ausgedrückt. Wenn man bedenkt, dass die Unternehmen in den TGZ überwiegend der New Economy zuzurechnen sind, sich in oft "schwierigen" Technologiefeldern etablieren müssen, neue Produkte und Dienstleistungen anbieten, die meist noch in den Kinderschuhen stecken, oft mit neuen unerprobten Geschäftsmodellen in den Markt eintreten, über geringe finanzielle Mittel verfügen, wenig Erfahrung mitbringen und dadurch nicht zuletzt ein höheres Risiko eingehen, müsste die Überlebensrate der Unternehmen bedeutend geringer als 93% bzw. 95% sein.

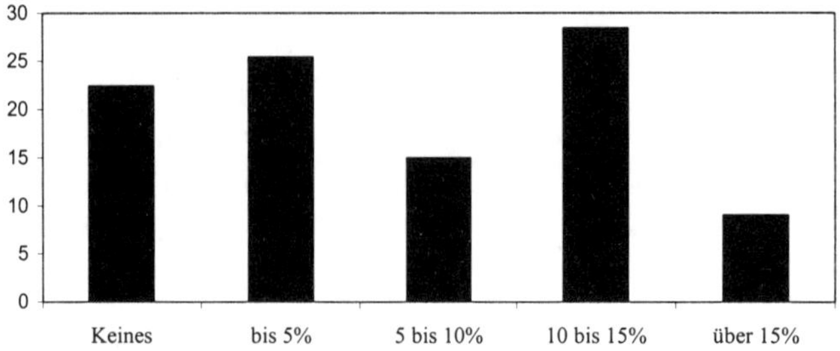

Abbildung 7: Aufgabequote der Unternehmenstätigkeit im TGZ (in %)
Quelle: *eigene Erhebung*

Wo sind die Gründe dafür zu sehen? Können all diese Unsicherheiten durch das TGZ aufgefangen werden? Vielleicht ja. Möglicherweise haben die Unternehmen durch die geringeren Kosten (Miete, Dienstleistungen, Einrichtung) einen Kostenvorsprung gegenüber "Nicht-eingemieteten"-Unternehmen und dadurch einen Wettbewerbsvorteil. Jedoch sollte folgende Überlegung nicht außer Acht gelassen werden: Jedes TGZ beansprucht für sich ein eigenes Ausleseverfahren der Mieter, denn nicht jedes Unternehmen wird vom TGZ aufgenommen. Darunter soll nicht die Branchenzugehörigkeit verstanden werden, sondern in erster Linie das Auswahlverfahren der TGZ bezüglich der Unternehmen. Um in einem TGZ aufgenommen zu werden, müssen die Unternehmen meist einen Businessplan vorlegen (gleiches gilt auch meist für die Kreditvergabe bei Banken). Das TGZ bewertet damit unter anderem die Realisierbarkeit und das Risiko der Unternehmung und entscheidet anschließend über eine Aufnahme. Mit anderen Worten, es sucht sich jene Unternehmen aus, welche bereits gute Chancen auf dem Markt haben. Die Überlebensrate der Unternehmen ist neben der Auslastung des TGZ, mangels anderer adäquaten Evaluierungen und Bewertungen der TGZ, eine der wichtigsten Referenzen. Die Zielgruppe der TGZ sind also Unternehmen, die es höchstwahrscheinlich auch ohne TGZ "geschafft" hätten. Jene Unternehmen, welche für die Realisierbarkeit ihrer Unternehmung die Vorteile der TGZ dringender benötigen würden, die es ohne TGZ vielleicht nicht "schaffen" würden, kommen meist nicht in den Genuss dieser Vorteile.

3.2.2 Die Bewertung der strategischen Ziele durch die Unternehmen

Wie sehen die Unternehmen „ihr“ TGZ? Die Unternehmen wurden gefragt, welche strategischen Ziele ihrer Meinung nach das betreffende TGZ verfolgt. Ihre Einschätzung sollte anhand einer Skala von 1 bis 4 bewertet werden. und sollten diese mit 1 wichtig bis 4 unwichtig bewerten. Aus der durchschnittlichen Bewertung der Unternehmen ergibt sich die Reihenfolge der strategischen Ziele, welche der Reihenfolge aus der durchschnittlichen Bewertung durch die TGZ gegenübergestellt wird (Tabelle 3). Die Spalte "Differenz der durchschnittlichen Bewertungen" ergibt sich aus der unterschiedlich wahrgenommenen Wichtigkeit der strategischen Ziele. Es fällt auf, dass die Unternehmen generell die strategischen Ziele der TGZ als weniger wichtig bewertet haben als die TGZ selbst. Auch in der Reihenfolge ergeben sich Unterschiede. Einigkeit in der Priorität herrscht über das strategische Ziel das "Unternehmertum in der Region zu forcieren", welches von den TGZ und den Unternehmern an erster Position gestellt wird. An zweiter Stelle sehen die Unternehmen das Ziel den "Arbeitsmarkt in der Region zu entlasten" gefolgt von "qualifizierte Arbeitsplätze schaffen". Erst danach folgen "Innovationen vorantreiben", den "guten wirtschaftlichen Standort nutzen" und ein "strukturschwaches Gebiet zu beleben". An die letzte Stelle reihen die Unternehmen das strategische Ziel den "Technologietransfer zu unterstützen". Den größten Positionsunterschied weist das Ziel den "Arbeitsmarkt in der Region entlasten" auf. Die TGZ reihen dies an die 6. Stelle, die Unternehmen an die Zweite.

Strategische Ziele	**Reihenfolge Bewertung durch TGZ**	**Reihenfolge Bewertung durch Unternehmen**	**Differenz der durchschn. Bewertungen**
Das Unternehmertum in der Region forcieren	1	1	-0,59
Innovationen vorantreiben	2	4	-0,55
Qualifizierte Arbeitsplätze zu schaffen	3	3	-1,1
Technologietransfer zu unterstützen	4	7	-0,59
Ein strukturschwaches Gebiet zu beleben	5	6	-0,91
Den Arbeitsmarkt in der Region zu entlasten	6	2	-0,93
Den guten wirtschaftlichen Standort nutzen	7	5	-0,45

Tabelle 3: Reihenfolge der strategischen Ziele

Quelle: eigene Erhebung

In weiterer Folge soll der Frage nachgegangen werden, ob Länderunterschiede feststellbar sind (vgl. Abbildung 8).

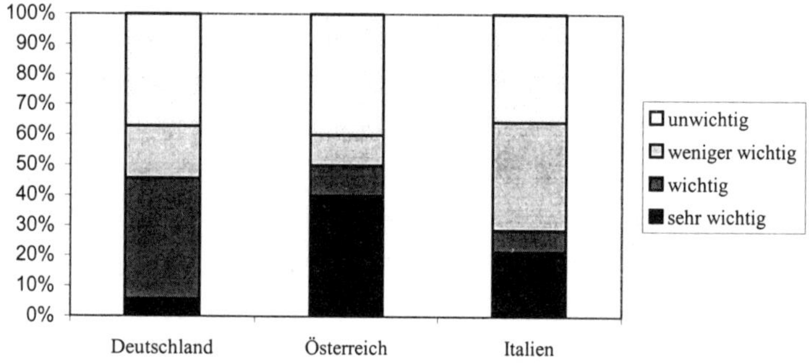

Abbildung 8: Einschätzung "Arbeitsmarktentlastung" in den drei Ländern
Quelle: eigene Erhebung

Zwischen 35 % und 40 % der Unternehmen in den drei Ländern sind der Ansicht, es handle sich um ein unwichtiges strategisches Ziel der TGZ. Über 70 % der italienischen Unternehmen sprechen den italienischen TGZ die Wichtigkeit dieses strategischen Zieles ab. Fast 40 % der österreichischen Unternehmen sind der Auffassung, dass es sich um ein sehr wichtiges Ziel der TGZ handle. Interessant ist dies deshalb, weil Österreich, im Vergleich zu Italien und Deutschland, die geringste Arbeitslosenquote in den drei Ländern aufweist.

Gründe für die Wahl des TGZ	**Angabe in %**
Guter Standort	45,9
War das einzige TGZ im Umkreis	27,9
Gutes Image des TGZ	24,6
Räumliche Nähe zur Familie	21,3
Hat mir gut gefallen	19,7
Räumliche Nähe zu den Kunden	14,8
Hat Vorteile gegenüber anderen TGZ	11,5
Wurde mir empfohlen	9,8
Andere Gründe	14,8

Tabelle 4: Gründe für die Auswahl des TGZ
Quelle: eigene Erhebung

3.2.3 Die Gründe für die Wahl der TGZ

Die Unternehmen sollten im Fragebogen die Gründe angeben, warum sie sich für das ausgewählte TGZ entschieden haben. Dabei hatten die Unternehmen die Möglichkeit, aus einer Reihe von vorgegebenen Gründen zu wählen (Mehrfachantworten). Die Tabelle 4 zeigt die genannten Gründe in absteigender Reihenfolge. Als weitaus häufigster Grund für die Wahl des TGZ, wurde mit nur 45,9%, der "gute Standort" angegeben. Auf Platz zwei folgt die beschränkte Anzahl der zur Auswahl stehenden TGZ dicht gefolgt vom "guten Image des TGZ". Über 20% der Unternehmer haben sich für das ausgewählte TGZ entschieden, weil es in der Nähe des Wohnortes bzw. in der Nähe der Familie befindet. Die Immobilität durch den Familien- und Bekanntenkreis der Gründer wird auch in zahlreichen anderen Studien bestätigt. Für knapp jedes fünfte Unternehmen hat der subjektive Eindruck "hat mir gut gefallen" eine entscheidende Rolle für die Auswahl gespielt. Nur an 6. Stelle findet man die "Räumliche Nähe zu den Kunden". 11,5% der Unternehmen haben sich für das TGZ entschieden, weil es ihrer Ansicht nach Vorteile gegenüber anderen TGZ hatte, knapp 10% weil es ihnen empfohlen wurde.

3.2.4 Einschätzungen der Unternehmen

Die Unternehmen wurden gebeten, zu den in der Tabelle 5 angeführten Fragen, ihre Einschätzungen abzugeben. Die Resultate sind dabei ernüchternd. So sind 65,5% der Unternehmen der Meinung, sie haben keine wesentlichen Vorteile gegenüber Konkurrenten, welche nicht in einem TGZ eingemietet sind. Über 82% sind davon überzeugt, dass sie ohne das TGZ den gleichen Unternehmenserfolg gehabt hätten. Auf die Frage, ob die Gründer die Unternehmen auch ohne TGZ gegründet hätten, ist das Ergebnis noch eindeutiger. Lediglich 7% hätten sich ohne TGZ nicht Dieses Ergebnis kann dem obersten Ziel der TGZ, das "Unternehmertum in der Region zu forcieren" also keine positiven Auswirkungen bescheinigen. Hinzu kommt, dass ein Drittel der Unternehmen das eigene TGZ keinem anderen Unternehmen weiterempfehlen würden; allerdings würden 3/4 der Unternehmen ein anderes TGZ weiterempfehlen.

Einschätzungen der Unternehmen zum TGZ	Nein	Ja
Haben Sie wesentliche Vorteile gegenüber Konkurrenten, welche nicht in einem TGZ sind?	65,5	34,5
Hätten Sie ohne TGZ den gleichen Unternehmenserfolg?	17,5	82,5
Hätten Sie Ihr Unternehmen auch ohne TGZ gegründet?	6,9	93,1
Würden Sie anderen Unternehmen dieses TGZ weiterempfehlen?	32,8	67,2
Würden Sie anderen Unternehmen generell ein TGZ weiterempfehlen?	24,1	75,9
Würden sie den Schritt in die Selbständigkeit nochmals wagen?	7,0	93,0

Tabelle 5: Einschätzungen der Unternehmen zum TGZ (in %)

Quelle: eigene Erhebung

3.2.5 Die Bewertungen der TGZ-Dienstleistungen

So wie die TGZ im Fragebogen gebeten wurden, ihre Dienstleistungen nach Wichtigkeit („1" sehr wichtig bis „4" unwichtig) und nach Erreichungsgrad („1" sehr gut erreicht bis „4" nicht erreicht) zu bewerten, wurden auch die Unternehmen gebeten, die Dienstleistungen der TGZ nach demselben Muster zu bewerten.

Dienstleistung	Reihenfolge Bewertung durch TGZ	Reihenfolge Bewertung durch Unternehmen	Differenz der durchschnittl. Bewertungen
Bereitstellen von Seminarräumen	1	3	-0,33
Bereitstellen von günstigem Raum	2	1	0,11
Bereitstellen von Konferenzräumen	3	4	-0,41
Hilfe bei Kooperation mit anderen Unternehmen	4	6	-0,56
Flexibles Raumangebot	5	2	-0,04
Moderne IT Struktur	6	5	-0,36
Hilfestellung bei der Finanzierung	7	8	-0,30
Seminare/Workshops veranstalten	8	13	-0,54
Restaurant/Cafeteria	9	14	-0,45
Tagungen/Kongresse veranstalten	10	11	-0,38
Betriebliches Know-how bereitstellen	11	9	-0,21
Hilfestellung beim Businessplan	12	12	-0,35
Hilfestellung beim Marketing	13	10	-0,22
Anbieten von Schulungen/Weiterbildung	14	15	-0,27
Mitspracherecht der Mieter	15	7	0,18
Businessplan-Wettbewerbe	16	16	0,21

Tabelle 6: Die Wichtigkeit der Dienstleistungen der TGZ aus Sicht der Unternehmen

Quelle: eigene Erhebung

In der Tabelle 6 lässt sich aus der Differenz der durchschnittlichen Bewertungen erkennen, dass die Unternehmen die Dienstleistungen als etwa gleich wichtig oder etwas weniger wichtig erachten, als die TGZ dies tun. Ausnahmen finden sich lediglich in der "günstigen Bereitstellung von Räumen", dem "Mitspracherecht der Mieter" und dem "Durchführen von Businessplan-Wettbewerben" obwohl dies von den Unternehmen an die letzte Stelle gereiht wurde. Für die Unternehmen folgt nach den günstigen Mieten auf Platz zwei das "flexible Raumangebot". Den Seminaren und Workshops sowie dem Angebot eines Restaurants oder einer Cafeteria würden die Unternehmen mehr "Mitspracherecht" und die "Bereitstellung von betrieblichen Know-how" vorziehen.

3.2.6 Die Bewertung der Effekte

Ähnlich sieht es beim Erreichungsgrad der Dienstleistungen der TGZ aus. In der Reihenfolge sind nur geringe Unterschiede erkennbar. Generell jedoch ist die Bewertung des Erreichungsgrad der Dienstleistungen durch die Unternehmen wiederum sehr viel schlechter ausgefallen, als durch die TGZ selbst. Die größten Unterschiede in der durchschnittlichen Bewertung, finden sich bei den Punkten "Hilfestellung bei der Kooperation mit anderen Unternehmen", "Hilfestellung beim Marketing", "Bereitstellung von betrieblichem Know-how", Hilfestellung beim Businessplan", "Hilfestellung bei der Finanzierung" und „Bereitstellen von günstigem Raum“. Zusammengefasst kann man feststellen, dass die Unternehmen vor allem mit den Beratungsdienstleistungen der TGZ unzufrieden sind und diese mit einer durchschnittlichen Bewertung von 3,1 bis 3,5 benoten.

Die Unternehmen, welche den TGZ gute bis sehr gute Bewertungen in den Beratungsdienstleistungen bescheinigen, sind zwar in der Minderheit, doch kann man tendenziell feststellen, dass TGZ, die Businessplan-Wettbewerbe durchführen und einen hohen Erreichungsgrad in der "Hilfestellung beim Businessplan" aufweisen, auch einen hohen Erreichungsgrad in der "Hilfestellung bei der Finanzierung", "Bereitstellung betrieblichen Know-how", "Hilfestellung beim Marketing" und "Hilfestellung bei der Kooperation mit anderen Unternehmen" von den Unternehmen zugesprochen bekommen. Zudem bieten aus Sicht der Unternehmen meist jene TGZ eine gute bis sehr gute Hilfe beim erstellen des Businessplans an, welche selbst Businessplan-Wettbewerbe durchführen.

Effekte der TGZ	Durchschnittliche Wirkung aus Sicht der TGZ	Durchschnittliche Wirkung aus Sicht der Unternehmen	Differenz
Imageeffekte	1,60	2,08	-0,48
Existenzgründungen in der Region	1,78	2,48	-0,70
Struktureffekte	2,02	2,65	-0,63
Beschäftigungseffekte qualifizierter Arbeitskräfte	2,09	2,68	-0,59
Beschäftigungseffekte	2,26	2,85	-0,59

Tabelle 7: Bewertung der Effekte der TGZ aus Sicht der Unternehmen
Quelle: *eigene Erhebung*

Ein ähnliches Bild zeigt sich auch beim Einfluss der Technologie- und Gründerzentren. Die Reihenfolge ist sowohl nach Einschätzung der TGZ als auch nach Einschätzung der Unternehmen gleich, allerdings sind die durchschnittlichen Bewertungen der Unternehmen geringer. Die größten Differenzen ergeben sich in der Wirkung von "Existenzgründungen in der Region" und den Struktureffekten. Eine geringe Wirkung wird den TGZ auch bezüglich Arbeitsmarkt bzw. Schaffung von Arbeitsstellen zugeschrieben. In den Augen der Unternehmen Eine durchwegs starke Wirkung hat das TGZ in Bezug auf das Image.

4 Schlussbemerkung

An dieser Stelle darf man anmerken, dass die Ansichten der TGZ und der Unternehmen so unterschiedlich gar nicht sind. Im Rahmen dieses Beitrags wurden signifikante Unterschiede herausgestellt. Viel wichtiger ist jedoch, dass weitläufig die Ansichten der Verantwortlichen von TGZ und der Unternehmen in den TGZ übereinstimmen. Zum Teil ergeben sich die Unterschiede in der jeweils „einseitigen" Bewertung: Jedes Technologie- und Gründerzentrum wird sich selbst und seine Dienstleistungen subjektiv etwas optimistischer beurteilen und jedes Unternehmen, das eine wertende Stellungnahmen zu dem ihm bekannten TGZ abgibt, wird in dieser Beurteilung vielleicht etwas kritischer sein, da nie alle individuellen Erwartungen, Bedürfnisse und Anforderungen des betreffenden Unternehmens erfüllt werden können. Auch fällt es einem Unternehmer mit Sicherheit schwer, „seinen" Unternehmenserfolg zum Teil einem TGZ zuzuschreiben, und sich einzugestehen, dass nicht er allein für den Erfolg seiner Unternehmung verantwortlich gewesen ist.

Abschließend wird nochmals darauf hingewiesen, dass der Zweck der Untersuchung nicht eine Bewertung der Technologie- und Gründerzentren war. Vielmehr sollten durch die Ergebnisse Schwachstellen aufgedeckt werden. Durch das Bewusstwerden und der Kenntnis dieser „Defizite" wird es in einem weiteren Schritt möglich, in Zukunft an deren Eliminierung zu arbeiten, um letztlich eine Optimierung des Dienstleistungsangebots der TGZ zu erreichen. Ein intensiver Dialog zwischen den Unternehmen und den Zentren ist dabei sicherlich der erste entscheidende Schritt, dem mit dieser Studie Rechnung getragen werden sollte.

5 Literaturverzeichnis

ADT (2000): Abschlußbericht zum Projekt Minerva, Maßstäbe für Innovationszentren - Erfolgsstrategien durch vergleichende Analysen, Berlin

ADT, (2001): Innovationszentren im Aufbruch, Frühjahrstagung 2001 und 24. Ordentliche Mitgliederversammlung der ADT, 13.-15. Mai 2001, Itzehohe

CSES (Centre for Strategy and Evaluation Services) (Hrsg.) (2002): Benchmarking of Business Incubators - Final Report http://europa.eu.int/comm/enterprise/entrepreneurship/support_measures/incubators/summary_benchmarking_bi_2002.pdf

Lalkaka, R. (2001): Best Practices in Business Incubation: Lessons (yet to be) Learnt, http://www.cses.co.uk/conferences.html

Pleschak, F. (2000): Technologieorientierte Unternehmensgründungen - der Beitrag des Business Development Center Sachsen, Stuttgart

Reschl, R. (2001): Kommunale Wirtschaftsförderung im Wandel - Kompetenz- und Innovationszentren gewinnen an Bedeutung. In Demokratische Gemeinde (Demo) vom 08/2001 http://www.demo-online.de/article.php/iArtID/330

Sternberg, R./Behrendt, H./Seeger, H./Tomásy, Ch. (1996): Bilanz eines Booms - Wirkungsanalyse von Technologie- und Gründerzentren in Deutschland, Dortmund

Vergleich unterschiedlicher Wege der unternehmerischen Ausbildung an Hochschulen

Eva-Maria Hammann & Johann M. Pacher

1 Einleitung

„While medieval university focused on theological studies and the goal of finding one's way to the heavenly city, today's university president will not be asked by the Regents or Trustees how many souls the university saved last year, but how many companies it created."

Kenneth D. Walters
(University of Washington, on "Academic Entrepreneurship")

Entrepreneurship trägt maßgeblich zur Entwicklung einer Volkswirtschaft bei, die sich nur dann weiterentwickeln kann, wenn neue Unternehmen entstehen, die erstens Innovationen hervorbringen, damit zweitens zu einer stärkeren Diversifikation der Wirtschaft beitragen und so letztlich neue Arbeitsplätze schaffen (Hynes, 1996). Heute lässt sich kaum noch bestreiten, dass der Aufbau und die Entwicklung eines unternehmerfreundlichen Umfeldes ein entscheidender Faktor für das Entstehen von Unternehmen ist. Daneben sind der persönliche Background, das generelle Ansehen von Unternehmertum in der Gesellschaft und nicht zuletzt auch der soziale Kontext, sprich die Ausbildung an (Hoch-)Schulen und Universitäten eine wichtige Komponente bei der Entscheidung des einzelnen zur Unternehmensgründung:

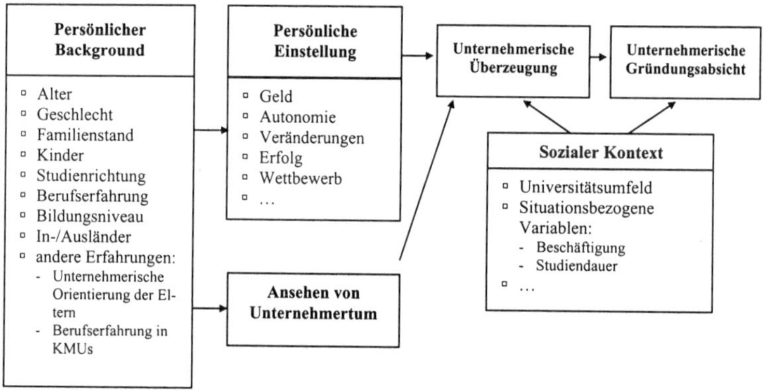

Abbildung 1: Prozess der Entscheidung zur Unternehmensgründung
Quelle: eigene Darstellung

Entrepreneurship-Lehrstühle, -Zentren und -Programme sind also von entscheidender Bedeutung, wenn es darum geht, bei Studenten ein Bewusstsein für Unternehmertum zu entwickeln und in der Folge potentiellen Unternehmensgründern und künftigen Unternehmern Konzepte und Wissen zu vermitteln, damit diese bestmöglich auf den Start in die Selbständigkeit vorbereitet sind. Amerikanische Studien haben gezeigt, dass Unternehmer, die eine höhere und bessere Ausbildung erhalten haben, viel eher Geschäfte initiieren und diese auch erfolgreicher unterhalten als jene, die nicht auf eine vergleichbare Ausbildung bauen konnten (Bates, 1995). Eine Studie in München und Oberbayern kommt zu einem vergleichbaren Ergebnis. Darin konnte festgestellt werden, dass Gründungen durch Hochschulabsolventen mit zusätzlicher Berufsausbildung besonders hohe Überlebenschancen haben und dass die Wahrscheinlichkeit eines Beschäftigungszuwachses größer ist als bei anderen Bildungsgruppen (Brüderl/Preisendörfer/Ziegler, 1996). In den USA zeigte sich ferner, dass Städte und Regionen, deren Universitäten Entrepreneurship-Programme anbieten, langfristig erfolgreichere Firmen hervorbringen, und dass die verstärkt unternehmerische Ausrichtung der Lehre an Universitäten zudem eine positive Wirkung auf die gesamte Volkswirtschaft hat. Dies äußert sich nicht zuletzt in der steigenden Zahl von Unternehmensgründungen und Start-ups und der damit verbundenen größeren Dynamik des wirtschaftlichen Umfeldes (vgl. Shambaugh, 2004).

In den USA erkannte man daher schon früh die Wichtigkeit der unternehmerischen Ausbildung und so datieren McMullan und Long (1987) den ersten Kurs in Entrepreneurship, den der Professor für Ingenieurswissenschaften Dwight Baumann am Massachusetts Institute of Technology (MIT) anbot, zurück in das Jahr 1953. In den folgenden Jahren wurde das Spektrum der Entrepreneurship-Forschung zunehmend in die verschiedensten Richtungen erweitert: von der Gründung neuer Unternehmen, über die Entwicklung und dem Management klein- und mittelständischer Unternehmen oder Fragenstellungen zu Familienunternehmungen und Unternehmensnachfolge hin zum Corporate Entrepreneurship. Heute umfasst das Curriculum ferner Soziales Entrepreneurship, die Frau als Unternehmensgründerin/Unternehmerin oder „Opportunity Identification", um nur einige zu nennen.

Damit veränderten sich auch die Lehrmethoden, mit denen die unterschiedlichen Schwerpunkte im Forschungsfeld Entrepreneurship unterrichtet werden. Solomon, Duffy und Tarabishy (2002) fanden in ihrer Studie heraus, dass die Bearbeitung von Fall- und Machbarkeitsstudien, die Erstellung von Business Plänen als auch Vorträge und Diskussionen von und mit Wirtschaftstreibenden, Unternehmern und Unternehmensgründern die am häufigsten verwendeten Methoden in der Entrepreneurship-Lehre sind. Darüber hinaus nutzen Professoren und

Dozenten ihre Kontakte zu in- und ausländischen Spezialisten, die sie als Gastdozenten für ihre Universität gewinnen, sie bearbeiten Forschungsprojekte, organisieren Firmenbesichtigungen und Praktika, sie entwickeln und unterstützen eine sog, „Entrepreneurship Community", in die sie jeden Interessierten einbinden, und simulieren für und zusammen mit ihren Studenten Gründungsszenarien.

Natürlich liegt es an der jeweiligen Hochschule, ihre Schwerpunkte festzulegen und sich mit ihren Aktivitäten so zu positionieren, dass sie die größtmöglichen Synergieeffekte zwischen Theorie und Praxis, zwischen Wissenschaft und Wirtschaft nutzen kann. Gründungen können dabei eine Form sein, neues Wissen und Forschungsergebnisse von der Hochschule in die Wirtschaft zu transferieren (Lilischkis, 2001).

Der vorliegende Beitrag stellt einen konzeptionellen Vergleich der unterschiedlichen Wege unternehmerischer Ausbildung an Universitäten an. Dabei wird das Hauptaugenmerk auf zwei unterschiedliche Perspektiven gelegt: Organisationsstruktur sowie Ausrichtung und Aktivitäten.

Zunächst soll anhand einiger ausgewählter Beispiele verdeutlicht werden, wie Entrepreneurship-Forschung und -Lehre bisher an Universitäten organisiert und strukturiert ist. Darüber hinaus sollen (a) die Stellung der einzelnen Universität in ihrem unmittelbaren Umfeld und innerhalb der „Entrepreneurship Community", (b) ihr Engagement in der Förderung von Unternehmertum und (c) ihre inhaltliche Ausrichtung in Forschung und der Aufbau der Lehre aufgezeigt werden.

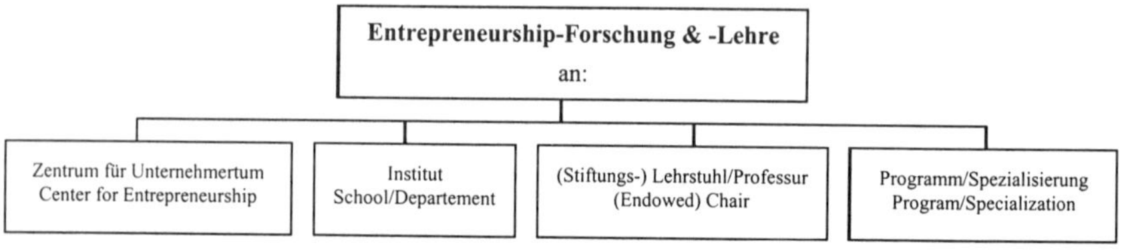

Abbildung 2: Universitäre Organisationsstruktur in Bezug auf die Entrepreneurship-Forschung und -Lehre
Quelle: *eigene Darstellung*

2 Organisationsstruktur der Entrepreneurship-Forschung & -Lehre

Weltweit gibt es im Hinblick auf die Organisationsstruktur unterschiedliche Ansätze und Konzepte, mit denen die Entrepreneurship-Forschung und -Lehre an Hochschulen verwirklicht worden ist. Anhand einiger Universitäten in den USA, in Australien, Europa und Asien sollen die verschiedenen Möglichkeiten einander gegenüber gestellt werden.

2.1 Organisation in Form eines Zentrums

Viele Universitäten haben in der Vergangenheit Entrepreneurship -Zentren aufgebaut, die sich der Bearbeitung und Beantwortung von Fragestellungen rund um das Thema Unternehmensgründung und Unternehmertum widmen. Diese Zentren sind zu einem großen Teil Wirtschaftsfakultäten und den sog. „Business Schools" untergeordnet. Allerdings ist der Grad der Eingliederung und Integration dieser Zentren in den betriebswirtschaftlichen Kontext unterschiedlich. Allan Gibb (2002) befürwortet beispielsweise eine eher breiter angelegte Ausrichtung eines solchen Zentrums, um möglichst viele Perspektiven der unterschiedlichen Fachrichtungen miteinander kombinieren und das Spektrum im Bereich der Entrepreneurship-Forschung und -Lehre vergrößern zu können.

Eine der renommiertesten Ausbildungsstätten im angelsächsischen Raum, das **Babson College**, besitzt mit dem 1998 gegründeten *Arthur M. Blank Center for Entrepreneurship* ein Zentrum, das den Vorstellungen Gibbs sehr entgegenkommt, da es keiner spezifischen Fakultät und keinem Lehrstuhl unterstellt ist, sondern als eigenständige Einheit am Babson College besteht. Das Center hat sich zur Aufgabe gemacht, den Studenten bei der Entwicklung unternehmerischen Denkens zu helfen und sie in der Folge bei der Gründung eines Unternehmens zu unterstützen. Durch die Weiterentwicklung der Forschung in den Bereichen Familienunternehmen, Corporate Entrepreneurship, technologiegestütztes und soziales Entrepreneurship sowie Unternehmensgründung zum einen, der kontinuierlichen Aktualisierung der Lehrmaterialien und -methoden und den darüber hinausgehenden Aktivitäten zur Unterstützung von unternehmerischen Belangen zum anderen, leistet das Babson College einen großen Beitrag innerhalb der weltweiten „Entrepreneurship Community".

Die **Stanford University** geht einen etwas anderen Weg als das bereits vorgestellte Babson College. Sie richtete keinen eigenen Lehrstuhl für Entrepreneurship ein, sondern gründete 1966 das *Center for Entrepreneurial Studies* (CES) an der Graduate School of Business. Allerdings geschah dies nicht, um vornehmlich Wirtschaftsstudenten unternehmerisch auszubilden, sondern weil man der Ansicht war, dass *„business school students should interact with their peers from other schools within the university. We work to encourage and facilitate this interaction between MBA's, engineers, lawyers, and medical school students through joint classes, events and collaborative programs."* Aus diesem Grund fasst das CES die Forschungs- und Lehrtätigkeit unterschiedlicher Lehrstühle (u.a. School of Engineering, Graduate School of Business/ Law/ Medicine, etc.) zusammen und koordiniert diese. Ziel des CES ist nicht, die Studenten Schritt für Schritt zur Unternehmensgründung zu führen, sondern ihnen vielmehr am Beispiel erfolgreicher Gründer zu demonstrieren, welche Herausforderungen auf sie zukommen, und wie sie ihnen erfolgreich begegnen können.

Das an der Route 128 angesiedelte **Massachusetts Institute of Technology** (MIT) besitzt neben der *Sloan School of Management* das *MIT Entrepreneurship Center*, dessen Interessen und Aktivitäten sich auf drei Schwerpunkte konzentrieren: Forschung und Lehre, Allianzen und Partnerschaften zwischen Forschung und Praxis sowie der Aufbau einer „Entrepreneurship Community" mit einem entsprechenden Netzwerk. Dabei soll die unternehmerische Ausbildung den Studenten aller Fakultäten des MIT offen stehen. Aus diesem Grund konzentriert sich das MIT Entrepreneurship Center mit Grundlagenforschung insbesondere im Hinblick auf technologie- und innovationsgetriebene Unternehmensgründungen, um deren Dynamik besser zu verstehen.

In Singapur wurde von der **Nanyang Technological University** das *Nanyang Technopreneurship Center* mit dem Zweck gegründet, die Entwicklung von Technologie und unternehmerischem Engagement innerhalb der Universität und in der Region voranzutreiben. Aus diesem Grund finden sich am Zentrum zu 90% Studenten und Akademiker der Ingenieurs- und Wirtschaftswissenschaften, die sich in Forschung und Lehre insbesondere mit Innovation, Technologie und Unternehmensgründung befassen. Die Bezeichnung „Technopreneur" steht also für einen Unternehmer, der sich vornehmlich mit technologieorientierten und wissensintensiven Geschäftsfeldern befasst. Der Begriff des „Technopreneurship" wird vor allem im asiatischen Raum (Singapur, Thailand, Malaysia) verwendet und von staatlicher Seite unterstützt.

Das *Center of Entrepreneurship* an der **University of Stirling** wurde im Jahr 2001 gegründet und bildete damit den Höhepunkt der mehr als 20-jährigen Entrepreneurship-Tradition der Universität. Obgleich das Zentrum in enger (v. a. organisatorischer) Verbindung zum *Departement of Management and Organization* steht, baut es mehr noch als die bereits genannten amerikanischen Universitäten auf der Erfahrung, Reputation und der fachlichen Spezialisierung des akademischen Personals auf, das aus den unterschiedlichsten Forschungsbereichen (Anthropologie, Philosophie, Ingenieurswissenschaften, Volks- und Betriebswirtschaft) kommt. Auf diese Weise erfährt die Entrepreneurship -Ausbildung an der University of Stirling eine fein nuancierte Akzentuierung.

Finanziell unterstützt durch eine Non-Profit Organisation ist das *ODEON* in München als interdisziplinäres und international ausgerichtetes Zentrum gegründet worden. Es widmet sich vornehmlich der Lehre und Forschung im Bereich Entrepreneurship und ergänzt so die Aktivitäten der **Ludwig-Maximilians-Universität** (LMU). Ziel des Zentrums ist, sowohl den Studenten als auch dem wissenschaftlichen Personal aller Fakultäten der LMU offen zu stehen, um interdisziplinäre Teams von Unternehmensgründern bilden zu können. Obwohl alle Mitarbeiter des ODEON über einen betriebswirtschaftlichen Background verfügen, ist das ODEON sehr daran interessiert, das Kursangebot auch für Studenten der Medizin, Biologie und Computertechnik attraktiv zu gestalten.

Auch die **Universität Hohenheim** bei Stuttgart besitzt neben dem Stiftungslehrstuhl für Entrepreneurship das *Center of Entrepreneurship* (COE), das im Jahr 2001 gegründet wurde und heute für die Koordinierung und Abstimmung aller Maßnahmen der Universität Hohenheim in Forschung, Lehre und Studium im Bereich Entrepreneurship zuständig ist. Das Zentrum bildet dabei eine interdisziplinäre Schnittstelle zwischen Stiftungslehrstuhl, Universität und Wissenschaftlern aller Forschungsrichtungen, wissenschaftlichem Nachwuchs und Studenten, Wirtschafttreibenden und externen Partnern. Allerdings bietet das COE im Gegensatz zum ODEON und zu den amerikanischen Zentren keine Kurse in Entrepreneurship an, sondern überlässt die inhaltliche Ausgestaltung dem Stiftungslehrstuhl (Schwerpunkt: Führung von klein- und mittelständischen Unternehmen).

In den obigen Ausführungen wurde deutlich, dass die Gründung bzw. Installation eines Entrepreneurship-Zentrums eher im angelsächsischen Raum vorzufinden ist. Die im deutschsprachigen Raum populärere universitäre Organisationsform zum Zwecke einer unternehmerischen Ausbildung ist dagegen der klassische Lehrstuhl, meist auch in Form eines Stiftungslehrstuhles bzw. einer Stiftungsprofessur oder eines Institutes. Diesem Umstand wird im nachfolgenden Kapitel Rechnung getragen.

2.2 Organisation in Form eines Departments, eines Lehrstuhles oder einer Professur

Im angelsächsischen Sprach- und Wirtschaftsraum herrscht – wie bereits erwähnt – das Konzept des „Centers for Entrepreneurship“ vor, das sich vor allem darin von dem im deutschsprachigen Raum populäreren Lehrstuhl bzw. Professur unterscheidet, dass es viel mehr noch in ein lokales, nationales wie internationales Netzwerk aus Wirtschaft, Politik und anderen Interessensgruppen eingebunden ist. Die angelsächsischen Zentren sind die maßgeblichen Impulsgeber innerhalb dieses Netzwerkes und dienen insbesondere auch als Schnittstelle, an der sämtliche Stränge zusammenlaufen und koordiniert werden. Heute sind die meisten Lehrstühle bereits auf dem besten Weg, sich ganz nach dem Vorbild der angelsächsischen Zentren zu entwickeln. Die Grenze zwischen Zentrum und Lehrstuhl ist mittlerweile fließend, und es ist kaum noch möglich, eine eindeutige Abgrenzung vorzunehmen. Trotzdem sollen im Rahmen dieser Kapitels unterschiedliche Lehrstühle kurz vorgestellt werden.

Die **London Business School** (LBS) beschäftigt sich ebenfalls seit vielen Jahren mit Unternehmertum. Das dort angesiedelte *Entrepreneurship Department* verfügt über ein breit angelegtes Leistungsportfolio, das von der Forschung (u. a. Einfluss von Unternehmertum auf eine Volkswirtschaft, Entstehung, Wachstum und Internationalisierung von Technologieunternehmen, Venture Capital, etc.) über die Lehre hin zu Netzwerk-Aktivitäten mit der Wirtschaft reicht.

Die **Swinburne University** mit der *Australian Graduate School of Entrepreneurship* ist eine der bedeutendsten Universitäten in der Region Asien-Pazifik und die einzige, die sich ausschließlich auf die Erforschung von Entrepreneurship konzentriert. Diese Institution bietet ihren Studenten sowohl ein Master- (MEI) als auch Doktoratsstudium (PhD) in Entrepreneurship und Innovation an. Das MEI -Studienprogramm gliedert sich in drei Stufen: dem *Graduate Certificate*, dem *Graduate Diploma* und dem *Master of Entrepreneurship and Innovation.*

Die **Vaxjö University** in Schweden ist ebenfalls bekannt für ihr Forschungsengagement im Bereich Entrepreneurship. Dabei existiert an dieser Universität kein eigener Lehrstuhl für Entrepreneurship, sondern „nur“ das *University Profile Entrepreneurship*, das der School of Management and Economics zugeordnet wird und auf die Untersuchung von Entrepreneurship und kleinen Unternehmen spezialisiert hat. Ferner zeugt die Website dieser Institution von einem großen Engagement für Studenten, Forschende und die „Entrepreneurship Community“.

In München existieren sowohl an der **Technischen Universität** (TUM) und der **Ludwig-Maximilians-Universität** (LMU) Lehrstühle für Entrepreneurship. Während der *KfW-Lehrstuhl für Unternehmensgründung und Entrepreneurial Finance* an der TUM seinen Schwerpunkt auf finanzwirtschaftliche Fragestellungen gelegt hat, beschäftigt sich der Mitarbeiterstab am *Institut für Innovationsforschung, Technologiemanagement und Entrepreneurship* der LMU mit Fragen zu Innovation und Wettbewerb sowie zu Innovationsprozessen. Beide Institute richten ihr Lehrangebot nicht nur auf Wirtschaftsstudenten, sondern auf Studenten verschiedener Fakultäten (Jura, Kommunikationswissenschaften, etc.) aus.

Die **European Business School** (EBS) besitzt einen *Stiftungslehrstuhl für Entrepreneurship*, der sich mit einem breiten Spektrum an unternehmerischen Fragenstellungen befasst und den Studenten im Grundstudium ein Wahlpflichtfach und im Hauptstudium ein Wahlfach in Gründungsmanagement und Entrepreneurship anbietet.

An der **Wirtschaftsuniversität Wien** wurde ein *Lehrstuhl für Entrepreneurship und Gründungsforschung* eingerichtet, der sich vor allem mit der Entdeckung von Quellen innovativer Geschäftsideen befasst und so einen Bogen zwischen Entrepreneurship und Innovation spannt. Interessierte Wirtschaftsstudenten können seit einiger Zeit im Hauptstudium das Fach Entrepreneurship als SBWL wählen, wobei den Studenten geraten wird, dieses Fach mit einem „klassischen" betriebswirtschaftlichen Fach zu kombinieren.

2.3 Kursangebot und spezielle Programme an Lehrstühlen und Universitäten

An zahlreichen Universitäten (vor allem im englischsprachigen Raum!) sind seit einiger Zeit spezielle Programme entstanden, die fächer- und institutionenübergreifend die Ausbildung im Fach Entrepreneurship ermöglichen. Im Rahmen dieses Kapitels werden einige dieser Programme und Kurse vorgestellt:

Zwischen den Universitäten **Cambridge** und dem **Massachusetts Institute of Technology** führte die gemeinsame Zusammenarbeit zur Gründung des *Cambridge-MIT Institute* (CMI), das Ausbildungsprogramme für Bakkalaureat-Studenten, Masterstudenten und Führungskräfte anbietet. Allerdings geht das Studienangebot über eine rein unternehmerisch orientierte Ausbildung hinaus. Vielmehr wird der Schwerpunkt auf die Fachbereiche Mikro-, Nano-, Bio- und Computer-Technologie, Chemie und Ingenieurswissenschaften gelegt und ein multidisziplinärer Ansatz für die Programme gewählt.

In der französischen Schweiz haben die *École des HEC* der **Université de Lausanne** und die *École Polytechnique Fédérale de Lausanne* das „Executive Master Program in Management of Technology" (MoT) in Kooperation mit der University of Texas (USA) entwickelt, das sich aus drei Komponenten zusammensetzt: Zu Beginn des Programms muss jeder Teilnehmer seinen persönlichen Schwerpunkt entweder auf Management oder Technologie festlegen. Nach Abschluss dieser Phase des Programms, folgt die Ausbildung in Entrepreneurship bzw. Innovation, je nachdem welcher Schwerpunkt gewählt wurde. Der dritte Teil des Programms ist praktischer Natur und wird in Zusammenarbeit mit einem Unternehmen absolviert. In den Semesterferien findet dann eine zusätzliche Trainingszeit an der Universität Texas statt, um den Teilnehmern eine weitere Perspektive hinsichtlich der Unternehmensgründung zu bieten.

Obwohl die **HEC Paris** selbst MBA- und Executive-MBA-Programme anbietet, ist die Hochschule mit dem **Babson College** eine Kooperation eingegangen, um für Führungskräfte und Wirtschaftstreibende ein Seminar anzubieten, das sich mit Entrepreneurship befasst: das dreitägige Seminar „Developing Corporate Entrepreneurship". Die gemeinsame Zusammenarbeit ermöglicht den Zugriff auf die Ressourcen und Kontakte beider Institutionen, der Kurs selbst wird allerdings nur in Frankreich, jedoch von Professoren beider Universitäten abgehalten.

Die Beispiele Cambridge und HEC Paris zeigen, dass sich einige europäische Universitäten durch ihre enge Kooperation das Know-how und die Ressourcen der amerikanischen Partnerinstitutionen zunutze machen und sie sich so vielleicht anderen nicht-amerikanischen Universitäten gegenüber einen Vorsprung verschaffen können.

3 Universitäre Aktivitäten und inhaltliche Ausrichtung im Bereich Entrepreneurship

Zur Unterstützung und Förderung von Unternehmertum, Unternehmerschaft und Gründung sind die Universitäten und Hochschulen weltweit gefordert, eine große Bandbreite an Aktivitäten zu unterhalten und sich nicht zuletzt durch die dabei entwickelten Kernkompetenzen innerhalb der globalen „Entrepreneurship Community" eindeutig zu definieren. Garavan und O'Cinneide haben schon vor ca. 20 Jahren ein spezifisches Anforderungs- und Leistungsprofil für Universitäten im Forschungsbereich Entrepreneurship vorgeschlagen (Garavan/ O'Cinneide, 1984). Die einzelnen Aktivitäten werden nachfolgend anhand einiger Universitäten vorgestellt.

3.1 Entrepreneurship-Forschung

Die Forschungstätigkeiten der einzelnen bereits vorgestellten Universitäten sind vielfältig. Die Aktivitäten zur Schaffung neuen Wissens der **Stanford University** reichen von der Bearbeitung von Forschungsprojekten externer Auftraggeber, über die Erstellung eigener Fallstudien hin zur Einladung von Gastdozenten aus dem Wirtschaftsraum des Silicon Valley, die mit ihrem Know-how und Erfahrungen aus der Praxis neue Sichtweisen für die Forschung bieten. Darüber hinaus ist die Universität Veranstalter der *Entrepreneurial Conference*, die dem Erkenntnisaustausch der „Entrepreneurship Community" dient.

Das **MIT** konzentriert sich auf die Erforschung der „Entrepreneurial Education" und unterhält ein umfangreiches Angebot an Datenbanken und Fachartikeln, das den Forschenden zur Verfügung steht. Auch mit der *MIT Sloan Management Review* und der Internetplattform *„www.entreworld.com"* wird Wissenschaftlern auf dem Gebiet Entrepreneurship die Möglichkeit gegeben, ihre neuesten Erkenntnisse zu publizieren und der Diskussion zu stellen. Das ***KCFEL*** entwickelte den *Global Entrepreneurship Monitor* (GEM) zur Erforschung der regionalen unternehmerischen Entwicklung. Darüber hinaus unterstützt das *International Center for Research on the Management on Technology* (ICRMOT) weltweit agierende Unternehmen bei der Generierung neuer Erkenntnisse in Bezug auf technologische Innovationen.

Das **Babson College** veröffentlicht ähnlich wie das MIT die *Babson Entrepreneurial Review* und veranstaltet jährlich die *Babson-Kauffman Research Conference* zum Erfahrungs- und Wissensaustausch und zur Veröffentlichung neuer Erkenntnisse.

Die in Australien ansässige **AGSE** betreibt Forschung in Form von Dissertationen, die thematisch in den verschiedenen Entrepreneurship-Forschungsbereichen angesiedelt sind.

Mit den Internetplattformen *„www.worldofent.com"* und *„www.virtual-entre.com"* bietet die **University of Durham** die Möglichkeit der Informationsbeschaffung und Diskussion über das Internet. Darüber hinaus legt die Universität größten Wert auf Interdisziplinarität sowie Praxisorientierung und erstellt aus diesem Grund Fallstudien für die Lehre, aber auch um neue Forschungserkenntnisse zu erhalten.

3.2 Aufbau und Koordination eines Gründungsnetzwerkes

Der Aufbau und die Koordination eines Netzwerkes stellen sich als eine weitere wichtige Aufgabe der Universitäten dar. Dabei ist die Vernetzung der einzelnen Institutionen innerhalb der jeweiligen Universität als auch die Etablierung der Universität als Schnittstelle aller in- und externen Partner eine entscheidende Komponente des Netzwerkgedankens.

Die *Stanford Entrepreneurship Task Force* stellt ein solches inneres Netzwerk dar. Sechs Entrepreneurship-Organisationen der **Universität Stanford** haben sich zu einem Koordinierungsgremium zusammengeschlossen, um Forschung, Lehre und Öffentlichkeitsarbeit abzustimmen und zu koordinieren. Darüber hinaus dient das *Stanford Entrepreneurial Network* als Web-Portal und veranstaltet regelmäßige Meetings und Events.

Am **Babson College** sind die *Academy of distinguished Entrepreneurs* und das *BabsonSEE* angesiedelt. Diese beiden Organisationen zeugen von der Wichtigkeit universitärer Netzwerke, und dies nicht nur mit Unternehmern und Gründern, sondern auch auf der Ebene der Akademiker und Wissenschaftler, die sich mit Entrepreneurship befassen.

Am **MIT** hat sich die *E-Society* konstituiert mit dem Ziel, ein Netzwerk zwischen Studenten und Absolventen aufzubauen und gleichzeitig ein produktives Miteinander zwischen Fakultätsangehörigen, Studenten, Absolventen und jungen Unternehmen zu unterstützen. Ziel ist dabei vorrangig die Sicherung von Finanzmitteln und intellektuellen Know-how, um die langfristige Exzellenz der Forschung und Lehre am MIT zu gewährleisten. Darüber hinaus unterhält das MIT zahlreiche Partnerschaften mit Universitäten und Organisationen weltweit; dazu gehören beispielsweise Institutionen an der Cambridge University, der *MacLean Hunter Entrepreneurship Chair*, die *Rand Afrikaans University*, *Endeavor Brazil*, die *Epoch Foundation*, und das *MIT Enterprise Forum Inc.*

Eine Schnittstelle nach außen stellt das *Center for Scientific Enterprise London* dar. Diese Organisation koordiniert die Gründungsaktivitäten der **London Business School** und dem **University College London**. Es bietet akademischen Gründern die Möglichkeit, auf ein Netzwerk von Inkubatoren, Kapitalgebern, Business Angels, Rechtsanwälten und anderen Forschungseinrichtungen zurückzugreifen. Mit der jährlich stattfindenden Konferenz *„Roundtable on Entrepreneurship Education for Engineers"* wurde eine Plattform geschaffen, die mit den Gründungsnetzwerken anderer Universitäten verknüpft ist, und so einen Konnex zwischen technischen und wirtschaftswissenschaftlichen Universitäten herstellt.

Das **ODEON Center** und die beiden Lehrstühle der **TUM** und **LMU** sehen sich als Partner in einem nationalen wie internationalen Netzwerk, das sich aus Universitäten, Magazinen und Zeitschriften, Veranstaltern von Business Plan-Wettbewerben, öffentlichen und staatlichen Programmen und Organisationen sowie Venture Capital Unternehmen, Patentämtern, und Wirtschaftstreibenden zusammensetzt. Den Netzwerkgedanken unterstützen zudem beispielsweise das *Munich Network*, *bizeps*, *EXISTS* und das jährlich veranstaltete *G-Forum*.

Alle Universitäten des angelsächsischen Raumes und zunehmend auch die meisten Hochschulen Europas unterhalten *Alumni-Netzwerke*, um eine langfristige Bindung der Studenten und Absolventen an die Universität zu gewährleisten.

3.3 Unterstützung in der Gründungsphase

An angelsächsischen Universitäten werden unternehmerische Aktivitäten gefördert. Manchmal ist die Gründungsabsicht sogar Voraussetzung, um an einem der renommierten Entrepreneurship -Programme teilnehmen zu können. Bisweilen treten die Universitäten selbst als Inkubatoren auf und bieten dem Gründer umfangreiche Unterstützung in der Gründungsphase an.

Das *„Innovative Center"* an der **Cambridge University** steht gründungswilligen Studenten und Absolventen helfend und beratend zur Seite, indem es Räumlichkeiten organisiert, Kontakte zu Investoren, Kapitalgebern, sämtlichen Universitätseinrichtungen, öffentlichen Institutionen und allen verfügbaren Netzwerken, wie z.B. dem Cambridge-MIT Insitute, das auch den Zugriff auf die Ressourcen des MIT ermöglicht, herstellt.

Die **Freie Universität Berlin** und das *Existenz-Gründer Institut Berlin e.V.* nehmen eine zentrale Rolle in einem Netzwerk von Entrepreneuren („*Berlin Entrepreneur*"), Kapitalgebern („*Berlin Venture*"), Forschungseinrichtungen und öffentlichen Stellen ein, das sich die Förderung und Unterstützung von innovativen Wachstumsunternehmen zum Ziel gemacht hat. Mit Hilfe dieser Organisationen sollen insbesondere Unternehmensgründungen aus der Hochschule heraus unterstützt werden. Zusätzlich fungieren die beiden Plattformen „*Entrepreneur-Lounge*" und „*Jour Fix Entrepreneur*" als Beratungsstellen und dienen dem Erfahrungsaustausch und Networking junger Unternehmer.

Eine andere Möglichkeit für einen Firmengründer, finanzielle und operative Unterstützung in der Gründungsphase zu erhalten, ist die Teilnahme an einem Business Plan Wettbewerb, der sowohl von Universitäten als auch von privaten und staatlichen Organisationen veranstaltet wird. Das wohl berühmteste Vorbild eines Business Plan-Wettbewerbes ist der „*MIT $50K Global Startup Workshop*", der wie alle anderen dieser Programme zum einen die Motivation zur Gründung steigern und zum anderen finanzielle und professionelle Unterstützung geben soll.

3.4 Kooperation zwischen Universität und Wirtschaft

Die Kooperation zwischen Universität und Wirtschaft kann und sollte sehr vielfältig sein. Sie lebt vor allem durch den Transfer von Wissen von der Universität in die Wirtschaft, aber auch der umgekehrte Weg, der Rückfluss von Erfahrungen aus der Praxis zurück in die Universität, ist von entscheidender Bedeutung. Eine enge Kooperation zwischen Wirtschaft und Universität ermöglicht darüber hinaus die Finanzierung akademischer Aktivitäten. Insbesondere im Bereich Entrepreneurship ist eine praxisnahe Forschung und Lehre von Wichtigkeit.

Um den Wissenstransfer voranzutreiben wurden an verschiedenen Universitäten eigene Abteilungen eingerichtet. Das *Office for Technology Licencing* (OTL) an der **Stanford University** vermarktet die wissenschaftlichen Erkenntnisse der Universität. Sie dient als Schnittstelle zwischen Wirtschaft und Universität, indem sie Kontakte zu Anwälten, Erfindern, Entrepreneuren und Wissenschaftlern herstellt, für die Finanzierung von Forschungsprojekten sorgt und sich um die Patentierung und Lizenzierung kümmert.

Auch das **MIT** besitzt eine solche Institution, das *Technology Licencing Office* (TLO). Darüber hinaus finden sich am MIT diverse weitere Organisationen und Clubs, die sich für eine enge Kooperation zwischen Hochschule und Wirtschaft bemühen. Dazu zählen beispielsweise die *MIT Alumni Association*, das *MIT Enterprise Forum*, der *MIT Venture Capital* bzw. *Entrepreneurship Club*, oder auch die *Young Entrepreneur's Organization* (YEO), die jungen graduierten Unternehmensgründern als Schnittstelle dient.

Eine enge Zusammenarbeit mit der Wirtschaft in der Entwicklung und dem Design von Produkten unterhält auch die **School of Engineering** an der **University of Pittsburgh** und hier insbesondere das *John A. Swanson Center for Product Innovation*. Unternehmensgründer haben die Möglichkeit, Labors und Entwicklungseinrichtungen zu nutzen und eng mit Wissenschaftlern zusammenzuarbeiten.

Die **TU** und **LMU**, aber auch die **Fachhochschule München** gehören einem Netzwerk, dem *Munich Network*, an, zu dem sich Industrie, Unternehmen, Banken, Beratungsfirmen und wissenschaftliche Forschungseinrichtungen zusammengefunden haben, um aktive Unterstützung bei Gründung, Wachstum und dauerhaften Erfolg anbieten zu können. Den Wissensaustausch zwischen allen Netzwerkpartnern gewährleisten sog. Transferstellen, wie die *Technologie- und Wissenstransfer AG* an der FH München oder die *Kontaktstelle für Forschungs- und Technologietransfer* an der LMU.

3.5 Entrepreneurship-Ausbildung und Existenzgründertraining

Entrepreneurship-Ausbildung an angelsächsischen Unternehmen findet grundsätzlich auf drei Ebenen statt: auf Ebene von Bachelor- und Masterstudiengängen sowie auf der Ebene der Führungskräfteausbildung (*Undergraduate/Graduate/Executive Programs*). Im Hinblick auf Kapitel 4 soll an dieser Stelle das Entrepreneurship-Curriculum des *Arthur M. Blank Centers of Entrepreneurship* in tabellarischer Form vorgestellt werden:

UNDERGRADUATE PROGRAM (4-YEAR-PROGRAM)	
1st year:	2nd to 4th year:
Intermediate Management Core (IMC)	***Accelerated Curriculum for Entrepreneurship*** (ACE)
Basic Courses:	Elective Course Curriculum:
- Management - Marketing - Accounting - Finance - Mathematics/Statistics - Art & Philosophy - History - Ethics - Law - …	- Entrepreneurship & New Ventures - Family Business Management - Financing Entrepreneurial Ventures and the Business Plan - Living the Entrepreneurial Experience - Managing a Growing Business - Corporate Venturing: Entrepreneurs in Organizations - Venture & Capital Growth - Venture Growth Strategies - Entrepreneurship Comes of Age: Introduction to Social Enterprise Management - Marketing for Entrepreneurs - Entrepreneurial Nonprofits

Tabelle 1: Undergraduate Curriculum

Quelle: eigene Darstellung

Im Rahmen des MBA-Studienprogramms wird im Gegensatz zum Bachelor-Programm eine klare Abgrenzung der einzelnen Kurse und damit dem Grad der Vertiefung vorgenommen, um die individuellen Bedürfnisse der Studenten besser befriedigen zu können.

GRADUATE PROGRAM – MBA			
Entrepreneurship Intensity Track **(EIT)**			
Core Curriculum:	Elective Curriculum:		
	Foundation[1]	Specialty[2]	Support[3]
- Creative Management in dynamic Organizations - Opportunity Assessment - Designing and managing the Delivery System - Growing a Business in a Changing Global Environment	- Entrepreneurship & the Business Plan - Entrepreneurial Finance - Venture Growth Strategies - Managing a Growing Business	- Family Business Management - Social Entrepreneurship - Franchising, Licensing and Distributorship - Management Buy-ins and Buy-outs - Corporate Entrepreneurship	- Equity & VC - Ethical Challenges for Entrepreneurs - Marketing for Entrepreneurs - Independent Research in Entrepreneurship - Corporate Culture - Corporate Venturing and Harvest

[1] "Foundation Electives" vermitteln grundlegende unternehmerische Kenntnisse.
[2] "Specialty Electives" behandeln das Thema Entrepreneurship intensiver.
[3] "Support Electives" setzen umfassende unternehmerische Vorkenntnisse voraus.

Tabelle 2: Graduate Curriculum

Quelle: eigene Darstellung

Im Rahmen des „Open-enrolment"-Programms ist es auch Führungskräften möglich, sich neben ihren beruflichen Aufgaben weiterzubilden und auf ihre Bedürfnisse und Berufsprofile perfekt zugeschnittene Programme belegen zu können:

EXECUTIVE PROGRAM
Open-enrolment Programs:
- Corporate Entrepreneurship - Leadership & Influence - Strategic Planning and Management in Retailing - Babson/NACD Corporate Governance Series - The Effective Entrepreneurial Company Board - Scrutinizing Financial Statements - Risk Oversight: CEO and Board Leadership in Turbulent Times - Audit Committee: Improving Quality, Independence, and Performance - Bio-Pharma: Mastering the Business of Science

Tabelle 3: „Executive Program" Curriculum
Quelle: eigene Darstellung

Im deutschsprachigen Raum gibt es diese klare Trennung bei den Studienprogrammen nicht. In der Regel haben interessierte Studenten die Möglichkeit, Seminare und Kurse im Hauptstudium zu belegen und so ihren Studienschwerpunkt auf Gründungsmanagement und Entrepreneurship zu legen. Am Beispiel der Universität Regensburg wird ein derartiges Curriculum vorgestellt:

	MODULE:	MODULBESCHREIBUNG:
(1)	**Strategisches Management**	Erlernen grundsätzlicher Konzepte des Strategischen Managements (Fallstudien)
(2)	**Entrepreneurship – Gründungsmanagement**	- Vorstellung relevanter Aspekte der Unternehmensgründung (Marketing, Finanzierung, Rechnungswesen, Geschäftspläne, Organisation, Personalentwicklung). - Vorlesungen von externen Entrepreneuren, Vertretern von Handelskammern, Patentanwälten, etc. - Analyse von Problemstellungen anhand von Fallstudien
(3)	**Technologiemanagement**	Konzepte des Strategischen Managements bezogen auf High-/Low-Tech Unternehmen mit den folgenden Schwerpunkten: - Formulierung & Implementierung von Technologienstrategien - F&E Management - Optimierung von Produktentwicklungsprozessen - Innovation durch Team-Organisation

(4)	(a) **Management des Organisatorischen Wandels** bzw. (b) **Internationales Strategisches Management**	(a) Diskussion von Theorien und Konzepten des „Management of Change“ anhand von Fallbeispielen (b) Erweiterung der Theorien und Techniken des Strategischen Managements auf Probleme von globalen Branchen und multinationalen Unternehmen
	SEMINARANGEBOT:	BESCHREIBUNG:
(5)	**Innovations- und Technologiemanagement**	Wechselnde Themenschwerpunkte zu Innovationen und Technologiemanagement
(6)	**Business Plan**	Erstellung eines Gründungsplanes sowie Diskussion der Möglichkeiten der Kapitalgewinnung

Tabelle 4: Spezialisierung „Gründungsmanagement“ an der Universität Regensburg
Quelle: eigene Darstellung

Die Erfahrungen in der Entrepreneurship-Ausbildung haben gezeigt, dass eine rein theoretische Wissensvermittlung nicht ausreichend ist. Deshalb wurde die Idee der *Übungsfirma* geboren, um ein möglichst reales Abbild von Geschäfts- und Marktsituationen zu schaffen. Der Grundsatz „Learning by doing“ kommt hier voll zur Geltung. So installierte die **LMU** ihr sog. *E-Lab*, das Studenten mit den Herausforderungen und Problemstellungen eines High-Tech Start-ups konfrontiert.

Auch die Erstellung von *Business Plänen* verfolgt das Ziel, das Gründen zu lernen und bei der Ausarbeitung der Geschäftsidee das Potential eines Unternehmens zu erörtern. Wie bereits erwähnt wurde, ist die Erstellung des Business Plans eine der am häufigsten verwendeten Techniken, die für die Entrepreneurship -Ausbildung herangezogen werden. Aus diesem Grund findet sich im Curriculum beinahe jeder Universität, die sich im Bereich Entrepreneurship betätigt, die Erstellung von Business Plänen. Oft werden auch Business Plan-Wettbewerbe veranstaltet, die zum Teil mit beträchtlichen Preisgeldern dotiert sind.

3.6 Förderung des Unternehmergeistes

Die Förderung des unternehmerischen Denkens an der Universität ist oft mit dem Ruf der Universitäten als Unternehmerschmiede verbunden. Um bei den Studenten Unternehmergeist und die Lust auf die Verwirklichung einer Geschäftsidee und damit die Gründung eines eigenen Unternehmens zu wecken, sind insbesondere Rollenbilder und „Erfolgsstories“ wichtig. Viele amerikanische, aber auch europäische Unternehmen organisieren daher Veranstaltungen, auf denen Studenten mit Unternehmern in Kontakt treten und deren Erfahrungen aus erster Hand kennen lernen können. *Alumni-Clubs* sind zu einer wichtigen Ressource für die Universität geworden, um Kontakte zu erfolgreichen Absolventen herzustellen, sie langfristig an die Universität zu binden und um sie in die Aktivitäten der Hochschule einzubinden.

Das *Arthur M. Blank Center for Entrepreneurship* organisiert eine Reihe von Veranstaltungen dieser Art, u. a. die *„Speaker Series"*, bei der Unternehmer und Gründer zu Vorträgen eingeladen werden, oder den *„Founder's Day"*, der einmal jährlich veranstaltet wird und Studenten die Möglichkeit gibt, mit Unternehmern zu sprechen.

„Junior Enterprises" sind eine weitere Erfolg versprechende Möglichkeit, den Unternehmergeist bei Studenten zu wecken. Hinter diesem Konzept steckt die Idee, Studenten als Unternehmer agieren zu lassen. In Europa wird dieses Programm grenzüberschreitend seit 1990 von der Dachorganisation ***Jade*** koordiniert.

Auch die bereits genannten *Fallstudien* sind dazu geeignet, den Studenten Wege in die Unternehmensgründung am Beispiel bereits existierender Firmen aufzuzeigen oder auch Lösungsvorschläge in Bezug auf Herausforderungen des Unternehmertums und Managements anzubieten.

3.7 Ausbildung von Arbeitskräften

Die Ausbildung von Arbeits- und Fachkräften besteht sowohl in der Vermittlung von fachlichen Fähigkeiten und Wissen, als auch in der Unterrichtung von für eine Gründung relevanten Instrumenten. Aus diesem Grund hat sich vor allem der interdisziplinäre Gedanke in der Ausbildung durchgesetzt. Entrepreneurship soll nicht nur Wirtschaftsstudenten vermittelt werden, sondern den Studenten aller Fachbereiche und Disziplinen näher gebracht werden.

Darüber hinaus ist die Öffnung der Universität von entscheidender Bedeutung, nicht nur, um den Wissenstransfer zwischen Forschung und Wirtschaft zu gewährleisten, sondern vor allem auch um die Signale der Wirtschaft früh erkennen und die Ausbildung der Studenten entsprechend anpassen zu können. Ein weiterer positiver Effekt der engen Zusammenarbeit zwischen Universität und Unternehmen ist die Möglichkeit des Zugriffes auf das Know-how und die Erfahrungen der Wirtschaftstreibenden, um die Lehre, aber auch die wissenschaftliche Forschung ständig weiterentwickeln zu können.

3.8 Unterstützung bei der Ideenfindung

Gut ausgebildeten Studenten fehlt vielfach nur ein kleiner Anstoß, um eine Idee weiterzuverfolgen und darin Potenzial für die Gründung eines Unternehmens entdecken zu können. Es muss im Interesse der Universität liegen, den Studenten ein Umfeld zu schaffen, in dem Kreativität gefördert wird, und aus Ideen Erfolg versprechende Vorhaben werden.

In den USA finden sich deshalb sog. „*Patent Scouts*", die wissenschaftliche Entwicklungen an Universitäten verfolgen und gemeinsam mit Studenten, Professoren und Wissenschaftlern die Marktchancen einer Technologie erörtern und erarbeiten. Der kontinuierliche Austausch zwischen den einzelnen Netzwerkpartnern befähigt die Wissenschaftler schon früh, das Potential ihrer Erfindungen zu erkennen und aktiv an deren Vermarktung zu arbeiten. Unterstützt werden derartige Vorhaben dann beispielsweise durch universitätsin- bzw. externe Patentstellen (*TLO*, *OTL*, *Bayern Patent*,...) und Patentämter, die den wissenschaftlichen Erfindern in patentrechtlichen Fragen unter die Arme greifen.

Letztlich spielt eine Vielzahl von Faktoren für den Erfolg einer Unternehmensgründung eine Rolle. Was die Universität zum Gelingen solcher Vorhaben beitragen kann, wurde in diesem Kapitel aufgezeigt.

Den Abschluss dieser Betrachtungen bildet die Präsentation des *Arthur M. Blank Centers for Entrepreneurship*, das im nachfolgenden Kapitel stellvertretend für viele andere Universitäten Beispiel gibt, wie facettenreich die Aktivitäten und Aufgaben einer Hochschule sein können.

4 Das Arthur M. Blank Center for Entrepreneurship (Babson College) – Ein „Center of Excellence"

Die vorangegangene Diskussion der unterschiedlichen Wege unternehmerischer Ausbildung an Universitäten hat gezeigt, dass es kein definitiv bestes Konzept in der „Entrepreneurship Education" gibt. Allerdings soll abschließend am Beispiel des renommierten **Babson College** nochmals dargelegt werden, wie unterschiedlich und vielfältig das Engagement einer Hochschule sein kann und wie groß das Angebot für Studierende, Wissenschaftler und Wirtschaftstreibende ist, sich unternehmerisch weiterzubilden. Das *Arthur M. Bank Center for Entrepreneurship* diente nicht zuletzt aufgrund seines breit gefächerten Leistungsportfolios vielen Universitäten weltweit als Vorbild, als die Entrepreneurship-Ausbildung in Forschungs- und Lehraktivitäten aufgenommen werden sollten.

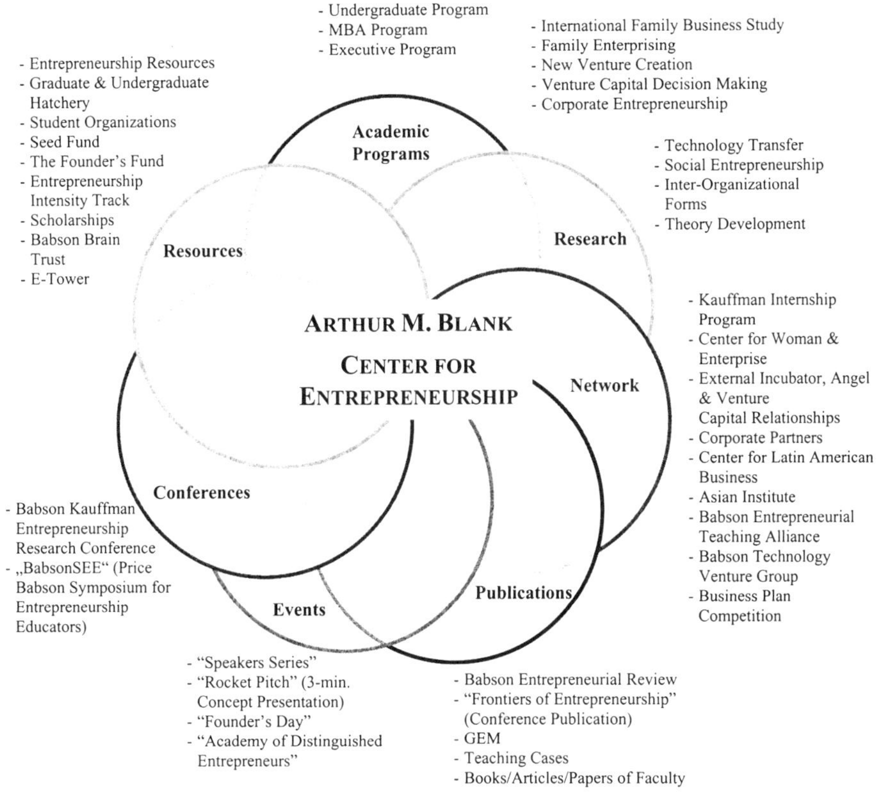

Abbildung 3: Aktivitäten des Arthur M. Blank Center for Entrepreneurship

Quelle: eigene Darstellung

5 Abschließende Bemerkungen und Ausblick

Es besteht kein Zweifel, dass die akademische Elite des nordamerikanischen Kontinents eine starke Dominanz auf dem Gebiet der Entrepreneurship -Ausbildung an Universitäten und Hochschulen ausübt. Renommierte amerikanische Universitäten dien(t)en als Vorbilder für Entrepreneurship -Programme und -Lehrgänge, die an den unterschiedlichsten Hochschulen weltweit aufgebaut und angeboten wurden.

Daneben zeichnen sich die USA vor allem auch durch ihre Gründungsdynamik aus. Damit sind Gründungen allgemein, aber auch (technologieorientierte) Gründungen aus Hochschulen gemeint. Dies ist nicht zuletzt auf die kulturellen und institutionellen Voraussetzungen in den USA zurückzuführen, die insbesondere im deutschen Sprachraum nicht in gleichem Maße gegeben sind. Amerikanische Universitäten sind autonomer, stehen untereinander in größerem Wettbewerb und haben sich viel stärker als europäische bzw. deutschsprachige Universitäten auf bestimmte Forschungsbereiche konzentriert, die ihnen ermöglichen, Synergieeffekte zu nutzen (Lilischkis, 2001).

Dennoch soll darauf hingewiesen werden, dass auch die Europäischen Hochschulen ihre Stärken besitzen. Nimmt man die Forschung im Bereich Entrepreneurship genauer unter die Lupe, dann lässt sich feststellen, dass unter Europas Wissenschaftlern eine größere Akzeptanz hinsichtlich der unterschiedlichen methodischen Herangehensweisen herrscht, und sie somit verglichen mit ihren amerikanischen Kollegen eine stärkere methodologische Offenheit besitzen. Europäische Wissenschaftler sind darüber hinaus sehr daran interessiert, das Phänomen „Unternehmertum/ Unternehmensgründung“ in all seinen Facetten zu verstehen. Sie verwenden deshalb auch vermehrt qualitative Forschungsmethoden und Fallstudien, um daraus Konzepte und Modelle ableiten zu können. Schließlich haben kontextbezogene Unterschiede in der Entrepreneurship -Forschung dank der Heterogenität der Regionen und Länder Europas einen hohen Stellenwert und tragen so zu einer größeren Vielfalt der Forschungsrichtungen bei (Huse/Landstrom, 1997).

In der Entrepreneurship-Ausbildung gibt es keinen einzig besten Weg. Vielmehr tragen die Vielfalt der unterschiedlichen Forschungsschwerpunkte und die Interdisziplinarität dazu bei, das Phänomen Unternehmertum, Unternehmerschaft und Gründung im Kern zu verstehen und an künftige Generationen von Studenten und Akademikern weiterzugeben.

6 Literatur- und Quellenverzeichnis

Bates, T. (1995): Self-employment entry across industry groups, Journal of Business Venturing, Vol. 10, pp.143-156

Brüderl, J./ Preisendörfer, P./ Ziegler, R. (1996): Der Erfolg neugegründeter Betriebe. Eine empirische Studie zu den Chancen und Risiken von Unternehmensgründungen. Betriebswirtschaftliche Schriften, Heft 140, Berlin

Garavan, T.N./ O'Cinneide, B. (1984): Entrepreneurship, education, and training programmes. A review and evaluation. Part 2, Journal of European Industrial Training, Vol. 18 (1), pp. 13-23

Gibb, A. (2002): In pursuit of a new 'enterprise' and 'entrepreneurship' paradigm for learning: creative destruction, new values, new ways of doing things and new combinations of knowledge, International Journal of Management Review, Vol. 4 (3), pp. 233-269

Huse, M./ Landstrom, H. (1997): European entrepreneurship and small business research: methodological openness and contextual differences, International Studies of Management & Organization, Fall 97, Vol. 27 (3), pp. 3-12

Klandt, H./ Knaup, U. (2002): FGF-Report: Gründungsprofessuren 2002 - Eine Studie zum Stand der Institutionalisierung der Gründungsforschung und -Lehre an deutschsprachigen Hochschulen, Förderkreis Gründungs-Forschung e.V. Entrepreneurship Research

Lilischkis, S. (2001): Förderung von Unternehmensgründungen aus Hochschulen - Eine Fallstudie der University of Washington (Seattle) und der Ruhr-Universität Bochum, Lohmar – Köln

McMullan, W.Ed/ Long, W.A. (1987): Entrepreneurship Education in the Nineties, Journal of Business Venturing 2, pp. 261-275

Ripsas, S. (1998): Elemente der Entrepreneurship-Education; in: Zimmer, J. (Hrsg.): Entrepreneurship - Wie aus Ideen Unternehmen werden, München, S. 217-233

Shambaugh, L.S. (2004): Teaching Fishing and Riding Bicycles: One Formula For Economic Rebirth in Asia, www.beysterinstitute.org

Solomon, G.T./ Duffy, S./ Tarabishy, A. (2002): The State of Entrepreneurship Education in the United States: A Nationwide Survey & Analysis, International Journal of Entrepreneurship Education, Vol. 1 (1), pp. 1-22

Winslow, E.K./ Solomon, G.T./Tarabishy, A. (1999): Empirical Investigation into Entrepreneurship Education in the United States: Some Results of the 1997 National Survey of Entrepreneurship Education; www.usasbe.org/knowledge/proceedings/1999/winslow.pdf

Babson College (USA)	http://www.babson.edu	Stand: 2004
Cambridge University (USA)	http://www.cambridge.uk	Stand: 2004
Cambridge-MIT Institute (GB/USA)	http://www.cambridge-mit.org	Stand: 2004
Durham University (GB)	http://www.dur.ac.uk/udbs	Stand: 2004
École Polytechnique Fédérale de Lausanne (CH)	http://www.epfl.ch	Stand: 2004
European Business School (D)	http://www.ebs.de	Stand: 2004
Existenzgründer Institut Berlin e.V. (D)	http://www.existenzgruender-institut.de	Stand: 2004
Fachhochschule München (D)	http://www.fh-muenchen.de	Stand: 2004
Freie Universität Berlin (D)	http://www.fu-berlin.de	Stand: 2004
Global Entrepreneurship Monitor [GEM]	http://www.gemconsortium.org	Stand: 2004
HEC Paris (F)	http://www.hec.fr	Stand: 2004
Insead (F)	http://www.insead.fr	Stand: 2004
London Business School (GB)	http://www.london.edu	Stand: 2004
Ludwig-Maximilians-Universität München (D)	http://www.lmu.de	Stand: 2004
Massachussets Institute of Technology (USA)	http://www.entrepreneurship.mit.edu	Stand: 2004
Munich Network e.V. (D)	http://www.munichnetwork.com	Stand: 2004
Nanyang Technological University (SG)	http://www.nus.edu.sg	Stand: 2004
Odeon - Center for Entrepreneurship (D)	http://www.odeon.bwl.uni-muenchen.de	Stand: 2004
Sloan School of Business (USA)	http://www.mitsloan.mit.edu	Stand: 2004
St. John's School of Business (GB)	http://www.stjohns.co.uk	Stand: 2004
Stanford University (USA)	http://www.gsb.stanford.edu/ces/index.html	Stand: 2004
Swinburne University (AUS)	http://www.swin.edu.au/asge	Stand: 2004
Technische Universität München (D)	http://www.tum.de	Stand: 2004

Universität Regensburg (D)	http://www.wiwi.uni-regensburg.de	Stand: 2004
Universität Stuttgart-Hohenheim (D)	http://www.uni-hohenheim.de	Stand: 2004
Université de Lausanne (CH)	http://www.unil.ch	Stand: 2004
University College London (GB)	http://www.ucl.ac.uk	Stand: 2004
University of Pittsburgh (USA)	http://engrng.pitt.edu/scpi/movie.html	Stand: 2004
University of Stirling (GB)	http://www.stir.ac.uk	Stand: 2004
University of Washington (USA)	http://www.	Stand: 2004
Vaxjö University (S)	http://www.ehv.vxu.se	Stand: 2004
Wirtschaftsuniversität Wien (A)	http://www.wuwien.ac.at	Stand: 2004
The World of Entrepreneurship	http://www.worldofent.com	Stand: 2004

Chancen und Risiken von Unternehmensgründungen – Eine empirische Studie

Gerhard Zoller

1 Allgemeines zum Wirtschaftsstandort Innsbruck

Die Landeshauptstadt von Tirol verfügt über eine günstige geographische Lage zwischen Süddeutschland und Norditalien und ist mit einer guten Verkehrsanbindung (Straßen, Bahn, Flughafen) ausgestattet. Lt. Volkszählung 2001 sind 113.392 der 673.504 Einwohner Tirols im Bezirk Innsbruck-Stadt ansässig, 154.940 im Bezirk Innsbruck-Land (vgl. Statistik Austria). In IBK-Stadt waren im Jahr 2001 88.951 Personen unselbständig beschäftigt, für IBK-Land beläuft sich diese Zahl auf 40.751 (Tirol 258.304) (vgl. Joanneum Research). Die Arbeitslosenquote lag 2001 für den Land- und den Stadt-Bezirk (zusammengefasst) mit 3,8 % deutlich unter dem Tiroler (5,1 %) sowie dem österreichischen Schnitt (6,1 %) (vgl. AMS). 27,1 % der Beschäftigten in IBK-Stadt (Stand 2001) gelten als "hochqualifiziert", womit der Tiroler Durchschnitt von 18,6 % klar übertroffen wird. Für IBK-Land ist dieser Wert mit 9,6 % dagegen deutlich niedriger angesiedelt (vgl. Joanneum Research). Das hohe Ausbildungsniveau ist insofern nicht weiter überraschend, als Innsbruck über ein vielfältiges Angebot an Aus- und Weiterbildungsmöglichkeiten verfügt. Dazu zählen unter anderem 43 weiterführende Schulen in den beiden Bezirken sowie die Universität Innsbruck (vgl. Stadt Innsbruck, Wirtschaftsstandortkatalog: Standortdaten, S. 20).

Die "Stationäre Kaufkraft" (= Nettohaushaltseinkommen pro Kopf, Stand 2001) übertrifft in der Landeshauptstadt mit einem Indexwert von 113 den mit 100 definierten gesamtösterreichischen Schnitt. Ebenso liegt man klar über dem Tiroler Wert von nur 92, den der Bezirk IBK-Land sogar noch leicht unterbietet (90) (vgl. IFAM).

Die Gründungsintensität neuer Arbeitgeberbetriebe[1], das sind die neuen AGBs dividiert durch die bestehenden, belief sich für den Stadtbezirk 2001 auf 14,3 %, während Innsbruck-Land (11,7 %) sowie Tirol (11,2 %) hinter diesem Wert zurückblieben. Die Landeshauptstadt ist auch bei der "Netto-Gründungsintensität" – dem Saldo neuer und stillgelegter AGBs – mit +3,3 % landesweit führend; Innsbruck-Land liegt mit 1,7 % ebenfalls über dem Tiroler Durchschnitt von 1,3 % (vgl. Joanneum Research).

Die beiden Bezirke erwirtschaften ca. 44 % der Tiroler Bruttowertschöpfung, 36 % aller Tiroler Betriebe sind hier angesiedelt. 45 % der Arbeitsplätze in den zwei Bezirken entfallen auf die Sektoren Gewerbe, Handwerk und Industrie, 24 % auf Groß- und Einzelhandel. Eine we-

[1] AGB sind Betriebe mit mindestens einem unselbständig Beschäftigtem, mit Ausnahme geringfügig Beschäftigter.

sentliche Rolle spielt auch der Tourismusbereich – 1.446 touristische Dienstgeberbetriebe beschäftigen ca. 9.000 Arbeitnehmer. Zudem fungiert die Landeshauptstadt als bedeutendes Dienstleistungszentrum (vgl. Stadt Innsbruck, Wirtschaftsstandortkatalog: Standortdaten, S. 11-13).

2 Gründungsinfrastruktur

Am Standort Innsbruck ist ein breites Spektrum an Förderungen für Unternehmensgründer erhältlich, wie z.B. das *Jungunternehmer/innen-Sparen mit Gründungsbonus* und die *Jungunternehmer/innen-Förderungsaktion* der Austria Wirtschaftsservice GmbH (vormals Bürges Förderungsbank), div. *Förderungen des Landes Tirol* (Impulspaket Tirol, Tiroler Kleinunternehmensförderung, Tiroler Beratungs- und Weiterbildungsförderung), *Darlehen des Tiroler Wirtschaftsförderungsfonds* sowie das *AMS-Unternehmensgründungsprogramm für Arbeitslose* des Arbeitsmarktservice Innsbruck und die div. Vergünstigungen des *"Neugründungs-Förderungsgesetzes" (NEUFÖG)*. Insofern fällt es nicht weiter ins Gewicht, dass spezielle Jungunternehmerförderungen seitens der Stadt Innsbruck nicht existieren, mit Ausnahme einer Arbeitsplatzprämie für Betriebsansiedlungen und Neugründungen, die einem komplizierten Genehmigungsverfahren unterliegt und kaum in Anspruch genommen wird.

Hinsichtlich des Vorhandenseins von für Gründer interessanten Standortgemeinschaften hätte man bis vor kurzem noch Defizite konstatieren müssen, mittlerweile sind jedoch einige interessante Projekte in Entstehung bzw. zum Teil auch schon fertig gestellt, wie z.B. das im Oktober 2002 eröffnete Zentrum für universitäre Unternehmensgründungen CAST (Center for Academic Spin-offs Tyrol) oder der "ICT Technologiepark Universität Innsbruck", der, gegliedert in ein Transferzentrum und ein Technologiezentrum, als Schnittstelle zwischen Wirtschaft und Wissenschaft fungieren soll und IT- und New Economy- Unternehmen als Zielgruppe anvisiert. Weitere Projekte (Innova Park, Competence Center der Prisma Holding) sind teilweise noch in Entstehung, zudem existieren noch seit längerem mehrere von "Tech Tirol" betreute Standortgemeinschaften, die allerdings großteils nicht speziell auf Gründungsunternehmen ausgerichtet sind.

Weiters ist noch eine Reihe an Beratungs- und Weiterbildungsmöglichkeiten für Gründer und Gründungswillige am Standort Innsbruck verfügbar: das *Gründer-Service der Wirtschaftskammer* bietet sowohl kostenlose einstündige Erstberatungen als auch geförderte weiterführende Beratungen an. Das *WIFI Tirol* bietet im Rahmen seiner *"Gründerakademie"* eine "Unternehmerausbildung" mit Kursen zu im Rahmen von Unternehmensgründungen relevanten Themen wie Finanzierung, Recht, Businessplan, Steuer, Werbung bzw. Marketing oder Kalkulation an. Die *"Tiroler Zukunftsstiftung"* veranstaltet zudem gemeinsam mit dem "Business Innovation Centre Südtirol" den Businessplanwettbewerb *"Adventure X"*.

3 Innsbrucker Gründerstudie 2002

Im Folgenden sollen kurz die wichtigsten Ergebnisse einer im Jahre 2002 durchgeführten Studie präsentiert werden, die sich mit Fragen zu den Bereichen Gründungsunternehmen, Gründerperson, Gründungsumfeld und Gründungsprozess sowie der Ermittlung von Erfolgsdeterminanten befasste. Dem Gründungsprozess als dynamischem Aspekt der Gründung in Form der Interaktion von Gründer, Unternehmen – bzw. dessen Antizipation in der Gründungsidee – und Umfeld wurde gesonderte Aufmerksamkeit gewidmet.

Als Erhebungsinstrument wurde die schriftliche Befragung gewählt, mit 21. Mai 2002 wurden 2.351 Fragebögen an noch aufrechte Gewerbeneuanmeldungen der Jahre 1998-2000 aus den Bezirken Innsbruck-Stadt und Innsbruck-Land versandt. Bis 15. Juli 2002 waren insgesamt 113 Fragebögen per Fax oder per Post retourniert worden, was einer Rücklaufquote von 4,8 % entspricht. Da es nicht möglich war, für die Studie irrelevante Gewerbeneuanmeldungen (zB. Umgründungen) vorab eindeutig aus dem Adressenmaterial auszuscheiden, wurde dies im Rahmen des Fragebogens realisiert. Im Endeffekt blieben 98 Fragebögen übrig, bei denen es sich um die im Rahmen der Studie interessierenden Neugründungen oder Übernahmen handelte. Auf die Befragung von Gründern inzwischen wieder eingestellter Unternehmen wurde verzichtet, die Studie leidet somit an "Survivor-Bias", einer leichten Verzerrung der Ergebnisse aufgrund der Tatsache, dass erfolgreiche Gründer in der Untersuchungseinheit überrepräsentiert sind.

3.1 Unternehmenscharakteristika[2]

Von den 113 retournierten Fragebögen handelte es sich bei 79 (69,9 %) um Neugründungen und bei 19 (16,8 %) um Betriebsübernahmen. Die restlichen 15 (13,3 %) entfielen auf "sonstige" Gründungsformen wie Umgründungen etc., die im Rahmen der Studie nicht von Relevanz waren und folglich für die weitere Untersuchung ausgeschieden werden mussten. Somit machten bei den verbleibenden 98 Fragebögen Betriebsübernahmen 19,4 % der Fälle aus, während Neugründungen mit 80,6 % viermal so häufig auftraten.

Schlüsselt man die untersuchten Unternehmen nach ihrer Branchenzugehörigkeit auf, stell man fest, dass mit 34,7 % jede dritte Gründung dem Dienstleistungssektor zuzuordnen ist. Deutlich dahinter folgen die Sparten "Handel" (23,5 %) und "Gewerbe und Handwerk" (22,4 %). Im Bereich "Tourismus und Freizeitwirtschaft" sind immerhin noch 10,2 % der Entrepreneure tätig, während "Transport, Verkehr, Telekommunikation" (6,1 %) und "Industrie" (2,0 %) nur marginal vertreten sind (Fehlwertanteil 1,0 %). Während 41,0 % der Neugründungen im Dienstleistungssektor erfolgen, entfallen nur 10,5 % der Übernahmen auf diesen Bereich. Praktisch keine Unterschiede zeigen sich bei der Sparte Handel, während die Branche "Gewerbe und Handwerk" relativ mehr originäre (24,4 % zu 15,8 %) Gründungen aufweist. Der Bereich "Tourismus und Freizeitwirtschaft" wird von den derivativen Gründungen dominiert (26,3 % zu 6,4 %).

Fast drei Viertel (72,4 %) der Betriebe wählten die Rechtsform eines "Einzelunternehmens". Als zweitbeliebteste Variante erweist sich die "GmbH" mit 16,3 %, gefolgt von der "OEG" (8,2 %); "OHG"s (2,0 %) und "GesnbR"s (1,0 %) kommt lediglich eine untergeordnete Bedeutung zu. GmbHs sind im Bereich der Betriebsübernahmen nahezu dreimal so häufig vertreten (31,6 % zu 12,7 %), während weniger als die Hälfte der derivativen Gründungen auf Einzelunternehmen entfällt (47,4 %). Bei den Neugründungen dominieren die Einzelunternehmen hingegen deutlich mit 78,5 %.

Hinsichtlich des Existenzbeitrags der unternehmerischen Tätigkeit zeigt sich, dass diese für den überwiegenden Teil von 88,8 % der Innsbrucker Selbständigen die einzige Einkommens-

---

[2] Anmerkung: Angaben hinsichtlich der prozentualen Verteilung von Merkmalen erfolgen im allgemeinen unter Berücksichtigung der Fehlwerte; ist dies nicht der Fall, wird dies explizit angegeben. Ist von "gültigen Prozenten" die Rede, handelt es sich um Prozentwerte unter Außerachtlassung der Fehlwerte. Auswertungen personenbezogener Daten wurden nur für die Gruppe der Gründer von Einzelunternehmen vorgenommen, wodurch sich die Fragebogenanzahl von 98 auf 71 reduzierte. Somit ergeben sich zB. für geschlechtsspezifische Auswertungen auch zT. Ergebnisse, die von jenen der gesamten Untersuchungseinheit abweichen.

quelle darstellt, nur etwa jeder zehnte Gründer (10,2 %) geht nebenbei noch einer unselbständigen Beschäftigung nach (Fehlwertquote 1,0 %). Dabei stehen 5,5 % teilerwerbsselbständigen Männern 31,3 % bei den Frauen gegenüber. Das hochsignifikante Ergebnis des Chi-Quadrat-Tests (α*=0,004) ist allerdings aufgrund unzureichender Zellenbesetzung wenig aussagekräftig.

Die Innsbrucker Gründer begannen ihre unternehmerische Tätigkeit durchschnittlich mit einem Startkapital von 33.408,37 Euro (Median allerdings nur 13.000,-- Euro, was die äußerst breite Streuung des Kapitalbedarfs illustriert). Ein Großteil der Gründungen kam mit maximal 25.000,-- Euro aus (66,4 %, unter Außerachtlassung der Fehlwerte sogar 77,4 %). Am stärksten besetzt sind die Kategorien 1-10.000,-- Euro (27,6 %) und 10.001-25.000,-- Euro (25,5 %). Gründungen ohne jegliches Startkapital machen mit 13,3 % die drittgrößte Gruppe aus. 50.001-100.000,-- Euro waren zur Realisierung von 7,1 % der Gründungsvorhaben erforderlich, mehr als 100.000,-- lediglich in 3,1 % der Fälle (Fehlwertanteil 14,3 %). Das durchschnittliche Startkapital lag bei den männlichen Entrepreneuren mit 19.765,96 Euro mehr als doppelt so hoch wie bei ihren weiblichen Pendants (8.092,31 Euro). Der Median ist mit 11.000,-- gegenüber 3.000,-- Euro sogar fast viermal so hoch. Der Unterschied ist lt. Mann-Whitney-Test signifikant (α*=0,015). Beinahe die Hälfte der Jungunternehmerinnen (46,2 %) hatte überhaupt keinen Kapitalbedarf.

Betreffend die Eigenkapitalquote zum Gründungszeitpunkt musste eine erhebliche Fehlwertquote von 38,8 % in Kauf genommen werden. Insgesamt lassen sich äußerst hohe Eigenkapitalquoten feststellen: 33,7 % (mit 55,0 % mehr als die Hälfte der gültigen Fälle) verfügten über einen Eigenkapitalanteil von über 75 %, 10,2 % (16,7 gültige %) über 26-75 %, während bei lediglich 17,3 % der Gründungen (28,3 gültige %) die Eigenkapitalquote unter 26 % angesiedelt war. Im Schnitt betrug die Quote zum Gründungszeitpunkt 65,02 %, der Median lag gar bei 100 %.

Im Rahmen der nächsten Frage wurde die Mitarbeiterzahl zum Ende des jeweiligen kalendarischen Gründungsjahres erhoben. Die Teilzeitkräfte wurden zwecks Vergleichbarkeit mit einem Faktor 0,5 in Vollzeitmitarbeiter umgerechnet. Es zeigte sich, dass die Innsbrucker Gründungsunternehmen zu Ende des Gründungsjahres im Schnitt 1,617 vollzeitbeschäftigungsäquivalente Mitarbeiter beschäftigten, der Median lag jedoch nur bei 0,5 Mitarbeitern. Beinahe die Hälfte (46,9 %) der Betriebe startete ohne jegliche Mitarbeiter, 22,4 % kamen mit 0,5-1 Beschäftigten aus, etwa gleich viele (21,4 %) mit 1,5-3 Mitarbeitern. Die Kategorien 3,5-5 (4,1 %) und >5 Mitarbeiter (5,1 %) waren ungefähr gleich schwach besetzt. Aufgeschlüsselt nach Jahrgängen ergibt sich folgendes Bild: Ende des 1. Jahres nach der Gründung waren 41,0 % der Betriebe noch reine Selbstbeschäftigungsunternehmen, Ende des 2. Jahres 32,3 % und Ende des 3. nur mehr 21,4 %. 35,9 % der Unternehmen hatten im 1. Jahr nach der Gründung ihre Beschäftigtenzahl erhöht, Ende des 2. Jahres 51,6 % und Ende des 3. Jahres nach der Gründung waren es 60,7 %.

Betreffend die Umsatzdaten des Geschäftsjahres 2001 lagen von 80,6 % der Befragten Angaben vor. Im Schnitt verzeichneten die auskunftsbereiten Gründer einen Umsatz von 324.540,57 Euro, der Median liegt mit exakt 100.000,-- Euro allerdings deutlich unter diesem Wert. 16,3 % der Unternehmen setzten 2001 weniger als 25.000,-- Euro um, mit 28,6 % (mit 35,4 % mehr als ein Drittel der gültigen Fälle) stellt die Kategorie von 25.001,-- bis 150.000,-- Euro die größte Gruppe dar. Etwas schwächer vertreten war die Kategorie 150.001-500.000,-- Euro (23,5 %), mehr als eine halbe Million Euro erwirtschafteten immerhin noch 12,2 % der Befragten.

Etwa ein Drittel (30,6 %) der Betriebsstätten befindet sich in der eigenen Wohnung des Gründers, 7,1 % sind in einem Gewerbepark angesiedelt und 61,2 % in einer sonstigen gesonderten Betriebsstätte (Fehlwertanteil 1,0 %). Gründungsunternehmen von Frauen verfügen überwiegend über keine gesonderte Betriebsstätte: 62,5 % betreiben ihr Unternehmen von der eigenen Wohnung aus, während sich dieser Anteil bei den männlichen Gründern nur auf 29,6 % beläuft. Der beobachtete Unterschied ist mit einem α^* von 0,017 lt. Chi-Quadrat-Test als signifikant anzusehen.

3.2 Gründerperson

Mit 77,5 % entfiel auf die männlichen Gründer ein mehr als dreimal so hoher Anteil wie auf die weiblichen mit lediglich 22,5 %.

Das Alter zum Gründungszeitpunkt beträgt in Innsbruck durchschnittlich 33,84 Jahre, was nur unwesentlich über dem Median von 33 Jahren liegt. Mehr als die Hälfte der Gründungen erfolgte im Alter zwischen 30 und 39 Jahren (52,1 %), dahinter folgt die Kategorie "20-29 Jahre", der nahezu jeder vierte Gründer (23,9 %) zuzurechnen ist. Eine deutliche Abnahme der Gründungsneigung läßt sich für die Altersgruppe ab 40 Jahren registrieren: die 40-49jährigen machen gerade noch 15,5 % der Gründer aus, die Generation 50+ zeichnet bloß noch für 5,6 % verantwortlich (Fehlwertquote 2,8 %).

Als höchste abgeschlossene Ausbildung zum Gründungszeitpunkt können 16,9 % der Selbständigen einen Universitäts- und 5,6 % einen Fachhochschulabschluß vorweisen. Der Anteil der BHS-Maturanten liegt bei 7,0 %, jener der AHS-Maturanten bei 12,7 %. Die mit 28,2 % relativ größte Gruppe bilden die Meister, die reinen Lehrabschlüsse machen 16,9 % aus. Fachschul-/BMS-Absolventen sind unter den Gründern nur mit 9,9 % vertreten sind. Weiters befand sich unter den Gründern lediglich 1 Person (1,4 %), die nur über einen Hauptschulabschluss verfügte (Fehlwerte 1,4 %). Das berufliche Qualifikationsniveau liegt damit bei den Unternehmensgründern deutlich über dem Bevölkerungsschnitt der Bezirke IBK-Stadt und -Land lt. einer Broschüre des Referats "Wirtschaftsförderung und Tourismus" der Stadt Innsbruck (vgl. Stadt Innsbruck, Wirtschaftsstandortkatalog: Standortdaten, S. 20).

38,0 % der Befragten bekleideten als letzten Beruf vor der Gründung eine Position als Leitender Angestellter, 29,6 % waren als "gewöhnliche" Angestellte tätig. Facharbeiter machen mit 14,1 % die drittgrößte Gruppe aus, Meister und Studenten sind mit je 4,2 % vertreten.

Im Schnitt verfügten die Innsbrucker Unternehmer zum Gründungszeitpunkt über 10,09 Jahre Branchenerfahrung, was praktisch ident ist mit dem Median von 10 Jahren. Das Spektrum erstreckt sich dabei von minimal 0 bis maximal 35 Jahren. Über keinerlei Branchenkenntnisse verfügten lediglich 11,3 %, je ein Viertel war bereits 1-5 (25,4 %) bzw. 6-10 Jahre (26,8 %) in der respektiven Branche tätig. 11-15 Jahre Erfahrung konnten 18,3 % der Gründer vorweisen, jeweils 8,5 % 16-20 bzw. mehr als 20 Jahre (Fehlwertanteil 1,4 %).

Die durchschnittliche Führungserfahrung zum Gründungszeitpunkt lag erwartungsgemäß deutlich unter dem Ausmaß an Branchenerfahrung. Bei einer Streuung zwischen minimal 0 und maximal 25 Jahren ergab sich ein Mittelwert von 4,87 Jahren, der gegenüber Verzerrungen durch Ausreißer robustere Median liegt mit 2 Jahren allerdings fast um den Faktor zweieinhalb darunter. 33,8 % der Gründer starteten ohne jegliche Führungserfahrungen in die Selbständigkeit, vier von zehn (39,4 %) waren hingegen 1-5 Jahre mit Führungsagenden betraut gewesen. Die weiteren Kategorien sind deutlich schwächer besetzt: konnten 14,1 % noch auf 6-10 Jahre Führungserfahrung zurückblicken, sind die Kategorien 11-15 Jahre (4,2 %), 16-20 Jahre (5,6 %) und >20 Jahre (2,8 %) nur marginal besetzt.

Im Rahmen der nächsten Frage wurden die Gründer ersucht, ihre wichtigsten Motive für den Entschluss zur Unternehmensgründung anzugeben. Bis zu drei Nennungen waren möglich. 80,3 % der Befragten schöpften diesen Rahmen auch aus, 15,5 % nannten zwei Motive und 4,2 % lediglich eines.

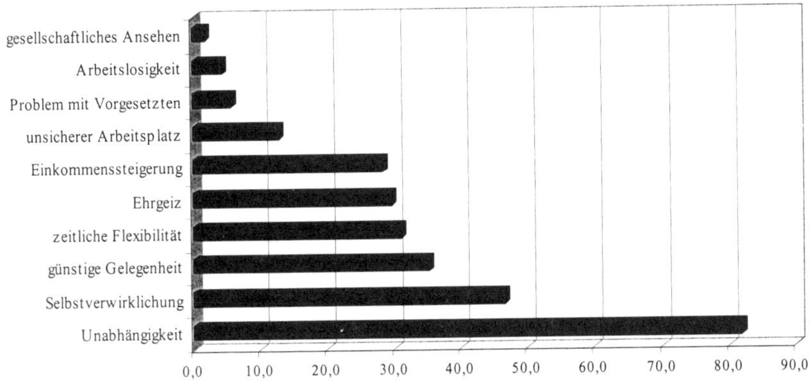

Abbildung 1: Gründungsmotivation
Quelle: eigene Darstellung

Die mit überwältigendem Abstand meisten Nennungen entfielen auf das Motiv "Unabhängigkeit" mit 81,7 %, nahezu jeder Zweite (46,5 %) gab "Selbstverwirklichung" als Beweggrund an. Etwas abgeschlagen folgen dann das "Wahrnehmen einer günstigen Gelegenheit" (35,2 %), "mehr zeitliche Flexibilität" (31,0 %), "Ehrgeiz" (29,6 %) und, erst auf dem sechsten Platz, "Einkommenssteigerung" mit 28,2 %.

Interessant ist, dass nur 4,2 % "Arbeitslosigkeit" als Motiv angaben, aber mit 12,7 % der Beweggrund "unsicherer Arbeitsplatz" eine dreimal so häufige Nennung erfuhr - die Innsbrucker Unternehmensgründer scheinen also überwiegend nicht erst abzuwarten, bis sie ihren Arbeitsplatz verlieren, sondern bereits vorher zum "Präventivschlag" auszuholen und die Alternative berufliche Selbständigkeit in Angriff zu nehmen.

Weiters ist noch eine klare Dominanz von Pull-Motiven feststellbar. Motivationsunterschiede waren teilweise in Funktion des Ausbildungsniveaus festzustellen: im "oberen" Ausbildungssegment (ab einschließlich Matura) war das Bedürfnis nach "Selbstverwirklichung" nahezu dreimal so häufig anzutreffen (73,3 % zu 25,0 %; $\alpha^*=0{,}000$ lt. Chi-Quadrat-Test). Ein "unsicherer Arbeitsplatz" bildete hingegen im "unteren" Ausbildungssegment in 22,5 % der Fälle eine Komponente der Gründungsmotivation, während im "oberen" Segment überhaupt niemand dieses Motiv nannte. Der hochsignifikante Chi-Quadrat-Test ($\alpha^*=0{,}005$) leidet allerdings an unzureichender Zellenbesetzung. Das "Wahrnehmen einer günstigen Gelegenheit" war im "unteren" Segment nahezu doppelt so häufig (45,0 % zu 23,3 %) gründungsrelevant, der Unterschied fällt allerdings nur tendenziell aus (α*=0,061).

Eine geschlechtsspezifische Analyse zeigte, dass ein "unsicherer Arbeitsplatz" bei Frauen überhaupt keine Rolle in Bezug auf die Selbständigwerdung spielte, während 16,4 % der Männer dieses Motiv nannten. Der Unterschied ist mit einem Signifikanzniveau von 0,083 allerdings nur tendenziell und der Chi-Quadrat-Test aufgrund mangelnder Zellenbesetzung ohnehin wenig aussagekräftig. "Mehr zeitliche Flexibilität" nannten Frauen fast doppelt so häufig als Beweggrund wie Männer (50,0 % zu 25,5 %), was aufgrund der traditionellen Mehrfachbelastung nicht alleinstehender Frauen (Haushalt, Kinder) auch plausibel erscheinen mag. Die ohnehin nur tendenzielle Signifikanz von 0,062 kann allerdings aufgrund unzureichender Zellenbesetzung nicht als gesichert angesehen werden. Der Aspekt "Einkommenssteigerung" schien hingegen bei Männern stärker bei ihrer Gründungsentscheidung ins Gewicht zu fallen (32,7 % zu 12,5 %). α* verfehlt mit 0,113 allerdings sogar die Grenze für einen tendenziellen Zusammenhang und leidet zudem an mangelnder Zellenbesetzung.

Hinsichtlich der Gründungsmotivation waren zwischen Neugründern und Übernehmern in zwei Fällen Unterschiede feststellbar: während "Selbstverwirklichung" für 53,2 % der Neugründer ein Anliegen ist, erfuhr dieser Beweggrund keine einzige Nennung bei den Übernahmen. Der hochsignifikante Unterschied lt. Chi-Quadrat-Test (α*=0,003) ist aufgrund unzureichender Zellenbesetzung allerdings nicht wirklich aussagekräftig. Dennoch scheint es plausibel, dass Selbstverwirklichung bei Neugründungen eine größere Rolle spielt, da dem Gründer hier wesentlich mehr Gestaltungsspielraum offen steht. "Einkommenssteigerung" wurde hingegen von den derivativen Gründern doppelt so häufig genannt (55,6 % zu 24,2 %). Der Unterschied, der die Signifikanzgrenze mit 0,051 knapp verfehlt, leidet jedoch ebenfalls an mangelnder Zellenbesetzung.

3.3 Standortfaktoren

Im Rahmen dieser Frage sollten die Jungunternehmer eine Batterie von 16 Standortfaktoren nach deren Bedeutung (von 1 = sehr wichtig bis 5 = unwichtig) für ihr Unternehmen sowie nach ihrer Qualität (von 1 = sehr zufrieden bis 5 = unzufrieden) bewerten.[3]

Rang	Bedeutung	Standortfaktor	Rang	Zufriedenheit	Rang	Differenz Zufriedenheit / Bedeutung
01.	2,11	Unbürokratische Arbeitsweise der Behörden	**10.**	3,00	**12.**	**-0,89**
02.	2,18	Nachfragesituation / Marktwachstum	**06.**	2,53	**09.**	**-0,35**
03.	2,21	Verkehrslage im Ort (Erreichbarkeit für Kunden, Parkplatzsituation, Lademöglichkeiten)	**07.**	2,66	**10.**	**-0,45**
04.	2,30	Lohnkostenniveau	**15.**	3,84	**16.**	**-1,54**
05.	2,38	Verfügbarkeit qualifizierter Arbeitskräfte	**12.**	3,28	**13.**	**-0,90**
06.	2,40	Lage zum Absatzmarkt	**03.**	2,30	**05.**	**+0,10**
07.	2,45	Abgabenbelastung	**14.**	3,66	**15.**	**-1,21**
08.	2,49	Verkehrsanbindung (Bahn-, Luft-, Straßenverkehr)	**03.**	2,30	**04.**	**+0,19**
09.	2,51	Kundenfrequenz	**05.**	2,46	**06.**	**+0,05**
10.	2,64	Versorgungs- und Entsorgungsinfrastruktur	**01.**	2,29	**03.**	**+0,35**
11.	2,67	Konkurrenzsituation	**09.**	2,79	**07.**	**-0,12**
12.	2,82	Wirtschaftspolitik der Gemeinde	**11.**	3,01	**08.**	**-0,19**
13.	2,86	Lage zum Beschaffungsmarkt	**01.**	2,29	**01.**	**+0,57**
14.	2,90	Förderungen durch die Gemeinde	**16.**	3,86	**14.**	**-0,96**
15.	2,92	Gewerbeflächenpreise	**13.**	3,53	**11.**	**-0,61**
16.	3,22	Gewerbeflächenangebot (Gewerbeflächengröße und -zuschnitt, Expansionsmöglichkeiten)	**08.**	2,77	**02.**	**+0,45**

Tabelle 1: Standortfaktorenbewertung

Quelle: eigene Darstellung

Den Faktoren "Unbürokratische Arbeitsweise der Behörden", "Nachfragesituation/ Marktwachstum" sowie "Verkehrslage im Ort" wird von den Innsbrucker Gründern die meiste ***Bedeutung*** beigemessen. Auf den Rängen 4 bzw. 5 folgen die Variablen "Lohnkostenniveau" und "Verfügbarkeit qualifizierter Arbeitskräfte". Am unteren Ende der Skala finden sich neben "Gemeindeförderungen" auch "Gewerbeflächenpreise" und "-angebot".

[3] Anmerkung: Angesichts der unterschiedlichen Nennungshäufigkeit der einzelnen Standortfaktoren – 90 Angaben zum Faktor "Behörden" standen beispielsweise nur 79 zum Faktor Gewerbeflächenangebot gegenüber - bei der Bewertung ihrer Bedeutung für das jeweilige Unternehmen erschien eine Gewichtung erforderlich. Dabei wurde unterstellt, dass nicht bewertete Standortfaktoren vom jeweiligen Unternehmer als "unwichtig" eingestuft werden - ihnen wurde folglich der Wert "5" zugewiesen. Hinsichtlich der Zufriedenheit erfolgte keine derartige Gewichtung, da in diesem Fall aus einer Nicht-Bewertung keinerlei logische Schlüsse auf die Zufriedenheit abgeleitet werden können.

Hinsichtlich der Zufriedenheit schneiden "Ver-/Entsorgung", die "Lage zu Beschaffungs- bzw. Absatzmärkten" sowie die "Verkehrsanbindung" am besten ab, gefolgt von "Kundenfrequenz" und "Nachfragesituation/Marktwachstum". Am hinteren Ende der Rangliste begegnet man neben überwiegend national determinierten Faktoren wie "Abgabenbelastung" und "Lohnkostenniveau" (nur 8 % respektive 9 % sind damit sehr zufrieden oder zumindest zufrieden) auch dem "Arbeitskräfteangebot", "Gewerbeflächenpreisen" und den "Gemeindeförderungen" auf dem letzten Platz (was aufgrund deren praktischer Nichtexistenz nicht weiter überrascht).

Stellt man die Zufriedenheit zwecks exakterer Eruierung des Verbesserungspotentials explizit der Bedeutung gegenüber, befinden sich folgende Faktoren im "Plus": "Lage Beschaffungsmarkt", "Ver-/Entsorgung", "Verkehrsanbindung", "Lage Absatzmarkt", "Kundenfrequenz" sowie auch das "Gewerbeflächenangebot" (Letzteres wohl auch bedingt durch den hohen Anteil an Gründungen ohne gesonderte Betriebsstätte). Im unteren Drittel haben "Lohnkostenniveau" und "Abgabenbelastung" die "Gemeindeförderungen" vom letzten Platz verdrängt, dicht gefolgt von den Faktoren "Arbeitskräfte" und "Behörden".

Kondensiert man die Zufriedenheit mit den jeweiligen Standortfaktoren zu einer einzigen Kennzahl, indem man die Qualität der Standortfaktoren mit ihren Bedeutungsgraden gewichtet, erhält man den Wert 2,91. Der durchschnittliche Bedeutungsgrad der Faktoren beträgt 2,57, es ergibt sich also insgesamt eine leicht negative Abweichung von -0,34. Zusammenfassend läßt sich somit festhalten, dass der Wirtschaftsstandort Innsbruck hinsichtlich der erhobenen Faktoren von den Gründern nur als "mittelmäßig attraktiv" eingestuft wird.

Der "Verfügbarkeit qualifizierter Arbeitskräfte" wird von Unternehmen mit mehr als einem Mitarbeiter durchschnittlich eine Bedeutung von 1,47 beigemessen, während solche mit bis zu einem Mitarbeiter diesen Faktor nur mit 3,22 bewerten. Nicht ganz so drastisch, aber dennoch mehr als deutlich sind die Unterschiede beim "Lohnkostenniveau": dem Wert 1,62 bei mehr als 1 Mitarbeiter steht die Note 2,92 in der anderen Gruppe gegenüber. Die Unterschiede weisen lt. Mann-Whitney-Test in beiden Fällen ein α^* von 0,000 auf und sind damit als sehr signifikant einzustufen. In obiger Standortfaktoren-Rangliste würden die Punkte "Arbeitskräfte" und "Lohnkostenniveau" folglich bei den Firmen mit mehr als einem Beschäftigten mit großem Vorsprung die Plätze 1 und 2 belegen.

Ein ähnliches Bild zeigt sich im Bereich der Gewerbeflächen, wenn man eine separate Auswertung in Abhängigkeit des Orts der Betriebsstätte vornimmt. Ist die Betriebsstätte in der eigenen Wohnung angesiedelt, wird die Bedeutung des "Gewerbeflächenangebots" nur mit 3,83 (Median 5,00), jene der "Gewerbeflächenpreise" mit 3,77 (Median 5,00) eingeschätzt. Verfügt das Unternehmen hingegen über eine gesonderte Betriebsstätte oder befindet es sich in einem Gewerbepark, wird den beiden Faktoren mit 2,93 (Median 2,00) respektive 2,51 (Median 2,00) deutlich mehr Bedeutung zugestanden. Die Unterschiede sind lt. Mann-Whitney-Test in beiden Fällen hochsignifikant, α^* liegt für die Variable "Gewerbeflächenangebot" bei 0,010, für die "Gewerbeflächenpreise" gar bei 0,002.

3.4 Gründungsprozess

Die Vorbereitungsdauer der Innsbrucker Existenzgründer beträgt durchschnittlich 5,78 Monate (Median 5 Monate), die Bandbreite erstreckt sich von keinerlei Vorbereitung bis zu einem Zeitraum von maximal 24 Monaten (Fehlwertanteil 2,0 %). Ohne jegliche Vorbereitung kamen lediglich 8,2 % aus, die Kategorien 1-3 Monate (30,6 %) und 4-6 Monate (32,7 %) sind am stärksten besetzt. Immerhin fast jeder Vierte (23,5 %) bereitete sich 7-12 Monate auf die Gründung vor, während nur 3,1 % dafür mehr als ein Jahr benötigten.

Zum schriftlichen Planungsverhalten lagen von 96,9 % der Befragten Daten vor. Während der durchschnittliche Planungszeitraum sich noch auf 8,07 Monate beläuft, liegt der Median mit 3 Monaten deutlich darunter, der "Rekordwert" bei 48 Monaten. 35,7 % der Gründer verzichteten auf jegliche schriftliche Planung. Die Kategorien 1-3 Monate (13,3 %), 4-6 Monate (16,3 %) und 7-12 Monate (17,3 %) sind in etwa gleich stark besetzt. Über einen Horizont von 1 Jahr hinaus formulierten lediglich 14,3 % schriftliche Pläne.

Hinsichtlich des Beratungsbedarfs (bis zu 4 Nennungen möglich) erwies sich der Bereich "Rechtliche Bestimmungen" als dominierend - mehr als die Hälfte (51,0 %) der Befragten war diesbezüglich auf Beratung angewiesen. Mit deutlichem Abstand folgen dann die Themen "Förderungen" (31,6 %), "Kosten der Betriebsgründung" (28,6 %) und "Kapitalbedarf und Finanzierung" (26,5 %) (wie ersichtlich alle drei finanzieller Natur).

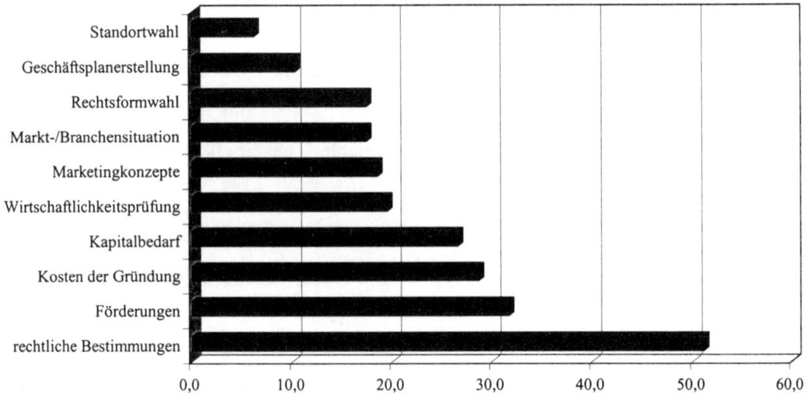

Abbildung 2: Beratungsbedarf
Quelle: eigene Darstellung

Etwa jeder fünfte bis sechste Befragte kreuzte die Bereiche "Wirtschaftlichkeitsprüfung" (19,4 %), "Marketingkonzepte" (18,4 %), "Markt-/Branchensituation" oder "Rechtsformwahl" (ebenfalls 17,3 %) an. Auf den beiden letzten Plätzen finden sich die Themen "Geschäftsplanerstellung" mit 10,2 % - angesichts des eher dürftigen schriftlichen Planungsverhaltens nicht überraschend - und "Standortwahl" mit 6,1 %.

Von den verfügbaren Institutionen und Beratern wurden Steuerberater mit 80,6 % am häufigsten konsultiert, den 2. Platz nimmt die Wirtschaftskammer ein (75,5 %), dicht gefolgt von Banken (74,5 %), Gewerbebehörde (72,4 %) und Gewerblicher Sozialversicherung (70,4 %). Mit einigem Abstand am sechsten Rang findet sich das Finanzamt (55,1 %), beinahe die Hälfte der Befragten wandte sich an das Gründerservice (43,9 %).

Rang	Häufigkeit	Institutionen und Berater	Rang	Zufriedenheit
01.	80,6 %	Steuerberater	**01.**	1,82
02.	75,5 %	Wirtschaftskammer	**05.**	2,32
03.	74,5 %	Banken	**04.**	2,29
04.	72,4 %	Gewerbebehörde	**06.**	2,42
05.	70,4 %	Gewerbliche Sozialversicherung	**08.**	2,80
06.	55,1 %	Finanzamt	**09.**	2,89
07.	43,9 %	Gründerservice	**07.**	2,56
08.	33,7 %	Rechtsanwalt	**02.**	1,85
09.	29,6 %	Unternehmensberater	**03.**	2,21
10.	29,6 %	Arbeitsmarktservice	**10.**	2,90
11.	10,2 %	Junge Wirtschaft	**11.**	3,10
12.	4,1 %	Gewerbepark	**12.**	4,50

Tabelle 2: Konsultierte Institutionen und Berater
Quelle: eigene Darstellung

Hinsichtlich der Zufriedenheit (Bewertung auf einer Skala von 1 = sehr zufrieden bis 5 = unzufrieden) mit den jeweiligen Gründungshelfern und Behörden bekleiden Steuerberater (1,82) und Rechtsanwälte (1,85) mit einigem Vorsprung die Plätze 1 und 2. Ein gutes Zeugnis stellten die Befragten auch den Unternehmensberatern (2,21), Banken (2,29) und der Wirtschaftskammer (2,32) sowie der Gewerbebehörde (2,42) aus. Beim Gründerservice (2,56) tendiert das Ausmaß der Zufriedenheit schon leicht Richtung "mittel".

Es zeigte sich, dass Männer im Rahmen ihrer Gründungsvorbereitungen eine signifikant höhere Anzahl an Institutionen und Beratern konsultierten als Frauen (6,20 zu 4,62 im Schnitt, die Mediane sind mit 6,0 zu 4,5 praktisch ident; α*=0,022 lt. Mann-Whitney- Test). Während mit 45,5 % beinahe die Hälfte der Jungunternehmer die Dienste von 7 oder mehr der angeführten Gründungshelfer beanspruchte, waren dies bei den Jungunternehmerinnen nur 18,8 %.

63,3 % der Befragten bewerteten den Einfluss von Gesetzen auf ihre Unternehmensgründung als "neutral" - gesetzliche Vorschriften werden offenbar überwiegend als "notwendiges Übel" betrachtet. Nur 13,2 % empfanden die bestehenden gesetzlichen Regelungen als "fördernd" oder "sehr fördernd", während 19,3 % sie als "hinderlich" oder gar "sehr hinderlich" beurteilten. Der Mittelwert der Bewertungen lag bei 3,06 (Schulnotenskala von 1-5; Fehlwertquote 4,1 %).

Ähnlich wurde der Einfluss von Behörden auf die Gründung eingeschätzt. Mit 3,15 ergab sich allerdings ein etwas schlechterer Mittelwert, und mit insgesamt 29,6 % erlebten deutlich mehr Personen die Behörden als "hinderlich" oder "sehr hinderlich". Nichtsdestotrotz gaben immerhin 17,4 % der Befragten an, positive Erfahrungen mit Behörden gemacht zu haben, die sich auf ihr Gründungsvorhaben "fördernd" oder "sehr fördernd" auswirkten.

14,3 % der Jungunternehmer waren der Auffassung, dass ihr Gründungsvorhaben durch Genehmigungsverfahren verzögert wurde (Fehlwertanteil 2,0 %). Wenngleich sich der Anteil der Verzögerungen an den gesamten Gründungen zwar noch relativ bescheiden ausnimmt, sticht doch ins Auge, dass beim Auftreten von Verzögerungen diese gleich sehr lange ausfallen: durchschnittlich 3,1 Monate für die 13 verzögerten Gründungen, für die Angaben zur Dauer der Verzögerung vorlagen. Fast zwei Drittel (61,5 %) der Verzögerungen nahmen 1-3 Monate in Anspruch, beinahe ein Drittel (30,8 %) schlug sogar mit 4-6 Monaten zu Buche. Lediglich eine Verzögerung (7,7 %) belief sich auf weniger als 1 Monat.

Während in etwa der Hälfte der Fälle konkrete Gründe für die Verzögerung genannt wurden, wurden in den restlichen Fällen allgemeine Begriffe wie "Beamtentum", "Bürokratie" oder "keine Hinweise" verantwortlich gemacht oder aber überhaupt diesbezügliche Ratlosigkeit zum Ausdruck gebracht ("wenn ich das wüsste ...", "?"). Inwiefern für diese restlichen Verzögerungen nun handfeste und gerechtfertigte Ursachen vorgelegen haben mögen oder aber sie tatsächlich nur einer mangelhaften Arbeitsweise der zuständigen Behörden zuzuschreiben sind, lässt sich an dieser Stelle nicht eruieren, jedoch kann man konstatieren, dass es seitens mancher Behörden offenbar an Willen und/oder Vermögen mangelt, die Gründe den Betroffenen auch klar und verständlich zu vermitteln.

Ein mit 33,7 % verhältnismäßig hoher Anteil der Befragten gab an, Förderungen für ihre Gründungsvorhaben in Anspruch genommen zu haben. Allerdings relativiert sich diese Zahl, wenn man die beanspruchten Förderungen genauer unter die Lupe nimmt: 18,2 % der Förderungen entfielen nämlich auf die relativ geringfügigen Förderungen, die im Rahmen des Neugründungsförderungsgesetzes gewährt werden, ebenso viele auf nicht näher spezifizierte oder zuordenbare "Sonstige Förderungen". Den größten Anteil machten mit 39,4 % Förderungen des Landes Tirol bzw. Darlehen des Tiroler Wirtschaftsförderungsfonds aus, Bürgerförderungen waren hingegen mit lediglich 15,2 % vertreten. 9,1 % der Geförderten nahmen das Unternehmensgründungsprogramm des Arbeitsmarktservice in Anspruch (Fehlwertquote 1,0 %).

An vorderster Front der genannten Probleme im Verlauf der Gründung (bis zu 4 Nennungen möglich) finden sich mit "Behörden und administrativen Belastungen" die "üblichen Verdächtigen", welche für fast jeden zweiten Jungunternehmer (46,9 %) ein Handicap darstellten. Die zweithäufigste Nennung erfuhr mit "Stress / Freizeitmangel" (37,8 %) ein Problem, das eigentlich nicht direkt mit der unternehmerischen Tätigkeit zusammenhängt, sondern lediglich eine Folge derselben darstellt. Ungefähr jeder dritte Entrepreneur (32,7 %) fasste die "Kundenakquisition" als problematisch auf, der Aspekt "Informationsbeschaffung und Beratung" rangiert mit 28,6 % knapp dahinter. Mit etwas Abstand folgen dann "Finanzierung" und "hohe Personal- und Lohnnebenkosten" (je 22,4 %), als praktisch gleich diffizil erwies sich der "Zugang zu Förderungen" (21,4 %), gefolgt von der "Konkurrenz durch Mitbewerber" (19,4 %).

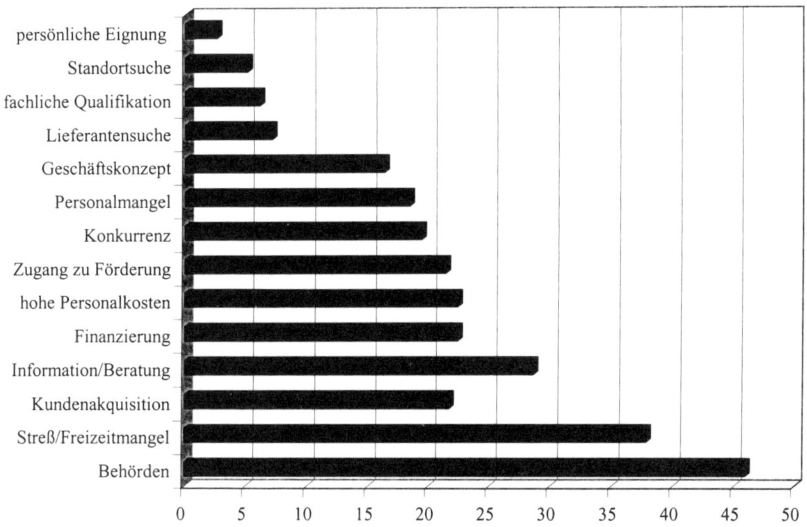

Abbildung 3: Problembereiche
Quelle: *eigene Darstellung*

An letzter Stelle mit lediglich 2,0 % rangiert schließlich der Punkt "mangelnde persönliche Eignung" - die Befragten scheinen sich selbst also mit überwältigender Mehrheit als den Anforderungen des Unternehmerberufs gewachsen zu betrachten. Allerdings muss in diesem Zusammenhang erwähnt werde, dass z.B. auch gescheiterte Unternehmer die Gründe für ihren Misserfolg meist nicht bei sich selbst suchen, sondern eher Umweltbedingungen verantwortlich machen (Wanzenböck, 1999, S. 66f).

Hinsichtlich des Problems der Finanzierung des Gründungsvorhabens zeigt sich bei näherer Betrachtung, dass die Finanzierung erst jenseits eines Kapitalbedarfs von 25.000,-- Euro zu einem massiven Problem wird – 57,9 % sprechen von einem Finanzierungsproblem, verglichen mit lediglich 12,3 % unterhalb und einschließlich dieser Schwelle. In der Gruppe, die Finanzierungsprobleme hatte, belief sich das Startkapital im Schnitt auf 92.400,16 Euro (Median 30.000,-- Euro), während der Kapitalbedarf in der Vergleichsgruppe nur bei 16.164,62 Euro lag (Median 10.000,-- Euro). Der Unterschied ist lt. Mann-Whitney- Test hochsignifikant (α^*=0,010).

Ein Drittel (33,3 %) der Jungunternehmer, die ein Förderprogramm in Anspruch nahmen, empfand den Zugang zu Förderungen als problematisch. Im Detail betrachtet zeigt sich, dass sich der Zugang zu "Neufög" und "Sonstigen Förderungen" als weitgehend unkompliziert darstellt, während mehr als die Hälfte (53,8 %) der Bezieher von Landesförderungen diesbezügliche Hürden ortete. Hinsichtlich der Bürgerförderungen ist dieser Anteil mit 40 % kaum geringer.

In Funktion der Gründungsart konnten zwar keine Unterschiede betreffend die Anzahl der perzipierten Problembereiche festgestellt werden, jedoch sehr wohl hinsichtlich deren Natur. So erfuhr das Thema "Informationsbeschaffung und Beratung" bei den Neugründern eine beinahe dreimal so häufige Nennung (32,9 % zu 10,5 %), das Signifikanzniveau wird mit α^*=0,052 lt. Chi-Quadrat-Test allerdings knapp verfehlt. Hochsignifikant fielen die Unterschiede hingegen beim Problemkomplex "Kundenakquisition" (α^*=0,005) aus: während 39,2 % der Neugründer diesbezügliche Schwierigkeiten angaben, waren es auf Seiten der Übernehmer nur 5,3 % - was den Erwartungen entspricht, da derivative Gründungen im Normalfall auf einen bestehenden Kundenstamm zurückgreifen können und bereits einen gewissen Bekanntheitsgrad sowie idealerweise eine gute Reputation genießen. Weiters zeigte sich noch, dass Betriebsübernahmen häufiger mit Problemen betreffend "Mangel an qualifiziertem Personal" (36,8 % zu 13,9 %) sowie "hohe Personal- und Lohnnebenkosten" (36,8 % zu 19,0 %) konfrontiert waren, jedoch sind der signifikante Unterschied im ersten Fall (α^*=0,021) sowie der tendenzielle im zweiten (α^*=0,094) aufgrund mangelnder Zellenbesetzung des Chi-Quadrat-Tests nur beschränkt aussagekräftig. Allerdings würden sich die Ergebnisse gut mit den Erwartungen decken, zumal die Betriebsübernahmen über eine höhere initiale Beschäftigtenzahl verfügten.

Könnten sie das Rad der Zeit zurückdrehen und ihr Gründungsvorhaben noch einmal realisieren, würden 48,0 % der Jungunternehmer alles vollkommen gleich machen. 51,0 % räumen hingegen gewisse Fehler im Gründungsmanagement ein, von 1,0 % lagen dazu keine Angaben vor.

Jeder vierte Gründer (26,8 %) ist der Auffassung, dass eine intensivere Planung hilfreich gewesen wäre. Interessant ist dabei, dass jene Befragten, die sich für eine intensivere Planung aussprachen, diesen Aspekt des Gründungsmanagements keineswegs vernachlässigt und nicht seltener oder kürzer als die Vergleichsgruppe geplant hatten.

"Mehr Informationen über Markt und Branche einholen" halten 15,5 % der Jungunternehmer für empfehlenswert, ungefähr gleich viele (14,4 %) würden "mehr Beratungsleistungen in Anspruch nehmen". Auffällig ist, dass dreimal so viele Frauen wie Männer der Meinung sind, sie hätten mehr Beratungsleistungen in Anspruch nehmen sollen (37,5 % zu 13,0 %). Die Zellenbesetzung des signifikanten Chi-Quadrat-Tests ($\alpha^*=0,027$) ist allerdings unzureichend. Jedoch scheint dieses Ergebnis der Beobachtung zu entsprechen, dass die Gründerinnen eine geringere Anzahl an Institutionen und Beratern konsultierten.

Weiters würden 17,9 % der Neugründer "mehr Beratungsleistungen in Anspruch nehmen", während dies auf keinen einzigen derivativen Gründer zutrifft. Die Zellenbesetzung des signifikanten Chi-Quadrat-Tests ($\alpha^*=0,046$) ist allerdings unzureichend. Im Gegenzug sind 31,6 % der Übernehmer gegenüber 11,5 % auf Seiten der Neugründer der Ansicht, sie hätten "mehr Informationen über Markt und Branche einholen" sollen, wieder leidet die Aussagekraft des signifikanten Ergebnisses ($\alpha^*=0,030$) allerdings unter unzureichender Zellenbesetzung.

Zwar bereut nur jeder neunte Gründer (11,3 %) seine Standortwahl, angesichts der Tragweite einer derartigen Entscheidung für den Erfolg/Misserfolg eines Unternehmens scheint hier allerdings eine detailliertere Analyse angebracht. Es lässt sich feststellen, dass die Unzufriedenheit mit dem gewählten Standort nicht in einer Beziehung zu einem der beiden Bezirke steht - 22,2 % in IBK-Stadt stehen 10,4 % in IBK-Land gegenüber. Auffällig ist hingegen, dass sämtliche Gründer, bei denen Beratungsbedarf betreffend die Standortwahl bestand, zufrieden mit ihrem jetzigen Unternehmenssitz sind, während kein einziger der Befragten, die ihre Standortwahl bereuen, einen diesbezüglichen Beratungsbedarf verspürte. Dies lässt vermuten, dass die Fehlentscheidung durch Inanspruchnahme diesbezüglicher Beratungsleistungen womöglich verhindert werden hätte können.

Hinsichtlich der Bewertung der Standortqualität zeigte sich in der Gruppe der Gründer, die Fehler bei der Standortwahl einräumten, eine wesentlich größere Dissatisfaktion in Bezug auf 5 Faktoren: betreffend die Variablen "Gewerbeflächenangebot" (Mittelwertdifferenz +1,02,

$\alpha^*=0{,}009$), "Gewerbeflächenpreise" (+1,08, $\alpha^*=0{,}003$), "Lage zum Beschaffungsmarkt" (+0,85, $\alpha^*=0{,}007$) und "Lage zum Absatzmarkt" (+1,13, $\alpha^*=0{,}001$) sind die Unterschiede hochsignifikant, hinsichtlich der "Kundenfrequenz" (+0,95, $\alpha^*=0{,}020$) immer noch signifikant lt. Mann-Whitney-Test.

Das geringste Verbesserungspotential wurde mit 7,2 % bei der Rechtsformwahl registriert. Nur eines der sieben mit ihrer Rechtsformwahl unzufriedenen Unternehmen hat auch tatsächlich eine Rechtsformänderung durchgeführt.

3.5 Erfolgsdeterminanten

Auf die Frage nach der ***Wiederholungsabsicht*** ("Würden Sie Ihren Schritt in die Selbständigkeit bei Ihrem jetzigen Wissensstand über die Anforderungen an einen Unternehmensgründer wiederholen ?") antwortete eine überwältigende Mehrheit von 91,8 % mit "Ja"; lediglich 6,1 % kreuzten "Nein" an, von 2,0 % fehlten diesbezügliche Angaben. Während nur 3,7 % der Männer ihr Gründungsvorhaben nicht noch einmal umsetzen würden, lag dieser Anteil bei den weiblichen Jungunternehmern bei 18,8 %. Der signifikante Chi-Quadrat-Test ($\alpha^*=0{,}040$) weist allerdings eine unzureichende Zellenbesetzung auf.

Als zentrales Erfolgsmaß soll im Folgenden der "subjektive Unternehmenserfolg" – die Einschätzung des Erfüllungsgrads initialer Erfolgserwartungen – herangezogen werden. Diese Größe bietet sich an, weil sie den Erfolg implizit in Relation zu den tatsächlichen Zielen der Gründer beleuchtet und ihnen nicht normativ Intentionen wie bspw. ein bestimmtes Mitarbeiterwachstum "aufoktroyiert", die diese gar nicht notwendigerweise verfolgen müssen.[4] Zudem wird unterstellt, dass die subjektive Erfolgsperzeption entscheidend für die Fortführung oder Einstellung eines Unternehmens ist - zumindest geben 83,3 % der Gründer, die ihren Schritt in die Selbständigkeit nicht wiederholen würden, an, dass der Erfolg unter ihren Erwartungen blieb. Ergänzend sollen angesichts des Pleomorphismus des Erfolgsphänomens[5] noch das

[4] Anmerkung: Vesper unterscheidet bspw. drei verschiedene Gründertypen: den "unabhängigkeitsorientierten" Gründer, für den "persönliche Unabhängigkeit und Existenzsicherung" im Vordergrund seiner unternehmerischen Aktivität stehen, den "profitorientierten" Gründer mit stark ausgeprägtem Gewinnstreben sowie den "wachstumsorientierten" Gründer, der die Intention verfolgt, ein schnellwachsendes, expandierendes Unternehmen aufzubauen (vgl. Vesper, K.H. (1982), S. 321ff, zit. nach Lichtblau, M. (1999), S. 52).

[5] Anmerkung: Brüderl et al. kommen zB. im Rahmen ihrer "Münchner Gründerstudie" zur Auffassung, dass "Erfolg offenbar unterschiedliche Facetten hat" und stellen die Forderung nach "Mehrfachindikatorisierung" (vgl. Brüderl et al. (1996), S. 103). Zu Methoden und Problemen der Erfolgsmessung vgl. Zoller, G. (2003), S. 18-23.

durchschnittliche jährliche Mitarbeiterwachstum[6] sowie, mit Einschränkungen, der Umsatz 2001 als Erfolgsindikatoren herangezogen werden.

Hinsichtlich des subjektiven Unternehmenserfolgs gaben exakt 50,0 % an, dass sich ihre diesbezüglichen Erwartungen zum Gründungszeitpunkt erfüllt hätten. Etwa jeder Fünfte (20,4 %) ist mit dem Erreichten nicht vollkommen zufrieden, aber nur 2,0 % gaben an, dass sich ihre Erwartungen überhaupt nicht erfüllt hätten. In mehr als einem Viertel der Fälle (27,5 %) übersteigt der Erfolg hingegen die Erwartungen, bei jeder zehnten Gründung (10,2 %) sogar deutlich. Insgesamt ergibt sich ein leicht positiver Mittelwert von 2,87 (Schulnotenskala von 1-5). Während 29,1 % der Männer feststellten, dass ihre Erwartungen übertroffen oder gar deutlich übertroffen wurden, war dies nur bei 6,3 % der Frauen der Fall. Hingegen stehen einem Anteil an unzufriedenen Gründern von 18,2 % bei den Gründerinnen 50,0 % gegenüber. Die Männer beurteilten ihren Gründungserfolg im Schnitt mit 2,82, während der Mittelwert bei den Frauen mit 3,44 wesentlich schlechter ausfällt. Dieser Unterschied ist lt. Mann-Whitney-Test hochsignifikant (α^*=0,007).

Analysiert man die Interkorrelationen der einzelnen Erfolgsindikatoren, zeigt sich eine ebenso ausgeprägte wie hochsignifikante Korrelation zwischen dem Umsatz 2001 (rho=0,340, α^*=0,002) und der subjektiven Erfolgseinschätzung. Zwischen subjektivem Unternehmenserfolg und Mitarbeiterwachstum ergibt sich hingegen nur eine tendenzielle, schwache Korrelation (rho=0,185, α^*=0,069). Eine ausgeprägte positive Beziehung zu subjektivem Gründungserfolg (rho=0,377, α^*=0,003) sowie Umsatzhöhe (rho=0,378, α^*=0,006) lässt sich auch für die Veränderung der Eigenkapitalquote zwischen Gründungszeitpunkt und Untersuchungszeitpunkt feststellen.

Im Folgenden soll der Einfluss diverser Unternehmenscharakteristika zum Gründungszeitpunkt auf den Erfolg analysiert werden. Als zuverlässigster Erfolgsprädiktor erweist sich dabei die Mitarbeiterzahl Ende des Gründungsjahres, die mit allen 3 Erfolgsmaßen signifikant positiv korreliert (subjektiver Unternehmenserfolg rho=0,202, α^*=0,046; Mitarbeiterwachstum rho=0,312, α^*=0,002), am stärksten mit dem Umsatz (rho=0,758, α^*=0,000). Für die Startkapitalhöhe lässt sich immerhin noch ein positiver Einfluss auf die subjektive Erfolgseinschätzung (rho=0,249, α^*=0,023) und den Umsatz (rho=0,403, α^*=0,000) nachweisen. Die Eigenkapitalquote steht hingegen sowohl zum Umsatz (rho=-0,391, α^*=0,004) als auch zur

[6] Anmerkung: Zur Ermittlung des durchschnittlichen jährlichen Mitarbeiterwachstums wurde für die Jahrgänge 1998 und 1999 die Veränderung der Beschäftigtenzahl zwischen Ende des Gründungsjahres und Ende 2001 durch drei bzw. zwei dividiert.

subjektiven Erfolgseinschätzung (rho=-0,226, α*=0,082) in einem negativen Zusammenhang, wenngleich dieser in letzterem Fall nur tendenziell ausfällt. Wahrscheinlich handelt es sich dabei um eine Scheinkorrelation, die aus der ebenfalls ausgeprägt negativen Korrelation zur Startkapitalhöhe (rho=-0,338, α*=0,009) - welche wiederum positiv mit oben genannten Erfolgsmaßen zusammenhängt - resultiert.

Auf die - hochsignifikanten - geschlechtsspezifischen Unterschiede hinsichtlich des Gründungserfolgs wurde bereits hingewiesen. Frauen sind nicht nur generell weniger zufrieden mit ihrem Gründungserfolg (3,44 zu 2,82; α*=0,007), auch die Umsätze liegen signifikant unter jenen ihrer männlichen Kollegen (α*=0,028). Zudem lässt sich noch ein tendenziell geringeres durchschnittliches jährliches Mitarbeiterwachstum (0,17 zu 0,73; α*=0,084) ausmachen. Allerdings werden in der Regel hauptsächlich Unterschiede in der Gründungsgröße sowie teilweise Defizite in der Gründungsvorbereitung (z.B. Konsultation von Institutionen und Beratern), womöglich infolge einer Unterschätzung der Komplexität des Gründungsunterfangens, für den geringeren Erfolg verantwortlich zu machen sein.

Die Korrelationsanalyse zeigt, dass das Alter der Gründer offenbar keinen Einfluss auf den Erfolg ausübt. Ebenso war - überraschenderweise - kein signifikanter Zusammenhang zwischen Gründungserfolg und Branchenerfahrung festzustellen, unabhängig davon, ob man die unabhängige Variable "Branchenerfahrung" in Form ihrer Dauer in Jahren oder hinsichtlich ihres bloßen Vorhandenseins operationalisierte. Hingegen war ein signifikanter und ausgeprägter positiver Einfluss (rho=0,244, α*=0,040) der Führungserfahrung auf die subjektive Erfolgsbeurteilung nachweisbar. Überprüft man den Einfluss der Führungserfahrung per Mann-Whitney-Test nur hinsichtlich ihres Vorhandenseins, erhält man lediglich einen tendenziellen Zusammenhang (α*=0,090). Die Betrachtung der drei Variablen im Kontext mit den anderen Erfolgsmaßen brachte nur zwischen Führungserfahrung und Umsatz 2001 einen positiven Zusammenhang (rho=0,245, α*=0,029) zu Tage. Erwähnenswert scheint noch ein signifikanter negativer Zusammenhang (rho=-0,272, α*=0,024) zwischen Alter und Mitarbeiterwachstum - mit zunehmendem Alter schwindet offenbar die Expansionstendenz.

Analysiert man den subjektiven Gründungserfolg in Abhängigkeit der Gründungsmotivation, so zeigen sich hinsichtlich dreier Beweggründe signifikante oder zumindest tendenzielle Unterschiede. Das Bedürfnis nach "Selbstverwirklichung" wirkt sich offenbar negativ auf den Erfolg aus - ist dieses Motiv zutreffend, fällt die subjektive Erfolgseinschätzung mit 3,18 gegenüber 2,76 in der Vergleichsgruppe tendenziell (α*=0,052 lt. Mann-Whitney-Test) schlechter aus. Vergleichbar negativ scheint sich der Wunsch nach "mehr zeitlicher Flexibilität" niederzuschlagen: das arithmetische Mittel von 3,27 liegt deutlich über dem Wert der Vergleichsgruppe mit 2,82, wieder ist jedoch nur ein tendenzieller Zusammenhang (α*=0,063) feststellbar. Ein signifikanter (α*=0,044) positiver Einfluss scheint hingegen von dem Motiv "Einkommenssteigerung" auszugehen - sein Vorhandensein führt mit durchschnittlich 2,60 zu einer deutlich besseren Bewertung des Gründungserfolgs als in der Vergleichsgruppe (3,10).

Analysiert man, welche Auswirkungen die Kombinationen aller drei Motive haben, zieht der ausschließliche Wunsch nach "Einkommenssteigerung" mit 2,20 die beste, das kombinierte Bedürfnis nach "Selbstverwirklichung" und "mehr zeitlicher Flexibilität" die schlechteste Bewertung (3,36) nach sich, wobei der Unterschied statistische Signifikanz aufweist (α*=0,020). Das Ausbleiben aller drei Beweggründe nimmt mit 2,82 den 2. Rang ein, gefolgt von den Konfigurationen, die "Einkommenssteigerung" beinhalten und dem ausschließlichen Vorliegen eines der beiden anderen Motive. Auffällig ist weiters, dass 15,2 % der Jungunternehmer mit Selbstverwirklichungsbedürfnis ihren Schritt in die Selbständigkeit nicht wiederholen würden, gegenüber 0,0 % in der Vergleichsgruppe (α*=0,014, allerdings unzureichende Zellenbesetzung des Chi-Quadrat-Tests).

Zusammenfassend kann jedenfalls festgehalten werden, dass sich eine zu starke Fokussierung auf bestimmte nichtfinanzielle Motive unter Vernachlässigung der ökonomischen Aspekte eines Gründungsunternehmens offenbar durchaus negativ auf den Erfolg auswirken kann. Führt man eine Korrelationsanalyse zwischen der Variablen "Subjektiver Unternehmenserfolg" und den Zufriedenheiten mit den einzelnen Standortfaktoren durch, ergeben sich nur in zwei Fällen - dafür hochsignifikante - Zusammenhänge, und zwar für die Faktoren "Nachfragesituation/Marktwachstum" (rho=0,351, α*=0,001) und "Kundenfrequenz" (rho=0,333, α*=0,002). Eine partielle Korrelationsanalyse zum Zweck der Herausfilterung von Kreuzbezügen zeigt, dass sich der Einfluss der "Kundenfrequenz" auf die Erfolgswahrnehmung größtenteils durch den sie beeinflussenden Faktor "Nachfragesituation / Marktwachstum" erklären lässt, weswegen es nahe liegt, sich im folgenden nur mehr mit der ursächlicheren der beiden Variablen zu befassen.[7]

[7] Anmerkung: In Wirklichkeit wird sich die Beziehung zwischen den beiden Variablen etwas komplexer darstellen, zumal die Nachfragesituation sicher auch zum Teil über die Kundenfrequenz beurteilt wird, je nachdem, in welchem Ausmaß dem Gründer noch andere Informationsquellen betreffend die Marktgegebenheiten in seiner Branche offenstehen.

Dabei lässt sich feststellen, dass die Nachfrage auch eine hochsignifikante positive Korrelation mit der jährlichen Steigerung der Mitarbeiterzahl aufweist (rho=0,325, α*=0,003), während sich zum Umsatz 2001 kein Zusammenhang zeigt. Das Mitarbeiterwachstum korreliert zudem noch signifikant positiv mit der "Konkurrenzsituation" (rho=0,239, α*=0,028) und tendenziell mit der "Lage zum Absatzmarkt" (rho=0,197, α*=0,077).[8]

Wenngleich der starke Impakt von Marktvariablen auf den Erfolg äußerst plausibel erscheint, ist eine gewisse Skepsis betreffend die identifizierten Zusammenhänge insofern angebracht, als es sich bloß um subjektive Einschätzungen der Qualität der markt-/branchenspezifischen Standortfaktoren handelt und, wie weiter oben bereits ausgeführt, weniger erfolgreiche Gründer gerne dazu tendieren, exogene Einflussgrößen wie das Marktumfeld für ihr Scheitern verantwortlich zu machen. Zudem kommt dem hier nicht erfassten Marktverhalten des Gründungsunternehmens zusätzlich zur Marktsituation an sich eine beträchtliche Bedeutung zu. Zwischen der Vorbereitungsdauer der Gründung sowie dem schriftlichen Planungszeitraum und dem Gründungserfolg konnten keine signifikanten Zusammenhänge identifiziert werden. Hier spielt es auch keine Rolle, ob man die absoluten Zahlen in Monaten oder das bloße Vorhandensein als unabhängige Variable operationalisiert.

Während geförderte Unternehmensgründer zwar nicht zufriedener mit ihrem Gründungserfolg sind, verzeichnen sie doch ein hochsignifikant stärkeres Mitarbeiterwachstum (2,11 zu 0,29; Mediane 0,5 zu 0,0; α*=0,002) und erzielen signifikant höhere Umsätze (516.071,43 zu 222.774,10 Euro; Mediane 187.500,-- zu 73.500,-- Euro; α*=0,035). Das bedeutet jedoch nicht, dass ausschließlich die Förderungen dafür verantwortlich sind, wenngleich ihre Inanspruchnahme diesbezügliche Bestrebungen sicher unterstützt. Zudem ist noch zu beachten, dass die Gewährung mancher Förderungen an die Bedingung der Schaffung neuer Arbeitsplätze geknüpft ist.

Jene Jungunternehmer, die ihre Gründung noch einmal in exakt derselben Art und Weise realisieren würden, bewerten ihren Unternehmenserfolg im Schnitt mit 2,57, während bei den Gründern, die den ein oder anderen Fehler im Gründungsmanagement einräumen, der Zufriedenheitsgrad mit 3,14 deutlich geringer ausfällt. Dieser Unterschied ist lt. Mann-Whitney-Test mit α*=0,002 hochsignifikant.

[8] Anmerkung: Das heißt nicht, dass andere Standortfaktoren keinerlei Einfluss auf den Unternehmenserfolg ausüben, es zeigt nur, dass kein direkter linearer Zusammenhang belegbar ist - es kann also trotzdem noch ein mittelbarer Zusammenhang vorliegen.

Konkret ist der Gründungserfolg der Jungunternehmer, die "mehr Beratungsleistungen in Anspruch nehmen" würden, mit 3,36 zu 2,78 als signifikant schlechter einzustufen (α*=0,022). Unter den Entrepreneuren, die bei einer Wiederholung ihres Gründungsvorhabens "intensiver planen" würden, wird der Gründungserfolg im Schnitt mit 3,15, in der Vergleichsgruppe mit 2,76 bewertet, wobei der Unterschied allerdings nur tendenzieller Natur ist (α*=0,071). Steht dieser (tendenzielle) Zusammenhang zwischen Planung und Gründungserfolg nun im Widerspruch zu obiger Feststellung, dass Vorhandensein und Zeithorizont schriftlicher Planung sich nicht direkt auf den Erfolg auswirken? - Nein - er kann nur zur Vermutung Anlass geben, dass eine der Komplexität des Gründungsvorhabens angemessene Planung sich wahrscheinlich positiv auf den Erfolg auswirkt, allerdings keine generellen Faustregeln hinsichtlich optimaler Planungszeiträume angegeben werden können - jene Gründer, die "intensiver planen" würden, haben nämlich weder weniger oft noch für kürzere Zeithorizonte schriftlich geplant als die Vergleichsgruppe.[9]

4 Resümee

Zusammenfassend kann festgehalten werden, dass Innsbruck ansprechende allgemeine Wirtschaftsdaten vorweisen kann, aber seitens der Unternehmensgründer dennoch teils eine gewisse Unzufriedenheit mit einzelnen Standortfaktoren besteht, die allerdings zumindest teilweise auf nationalem Niveau determiniert sind. Die gründungsspezifische Infrastruktur (Förderungen, Beratungs- und Weiterbildungsmöglichkeiten, Standortgemeinschaften) der Tiroler Landeshauptstadt kann insgesamt als gut eingestuft werden, wird aber z. T. noch zu wenig genutzt; zudem sind Probleme mit Behörden und beim Zugang zu Förderungen zu beanstanden. Die Jungunternehmer selbst weisen Defizite auf, was die Inanspruchnahme bestehender Beratungs- und Förderangebote sowie die schriftliche Planung der Gründungsvorhaben anbelangt. Insgesamt positiv fällt auf, dass bei 9 von 10 Gründern Wiederholungsabsicht betreffend ihr Gründungsunterfangen besteht - allerdings mit der Einschränkung, dass im Rahmen der Studie keinerlei gescheiterte Entrepreneure befragt wurden.

[9] Anmerkung: Das bedeutet natürlich nicht, dass sich eine intensivere Planung oder die Inanspruchnahme von mehr Beratungsleistungen auch wirklich in jedem Fall automatisch positiv ausgewirkt hätten - es zeigt im Grunde nur, dass die jeweiligen Gründer Beratung bzw. Planung als geeignetes Instrument zur Steigerung des Gründungserfolgs betrachten.

5 Glossar

I. **Chi-Quadrat-Test:** Test zur Überprüfung der Signifikanz der statistischen Unabhängigkeit zweier Merkmale mittels Gegenüberstellung beobachteter und erwarteter Häufigkeiten von Merkmalskombinationen; anwendbar auf nominale oder nominalisierte Daten (Eckstein, 2000, S. 183); sind mehr als 20 % der erwarteten Häufigkeiten kleiner als 5, liegt "unzureichende Zellenbesetzung" vor und der Chi-Quadrat-Test ist nicht aussagekräftig (Eckstein, 2000, S. 162ff)

II. **Mann-Whitney-Test:** verteilungsunabhängiges Gegenstück zum t-Test für zwei unabhängige Stichproben, dient der Überprüfung der Homogenität zweier Mediane; zu überprüfende Merkmale müssen mind. ordinalskaliert sein.

III. **Spearman-Rangkorrelationskoeffizient "rho":** gibt die Stärke und Richtung eines ev. Zusammenhangs zwischen zwei ordinalskalierten Merkmalen an, definiert im Bereich -1 <= rho <= +1 (Eckstein, 2000, S. 291).

IV. **Signifikanzniveau α*:** zumal sich Zusammenhänge im Rahmen statistischer Testverfahren auch rein zufällig ergeben können, ist immer die Angabe des Signifikanzniveaus α* erforderlich, das angibt, wie groß die Irrtumswahrscheinlichkeit im Falle des Verwerfens der Nullhypothese, z.B. dass Unabhängigkeit zwischen zwei Merkmalen besteht, ist. Je nach Ausprägung des Signifikanzniveaus spricht man von einem "tendenziellen" (α*<=0,10 = Irrtumswahrscheinlichkeit von 10 %), "signifikanten" (α*<=0,05) oder "hochsignifikanten" (α*<=0,01) Ergebnis (Bortz, 1993, S. 108ff).

6 Literaturverzeichnis

Bortz, J. (1993): Statistik für Sozialwissenschaftler, 4. Aufl., Berlin

Brüderl, J./Preisendörfer, P./Ziegler, R. (1996): Der Erfolg neugegründeter Betriebe, Berlin

Eckstein, P. P. (2000): Angewandte Statistik mit SPSS, 3. Auflage, Wiesbaden

Lichtblau, M. (1999): Die Bewertung von Unternehmensgründungsprojekten, Wien

Vesper, K. H. (1982): Research on Education for Entrepreneurship, in: Kent, C.A.: Encyclopedia of Entrepreneurship, Englewood Cliffs

Wanzenböck, H. (1999): Gescheiterte Unternehmer, Wien

Joanneum Research, http://www.wibis-tirol.at, Abfragedatum: 03.06.2003

Stadt Innsbruck, Referat Wirtschaftsförderung und Tourismus: Wirtschaftsstandortkatalog: Standortdaten (bestellbar unter wirtschaftsfoerderung@magibk.at)

Business Plan-Wettbewerbe als Instrument der Gründungsförderung – Zufriedenheitsanalyse von Teilnehmern

Marita Böhme, Gabriele Türtscher & Harald Pechlaner

1 Einleitung

Unternehmensgründungen sind in vielerlei Hinsicht von Bedeutung für die Volkswirtschaft. Sie tragen zur Sicherung des Wettbewerbs und somit zu einer funktionsfähigen Marktwirtschaft bei und nehmen dabei eine innovations- und strukturpolitische Funktion ein. Ein weiterer wichtiger Aspekt ist der von Existenzgründungen ausgehende Beschäftigungseffekt (vgl. Sautner, 1985, S. 1f).

Durch die kontinuierliche Innovationstätigkeit neuer Betriebe wird der Wettbewerb im Land in erheblichem Maße vorangetrieben, bestehende Unternehmen werden zur ständigen Verbesserung der eigenen Produkte und Dienstleistungen sowie zu größerer Preisdisziplin angehalten und oligopolistische Märkte können korrigiert werden (vgl. Buchinger, 2003, S. 10ff). Die Effektivität der Versorgung mit Gütern und Dienstleistungen innerhalb einer Volkswirtschaft steigt und fällt mit der Anzahl der leistungsfähigen Unternehmen (vgl. Sautner, 1985, S. 1).

Bezüglich des Beschäftigungseffekts stellt Wanzenböck (1998, S. 158) in ihrer Studie fest, dass der direkte Arbeitsmarkteffekt von Unternehmensgründungen in Österreich innerhalb von fünf Jahren ca. 44.000 Arbeitsplätzen beträgt (die Gründer selbst sind dabei miteinbezogen). Auf jede Gründung entfallen in den ersten fünf Jahren durchschnittlich 3,5 neu geschaffene Arbeitsplätze (vgl. Wanzenböck, 1998, S. 64). Nicht zuletzt stellen Unternehmensgründungen eine Chance zum sozialen Aufstieg bestimmter Gruppen, wie beispielsweise ehemaliger Arbeitssuchender dar (vgl. Buchinger, 2003, S. 10ff).

Ein wichtiges Attribut für den Erfolg einer Unternehmensgründung, ist das frühzeitige Wahrnehmen und Erkennen möglicher Probleme vor und während der Gründungsphase. Der potentielle Gründer muss eine Vielzahl von Entscheidungen in Finanzierungs-, Rechts- und organisationsbezogenen Fragen treffen. Da aber meist ein Erfahrungsdefizit in diesen Bereichen vorliegt, ist das Angebot an gründungsfördernden Maßnahmen von essentieller Bedeutung (vgl. Bensch, 1992, S. 1ff und Hebig, 1999, S. 17).

2 Gründungen in Österreich

In den vergangenen zehn Jahren (1993 - 2002) wurden in Österreich insgesamt etwa 203.900 neue Unternehmen gegründet. Vor 1996 belief sich diese Zahl auf durchschnittlich 14.000 bis 15.000 Unternehmensgründungen pro Jahr. Von 1996 bis 2002 sind durchschnittlich 23.500 neue Unternehmen pro Jahr entstanden (vgl. Wirtschaftskammern Österreichs 2003, S. 8).

Seit 1996 lässt sich folglich ein starker Aufschwung im Bereich der Neugründungen beobachten.

Der Großteil der neu gegründeten Unternehmen entfällt auf Einzelunternehmen. Während der Anteil der GmbHs deutlich zurückgeht, scheinen die Rechtsformen der KEG und OEG an Bedeutung zu gewinnen (vgl. Wirtschaftskammern Österreichs, 2003, S. 9).

Neue Unternehmen wurden in Österreich im Jahr 2002 vor allem in den Sparten Handel, Information und Consulting sowie Gewerbe und Handwerk gegründet. 11% der Neugründungen werden der Sparte Tourismus und Freizeitwirtschaft zugerechnet, 5% entfallen auf Transport und Verkehr. Die restlichen Gründungen sind der Sparte Industrie, Bank und Versicherung zuzurechnen (vgl. Wirtschaftskammern Österreichs, 2003, S. 17).

Der bundesweite Trend zu mehr Neugründungen ist auch im Bundesland Tirol zu beobachten. Von 1993-2002 wurden im jährlichen Durchschnitt rund 1.621 Unternehmen gegründet. Im Jahr 2001 wurden erstmals über 2000 Unternehmen gegründet. Seit 1999 steigt die Zahl der Neugründungen in Tirol kontinuierlich an (vgl. Wirtschaftskammern Österreichs, 2003, S. 21).

Laut der Studie von Wanzenböck betrug die Überlebensquote der 1990 in Österreich gegründeten Unternehmen nach fünf Jahren 72,18% (vgl. Wanzenböck, 1998, S. 149).

3 Der Businessplan

3.1 Definition

Der Businessplan ist ein schriftliches Dokument, welches das Geschäftskonzept und das Vorgehen bei der Umsetzung desselben detailliert beschreibt. Durch die Erfassung des wirtschaftlichen Umfelds, des Marktes, der gesetzten Ziele und der aufzuwendenden finanziellen und personellen Ressourcen lassen sich die Chancen des zu gründenden Unternehmens systematisch ermitteln (vgl. Handbuch Adventure X, 2002, S. 4). Je besser der Businessplan ist, desto schneller können Risiken und Chancen in den Gründungsphasen wahrgenommen werden und desto besser wird das Unternehmen darauf vorbereitet sein, diese entsprechend zu nützen (vgl. Kishel/Kishel, 1998, S. 16).

3.2 Inhalt und Aufbau

In der Literatur gibt es verschiedene Empfehlungen, wie ein Businessplan aufgebaut sein soll, allerdings unterscheiden sich die Ansätze inhaltlich kaum. Ein idealtypisch aufgebauter Businessplan besteht im Allgemeinen aus folgenden Elementen:

- Executive Summary
- Beschreibung von Produkt / Dienstleistung
- Vorstellung des Unternehmerteams
- Definition von Markt und Wettbewerb
- Marketing und Vertrieb
- Geschäftssystem und Organisation
- Realisierungsfahrplan
- Erläuterung von Chancen und Risiken
- Finanzplanung und Finanzierung

Eine wichtige Rolle kommt dabei der Executive Summary zu, deren Aufgabe es ist, das Interesse des Lesers zu wecken und ihn zum Weiterlesen zu animieren. Diese Zusammenfassung beinhaltet alle wichtigen Aspekte des Businessplans in Kurzform, insbesondere Informationen über das Produkt oder die Dienstleistung, den Kundennutzen, die relevanten Märkte, die Kompetenzen des Gründerteams und den Investitionsbedarf mit potentieller Rendite (vgl. Adventure X, 2002, S. 24).

3.3 Warum planen?

Das Erstellen eines Businessplanes bedeutet eine intensive Auseinandersetzung mit der Geschäftsidee und sämtlichen erfolgskritischen Faktoren. Das Verfassen des Businessplanes sollte ebenso ordentlich organisiert sein, wie wichtige Geschäftsprojekte. Eine gute Vorbereitung, eingehende Recherche sowie Disziplin sind dabei unerlässlich (vgl. Deloitte & Touche, 2003). Es steht außer Frage, dass das Erstellen eines Businessplanes sehr aufwendig ist und entsprechend Zeit in Anspruch nimmt.

Viele Gründer betrachten die mit der Erstellung eines Businessplans verbundene Recherche- und Schreibarbeit als akademische Übung, die sie von der aktiven Unternehmensgründung abhält (vgl. Kao, 1992, S. 115). Andere Gründer sind der Meinung, dass es keinen Sinn macht zu planen, da die Zukunft eben ungewiss ist und bleibt. Zweifellos gibt es mehrere äußerst erfolgreiche Unternehmensneugründungen die niemals einen Businessplan hatten. In Anbetracht der vielfältigen und komplexen Aufgaben und Anforderungen, denen die Gründer in der frühen Unternehmensentwicklung gerecht werden müssen, erweist es sich jedoch als hilfreich und vorteilhaft, wenn die wesentlichen Grundlagen des Unternehmens und das weitere Vorgehen im vorhinein analysiert und geplant werden (vgl. Gruber et al., 2002, S. 3f). Allerdings sollten Gründer auch nicht allzu lange planen, da in Abhängigkeit der Branche zu viel Reflexion und Planung zum Verlust von „first mover advantages“ führen kann (vgl. Eisenhardt/Sull, 2001, S. 107ff).

Ein weiterer Grund warum sich viele potentielle Gründer oft nur schwer dazu überwinden können einen Businessplan zu verfassen, besteht in einer psychologischen Hürde. Das Erstellen eines Businessplanes erfordert, dass man mögliche Unsicherheiten und Risiken, die das Unternehmen betreffen können, bedenken muss. Die Vorstellung, dass das Vorhaben scheitern kann widerspricht der in der Regel optimistischen Einstellung des Gründer (vgl. Dollinger, 2003, S. 128).

3.4 Aufgaben des Businessplans

Ein Businessplan hat sowohl unternehmensintern als auch -extern eine Reihe von Aufgaben und Funktionen. Unternehmensintern zwingt das Verfassen eines Businessplanes den potentiellen Gründer zur Strukturierung und Darstellung der eigenen Gedanken und Konzepte. Als Ergebnis dieses Prozesses beinhaltet das Dokument klar definierte Strategien, Ziele und Maßnahmen für Management und Mitarbeiter, letztlich ein Leitfaden für die frühe Unternehmensentwicklung. Der Businessplan dient somit der Steuerung bei der Realisierung eines Gründungsvorhabens. In den frühen Phasen der gegründeten Unternehmung kann ein Geschäftsplan auch zum Soll-Ist-Vergleich herangezogen werden.

Eine weitere unternehmensinterne Funktion des Businessplans ist die theoretische Überprüfung der Durchführbarkeit der Geschäftsidee; das Konzept wird einem „Realitäts-Check" unterzogen (vgl. Bhidé, 1994, S. 160). Nicht zu unterschätzen ist auch die Funktion des Businessplans als gemeinsam von allen Mitgliedern des Gründerteams verfasstes Basisdokument. Das Erstellen des Dokuments kann Konflikte ans Licht bringen und dient somit auch als eine Art Bewährungsprobe für das Team (vgl. Gumpert, 1994, S.115ff).

Unternehmensextern ist der Businessplan vor allem ein Kommunikationsinstrument, welches zur Außendarstellung des Unternehmens dient. Das Dokument ist daher sehr wichtig für die Beschaffung von Eigenkapital (Venture Capital-Gesellschaften, Business Angels) oder von Fremdkapital (Banken, Förderprogramme, etc.). Weitere Adressaten, an die sich der Businessplan richtet, sind potentielle Mitarbeiter, Kunden oder Lieferanten sowie externe Berater.

Benötigt man Eigen- oder Fremdkapital von Banken oder Venture Capital-Gesellschaften, so ist das Vorlegen eines Businessplanes unerlässlich. Nach Sahlman sind für potentielle Investoren vor allem jene Bereiche des Businessplanes ausschlaggebend, die die Gründer als Menschen, die Geschäftschance, das Umfeld sowie das Risiko und die Gewinnchancen beschreiben (vgl. Sahlman, 1997, S. 29ff).

4 Die Geschichte des Business Plan-Wettbewerbs

Die Idee eines Business Plan-Wettbewerbes kam in den 1980er Jahren erstmals am MIT (Massachusetts Institute of Technology) in Boston auf. Im Jahre 1990 wurde der erste Business Plan-Wettbewerb am MIT, unter dem Label "$10K Competition" in Zusammenarbeit von Hochschulen, unternehmerischem Umfeld und Kapitalgebern ausgetragen. Das Ziel des Wettbewerbes bestand darin, durch die Zusammenführung von jungen Ingeneuren und jungen Managern die Gründung innovativer Unternehmen zu begünstigen und somit einen Beitrag zur wirtschaftlichen Entwicklung der Region zu leisten (vgl. www.50k.mit.edu).

Durch die Initiative der Unternehmensberatung McKinsey & Company, wurde das erfolgreiche Wettbewerbskonzept des MIT 1996 erstmals in Europa umgesetzt. In Kooperation mit den drei Münchener Hochschulen, Munich Network - Netzwerk München e.V. (vorher: Förderkreis Neue Technologien e.V. (FNT)), zahlreichen Unternehmen, Kapitalgebern und Wirtschaftsverbänden initiierte McKinsey den ersten Münchener Business Plan-Wettbewerb 1996/97 (vgl. www.mbpw.de). Bis heute wird der Münchener Business Plan-Wettbewerb (MBPW) nach dem mehrstufigen Muster ausgetragen, das die Teilnehmer von einer Geschäftsidee über mehrere Stufen zu einem detaillierten Businessplan führt. Unterstützt werden die potentiellen Gründer dabei von Experten und Beratern.

5 Internationale Business Plan-Wettbewerbe im Vergleich

Im Rahmen einer Online-Recherche wurde festgestellt, dass das Angebot an Business Plan-Wettbewerben in Europa von 1996 bis heute kontinuierlich gestiegen ist und sich auch verschiedene Arten von Wettbewerben entwickelt haben. Diese verschiedenen Ausprägungen variieren vor allem in Anbetracht der zusätzlich angebotenen Leistungen des Veranstalters, wie beispielsweise Coaching, Seminare und Fachvorträge, sowie in Bezug auf die angesprochenen Zielgruppen (Branchen) und Gründungsformen. Meist richten sich die Wettbewerbe an Unternehmensneugründer, häufig werden aber auch andere Gründungsformen, wie z.B. Übernahmen oder Umgründungen zugelassen.

Mittlerweile ist eine Tendenz zur intensiven Förderung von ausgewählten Teilnehmern zu beobachten. Einige etablierte und erfahrene Wettbewerbe wie der *promotion* Gründungswettbewerb Wolfsburg haben sich dazu entschlossen, sich auf besonders geeignete Konzepte und deren weiteren Gründungsprozess zu konzentrieren. Aus dem bisherigen Gründerwettbewerb wurde ein Förderprogramm für Gründer entwickelt, welches mehrere Bausteine umfasst. Das *promotion* Stipendium stellt Gründern zwölf Monate lang finanzielle Mittel, Know-How und mietfreie Büroräume am Innovationscampus der Wolfsburg-AG zur Verfügung. Der *promotion* Kompetenzpreis im Wert von 25.000 Euro wird jährlich für vier innovative Ideen vergeben. Kostenlose Coaching-Abende, Seminare und Trainings stellen den dritten Baustein, die *promotion* Unternehmer Qualifikation dar. Sie soll jungen Unternehmern die Chance geben, eine fachliche Qualifikation zu erwerben und sich weiterzuentwickeln (vgl. www.wolfsburg-ag.com/02_innovationscampus/promotion/).

Entsprechend den Anforderungen und dem Leistungsangebot kann die folgende, grobe Typisierung von Business Plan-Wettbewerben vorgenommen werden.

Kategorie I	Prämierung eingereichter Businesspläne
Kategorie II	Gestufte Ausarbeitung und Prämierung von Businessplänen
Kategorie III	Intensive Betreuung von ausgewählten und evaluierten Gründungskonzepten

Tabelle 1: Wettbewerbskategorien
Quelle: eigene Darstellung

Allerdings muss beachtet werden, dass verschiedene Elemente einer Kategorie auch in anderen Kategorien vorkommen können und somit eine eindeutige, scharfe Abgrenzung nur schwer möglich ist.

- Die Kategorie I umfasst jene Art von Wettbewerben, bei welcher der Ablauf nicht in mehrere Stufen unterteilt ist. Es werden lediglich fertig ausgearbeitete Businesspläne eingereicht und prämiert.

- Die zweite Kategorie hingegen beinhaltet Business Plan-Wettbewerbe, welche in ihrem Ablauf in unterschiedliche Phasen unterteilt sind. Während dieser Phasen erfolgt eine mehr oder weniger intensive Betreuung der Teilnehmer bei der Ausarbeitung ihres Businessplans.

- Kategorie III umfasst jene Wettbewerbe, bei welchen die Teilnehmer auch nach Einreichung eines detaillierten Businessplans durch den weiteren Gründungsprozess Unterstützung von den Veranstaltern erhalten.

Im Zuge einer genaueren Analyse einer Auswahl von etwa 30 Wettbewerben (siehe Anhang) aus dem deutschsprachigen Raum sowie aus Frankreich, Belgien, Schweden und Großbritannien im Hinblick auf Hintergrund, Ablauf, Teilnahmebedingungen, begleitendes Angebot sowie auf die Prämierungsmodalitäten kommt man zu dem Ergebnis, dass das Grundmuster des ersten in Europa ausgetragenen Wettbewerbs, nämlich des Münchener Business Plan-Wettbewerbs, immer noch stark vertreten ist. Rund zwei Drittel der in Kategorie II angesiedelten Veranstaltungen laufen in drei Stufen ab, wobei die Anforderungen an Inhalt und Umfang des Dokuments stetig ansteigen. Stufe 1 umfasst grundsätzlich die Beschreibung der Geschäftsidee, welche in Stufe 2 zu einem groben Businessplan ausgearbeitet wird. In Stufe 3 geht es dann um die konkrete Beschreibung des Geschäftskonzepts in Form eines detaillierten Businessplans.

Ebenso in relativ großer Zahl vorhanden sind Wettbewerbe der ersten Kategorie, welche lediglich die Abgabe und Bewertung eines Geschäftsplans ohne stufenweise Ausarbeitung beinhalten. Diese Ausprägung des Business Plan-Wettbewerbs ermöglicht die Förderung von potentiellen Gründungen mit relativ geringem Aufwand. Im Vergleich zur zweiten Kategorie bieten diese Initiativen zwar kaum begleitendes Beratungsangebot, der potentielle Gründer erhält aber dennoch eine fundierte Expertenmeinung zu seinem Geschäftskonzept ohne großen finanziellen und zeitlichen Aufwand.

Weniger stark vertreten sind Wettbewerbe in Kategorie III. Konzepte, welche vor allem auf intensivierte Betreuung sowohl vor, während als auch nach dem Gründungsprozess ausgerichtet sind, scheinen eine neue, noch junge Entwicklung darzustellen. Bemerkenswert dabei ist, dass Wettbewerbe wie beispielsweise „Best of Biotech", welche ursprünglich nach dem Muster der zweiten Kategorie organisiert waren, die mehrstufige Ausarbeitung reduziert haben und dafür mehr Gewicht auf die Betreuung während und nach der Gründung legen. Im Sinne einer nachhaltigen Gründungsförderung ist eine Entwicklung in diese Richtung sicherlich sinnvoll und wünschenswert.

6 Adventure X

Im Folgenden wird der Tiroler Business Plan-Wettbewerb Adventure X, der auch im nächsten Kapitel Gegenstand einer Zufriedenheitsanalyse ist, detailliert beschrieben. Adventure X läuft nach dem dreistufigen Schema der zweiten Kategorie ab.

6.1 Hintergrund

Der Tiroler Business Plan-Wettbewerb Adventure X wird seit dem Jahr 2000 jährlich von der Tiroler Zukunftsstiftung in Zusammenarbeit mit dem Business Innovation Centre Bozen (BIC) und dem Center for Academic Spin-offs Tyrol (CAST) veranstaltet.

Hauptziel des Wettbewerbes ist es, das Gründergeschehen in der Europaregion Tirol (Tirol und Südtirol) zu fördern, indem innovative und potentialträchtige Geschäftsideen aufgespürt und zu tragfähigen Konzepten ausgearbeitet werden. Der Business Plan-Wettbewerb soll als Starthilfe in die Selbständigkeit dienen.

6.2 Teilnahme

Der Business Plan-Wettbewerb richtet sich grundsätzlich an jeden, der eine innovative Produkt- oder Dienstleistungsidee mit hohem Marktpotential hat. Welcher Branche die Geschäftsidee zuzurechnen ist und ob die Firmengründung bereits erfolgte oder erst geplant ist, spielt für die Teilnahme keine Rolle, allerdings muss ein konkreter Finanzierungsbedarf bestehen.

Ausgeschlossen von der Teilnahme sind Geschäftsideen, die bereits durch Risikokapitalgeber finanziert werden oder im gesamten Zeitraum von Adventure X an einem anderen zumindest ähnlichen Wettbewerb beteiligt sind – ausgenommen hiervon sind Teilnehmer der Wettbewerbe „Best of Biotech", i2B und „Münchener Business Plan-Wettbewerb" (MBPW). In jeder der drei Phasen des Business Plan-Wettbewerbs können Teilnehmer ein- beziehungsweise aussteigen. Die Teilnahme ist kostenlos.

6.3 Ablauf

Der Business Plan-Wettbewerb besteht aus drei Phasen, welche den typischen Verlauf einer Unternehmensgründung widerspiegeln. Am Ende jeder Phase werden die besten Ideen prämiert. Von Phase zu Phase steigen die Anforderungen an Inhalt und Umfang des Businessplans.

In der ersten Phase geht es vor allem darum den Kundenutzen des Produktes oder der Dienstleistung zu definieren. Ziel dieser ersten Stufe ist es, das Fundament des neuen Unternehmens klar und deutlich darzustellen, sodass sich Investoren dafür interessieren, die Idee gemeinsam mit dem Team weiterzuverfolgen.

Zu den Hauptaufgaben der zweiten Phase zählt das Erstellen eines groben Businessplanes. Eine Marktanalyse und sorgfältiges Abwägen von Chancen und Risiken führen zu einer konzipierten Geschäftsstrategie.

In der dritten Phase geht es um die konkrete Umsetzung des Geschäftskonzeptes. Das richtige Finanzierungsmodell muss gefunden werden und die Planung des Cash Flow bildet den Abschluss des Businessplans.

6.4 Beurteilung und Prämierung

Die Bewertung der eingereichten Businesspläne erfolgt durch eine Jury, die sich aus Unternehmern, Akademikern und Venture Capital Gebern zusammensetzt. Die Gesamtwertung ergibt sich aus der Unternehmerwertung, welche aus zwei detaillierten Einzelwertungen zu allen Elementen des Businessplans ermittelt wird, und der Finanzwertung, welche das Finanzierungspotential durch Venture Capital angibt.

Im folgenden Kapitel soll anhand einer Befragung aller Teilnehmer deren Zufriedenheit mit dem Wettbewerb ermittelt werden. Im Zuge dessen soll unter anderem erfragt werden, ob eine Weiterentwicklung von Adventure X in Bezug auf eine verstärkte Nachbetreuung im Sinne der Kategorie aus Sicht der Teilnehmer als wünschenswert und sinnvoll erachtet wird.

7 Analyse des Tiroler BPW Adventure X

Wie bereits im vorigen Kapitel erwähnt, sollte die Analyse des Tiroler Business Plan-Wettbewerbs Adventure X zum einen dazu dienen herauszufinden, wie es um die Zufriedenheit der Teilnehmer mit den bisher abgehaltenen Veranstaltungen steht. Zum anderen sollte analysiert werden, ob eine Weiterentwicklung in Richtung intensivierte Nachbetreuung von den Teilnehmern als sinnvoll und wünschenswert erachtet wird, um schließlich das Hauptziel der vorliegenden Studie, die Erstellung von Handlungsempfehlungen für die Veranstalter des Business Plan-Wettbewerbs zu erreichen.

7.1 Vorgangsweise

Für die Analyse wurde ein umfassender Fragebogen erstellt, der zunächst auf den Ergebnissen des internationalen Vergleichs von Business Plan-Wettbewerben aufgebaut und im Anschluss daran mit dem Veranstalter von Adventure X, der Tiroler Zukunftsstiftung, abgesprochen und ergänzt wurde.

Alle 183 Teilnehmerteams der Jahrgänge 2000/2001, 2001/2002 und 2002/2003 wurden angeschrieben, nach drei Wochen konnten 51 ausgefüllte Fragebögen gezählt werden. Die Rücklaufquote betrug somit 27,9%. Im ersten Jahr des Wettbewerbs nahmen 124 Personen in 58 Teams teil, 2001/2002 waren es 204 Teilnehmer in 88 Teams und 2002/2003 wurden 104 Teilnehmer in 37 Teams gezählt. Insgesamt nahmen also 432 Personen in 183 Teams teil.

Um dem Ziel der vorliegenden Arbeit, nämlich der Formulierung von Handlungsempfehlungen für die Veranstalter von Business Plan-Wettbewerben näher zu kommen, war es notwendig herauszufiltern, welche Aspekte des Wettbewerbs die Teilnehmer zufrieden stellten und welche noch einer Verbesserung bedürfen. Um dies zu erreichen, musste eine einfach zu handhabende Methode gefunden werden, die es erlaubte, die Zufriedenheit der Teilnehmer systematisch zu messen, Schwachstellen zu identifizieren und „klare Aussagen und Handlungsempfehlungen..." für die Handhabung der Teilnehmer-Zufriedenheit zu treffen. Ein solches Instrument wurde im *Qualimeter* gefunden, welcher seit 1999 für die Messung der Gästezufriedenheit in österreichischen Hotels und Gastbetrieben eingesetzt wird (vgl. Abfalter et al., 2002, S. 518). In Anlehnung an dieses Instrument wurde im Rahmen dieser Arbeit eine Zufriedenheits-Analyse mit den Teilnehmern des Tiroler Business Plan-Wettbewerbs Adventure X der Jahre 2000 bis 2003 durchgeführt.

Um zu identifizieren, mit welchen Aspekten (Dimensionen) des Wettbewerbs die Teilnehmer zufrieden bzw. unzufrieden waren, wurde ein prozessorientierter Aufbau des Fragebogens gewählt. Die Abfrage der Dimensionen erfolgte in der Reihenfolge, in der sie von den Teilnehmern tatsächlich durchlaufen wurde, vom Einholen von Informationen vor der Anmeldung bis hin zur Prämierung der eingereichten Businesspläne. Jede Dimension umfasste dabei eine gewisse Anzahl an Attributen, welche die Teilleistungen innerhalb einer Dimension darstellten. Die Zufriedenheitsmessung der einzelnen Teilleistungen erfolgte mittels einer Fünf-Punkte-Likert-Skala mit den Wahlmöglichkeiten *„1=sehr zufrieden"*, *„2=eher zufrieden"*, *„3=weder noch"*, *„4=eher unzufrieden"* und *„5=sehr unzufrieden"*. Zusätzlich zu den Attributen wurde die Gesamtzufriedenheit der Teilnehmer mit der jeweiligen Dimension eruiert. Die offenen Fragen *„was war positiv?"* und *„was war negativ?"* in jeder Dimension sollten dazu beitragen, Ursachen für die Zufriedenheit bzw. Unzufriedenheit der Teilnehmer zu identifizieren, und so greifbare Ansatzpunkte zur Beseitigung von Schwachstellen liefern.

DIMENSIONEN	ATTRIBUTE
Einholen von Informationen vor der Anmeldung	- Zugänglichkeit der Informationen - Informationsgehalt - Freundlichkeit der Mitarbeiter - Kompetenz der Mitarbeiter
Anmeldung	- Übersichtlichkeit des Internetformulars - Einfachheit der Anmeldeformalitäten
Betreuung während des Wettbewerbs durch die Tiroler Zukunftsstiftung	- Erreichbarkeit der Mitarbeiter - Freundlichkeit der Mitarbeiter - Kompetenz der Mitarbeiter - Vermittlung von Coaches und Beratern
Coaching	- Freundlichkeit der Berater/Coaches - Kompetenz der Berater/Coaches - Erreichbarkeit der Berater/Coaches - Auskunftsbereitschaft der Berater/Coaches
Jours Fixes	- Atmosphäre - Räumlichkeiten - Terminwahl - Beratungsnutzen - Auswahl der Themen - Auswahl der Referenten
Seminare	- Kompetenz der Vortragenden - Freundlichkeit der Vortragenden - Aktualität des Themas - Relevanz des Themas - Räumlichkeiten - Termine
Begleitmaterialien	- Informationsgehalt - Aktualität - Layout - Zugänglichkeit
Feedback	- Verständlichkeit - Ausführlichkeit - Kompetenz - Objektivität - Dauer bis zur Übermittlung
Prämierung	- Preise - Objektivität - Atmosphäre bei Feier
Dauer des Wettbewerbs	- Phasenaufteilung - Anforderungen der einzelnen Phasen

Tabelle 2: Dimensionen und Attribute der Teilnehmerzufriedenheits-Analyse

Quelle: eigene Darstellung

7.2 Die Ergebnisse im Detail

Im Folgenden werden die identifizierten Schwachstellen des Tiroler Business Plan-Wettbewerbs aus Sicht der Teilnehmer, wie sie sich aus der Zufriedenheitsanalyse ergaben, erläutert. Mittels der Ergebnisse des internationalen Vergleichs und unter Berücksichtigung von Vorschlägen und Anmerkungen der ehemaligen Teilnehmer, wurden für jeden Punkt Handlungsempfehlungen ausgearbeitet und beschrieben.

Die Dimensionen *Feedback*, *Coaching*, *Jours Fixes* und *Seminare* wiesen im Vergleich zu den anderen Dimensionen die geringsten Zufriedenheitsniveaus auf. Innerhalb der Dimension *Betreuung während des Wettbewerbs* durch die Veranstalter waren die Teilnehmer vor allem mit der Vermittlung von Coaches und Beratern am wenigsten zufrieden. Bezüglich der *Prämierung* wurde besonders die Objektivität bemängelt. Im Folgenden wird zunächst näher auf das Coaching und die Vermittlung von Beratern eingegangen. Danach werden Gestaltungsmöglichkeiten für die Seminare und Jours Fixes aufgezeigt. Abschließend werden Anregungen zur Umgestaltung der Bewertung und Prämierung erläutert, wobei auch die Rolle der Jury überdacht wird.

7.2.1 Coaching – Vermittlung von Beratern

Bei der Frage nach der Zufriedenheit der Teilnehmer mit dem *Coaching* im Rahmen des Business Plan-Wettbewerbes wird anhand der nachfolgenden beiden Abbildungen deutlich, dass die Zufriedenheit bezüglich der einzelnen Attribute – abgesehen von der Freundlichkeit der Coaches und Berater – immer 80% liegt. Der Median beläuft sich hier auf 2, d.h. die Befragten waren „eher zufrieden".

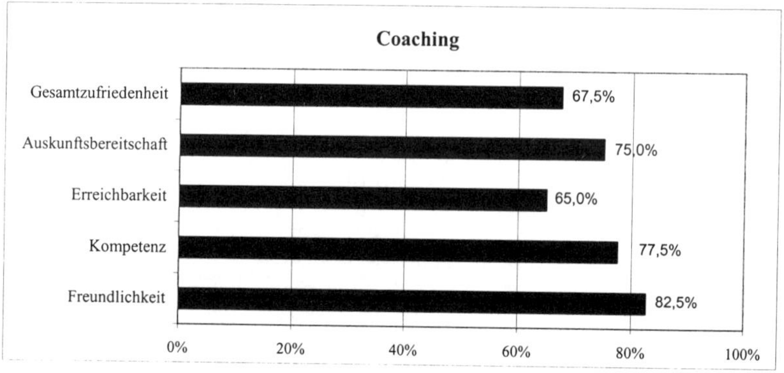

Abbildung 1: Zufriedenheitsprofil Coaching

Quelle: *eigene Darstellung*

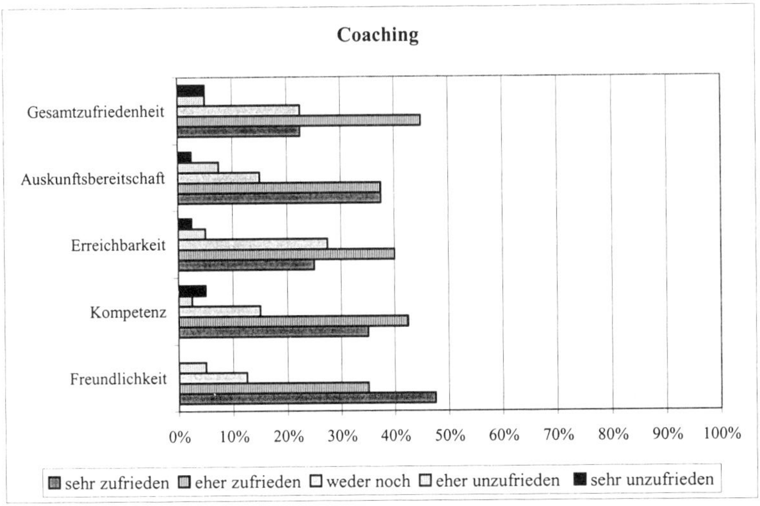

Abbildung 2: Detailansicht Zufriedenheit Coaching

Quelle: *eigene Darstellung*

Wie aus den Kommentaren der ehemaligen Teilnehmer klar hervorgeht, gab es Probleme mit der Erreichbarkeit der Coaches. Es kommt deutlich zum Ausdruck, dass viele Teilnehmer gerne die Hilfe der Coaches in Anspruch genommen hätten, jedoch hatten sie entweder nicht die Gelegenheit dazu, oder die Hemmungen der Teilnehmer waren zu groß, von sich aus die Berater anzusprechen.

Solche Hemmungen könnten dadurch abgebaut werden, dass der Veranstalter beispielsweise klar definiert, was die Aufgaben der Coaches sind, und welchen Anspruch die Teilnehmer auf professionelle Beratung eventuell auch außerhalb der Veranstaltungen haben. Weiters könnte es hilfreich sein, die Kommunikation zwischen Coaches und Teilnehmern zu fördern, wenn die Coaches am Anfang des Wettbewerbs bzw. vor jeder Phase vorgestellt werden. Die genannten Empfehlungen können also unter Umständen dazu beitragen, dass die Barrieren zwischen Teilnehmern und Beratern im aktuellen System abgebaut werden.

Einige Teilnehmer sprachen sich auch für eine grundlegende Umgestaltung des Coaching-Angebots aus, indem sie angaben, sie würden eine individuelle Betreuung befürworten. Bei individuellem Coaching wird jedem Teilnehmer(-Team) am Anfang des Wettbewerbs ein Berater zugewiesen, der den potentiellen Gründern dann für die Dauer des gesamten Wettbewerbs zur Seite steht und sie bei der Ausarbeitung ihrer Geschäftsidee und der Erstellung des

Businessplans unterstützt. Diese Variante hat den großen Vorteil, dass der Berater die Möglichkeit hat, sich mit einem oder vielleicht einigen wenigen Konzepten gründlicher auseinanderzusetzen und somit wahrscheinlich auch eine qualitativ hochwertigere und für die teilnehmenden Teams intensivere Unterstützung anbieten kann.

Die Herausforderung für die Veranstalter liegt hierbei nicht nur in der Organisation eines Pools von Coaches, sondern vor allem bei deren Zuteilung auf die teilnehmenden Teams. Der Coach sollte an dem ihm zugeteilten Projekt tatsächliches Interesse haben, da sonst die Ernsthaftigkeit der Betreuung nur schwer zu gewährleisten ist. Da auch die Coaches nicht auf allen Gebieten Experten sind, wäre eine mögliche Variante, dass die Teams einen Coach zur Seite gestellt bekommen, der sie dann bei fachlich schwierigen Problemen an einen Berater, einen Experten auf dem jeweiligen Gebiet, weiterleitet. Dies würde bedeuten, dass die Coaches auf einen Pool von Beratern zurückgreifen könnten und somit die Vermittlung zwischen Teilnehmern und Experten übernehmen würden.

7.2.2 Seminare – Jours fixes

In Bezug auf die *Jours fixes* und die *Seminare* waren die Teilnehmer mit der Auswahl der Themen und teilweise auch mit den Referenten am wenigsten zufrieden. Einige bemängelten, dass die Vorträge sehr theoretisch waren und nur selten praktische Aspekte behandelt oder Fallbeispiele besprochen wurden. Weiters sollen zu allgemeine Abhandlungen durch fachlich tiefer gehenden Themenschwerpunkte ersetzt werden.

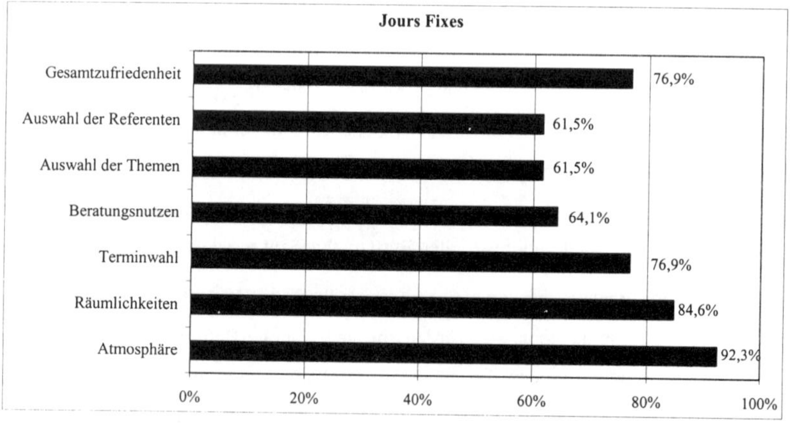

Abbildung 3: Zufriedenheitsprofil Jours Fixes
Quelle: eigene Darstellung

Da nicht für jedes Projekt alle Themen von Belang sind, könnten geblockte Seminare zu bestimmten Themen angeboten werden, welche die spezifischen Bedürfnisse der Teams stärker berücksichtigen.

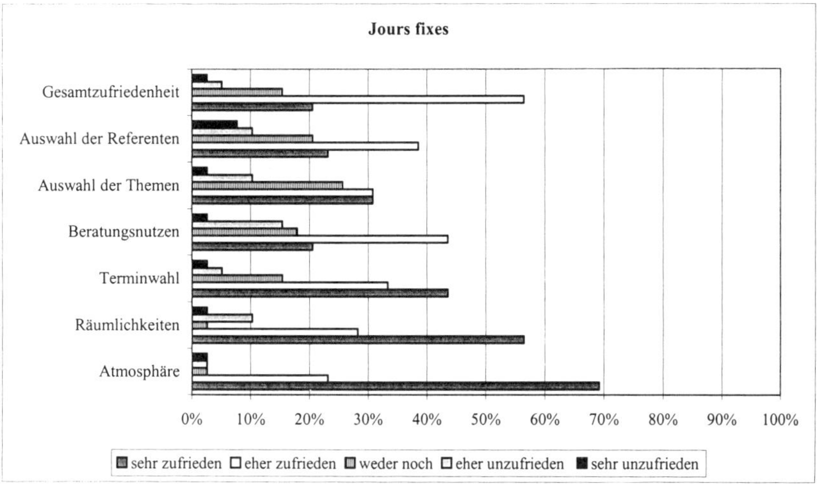

Abbildung 4: Detailansicht Zufriedenheit Jours Fixes
Quelle: eigene Darstellung

Die Zufriedenheit mit den *Jours Fixes* war vor allem bei den Teilleistungen „Wahl der Referenten", „Wahl der Themen" und „Beratungsnutzen" eher gering. Bezüglich der Wahl der Referenten und des Beratungsnutzens gaben jeweils 18,60% an eher oder sehr unzufrieden gewesen zu sein. Der Median liegt in dieser Dimension größtenteils bei 2 (eher zufrieden). Lediglich mit der Atmosphäre und den Räumlichkeiten waren mehr als 50% der Antwortenden sehr zufrieden. Verbesserungsvorschläge betreffen vor allem die Schaffung einer Auswahl an *Jours Fixes* zu verschiedenen Themenbereichen, wobei der Allgemeincharakter der Referate verringert und stärker auf spezifische Bedürfnisse der Teams eingegangen werden sollte.

Weitere Kritikpunkte, die in den offenen Fragen zu Tage traten, beziehen sich auf die Wahl der Räumlichkeiten, wobei vor allem von zu starker „Gasthausatmosphäre" die Rede ist, die es aufgrund der schlechten Akustik zu wenig erlaubt, Gespräche mit Referenten, Beratern oder anderen Teilnehmern zu führen.

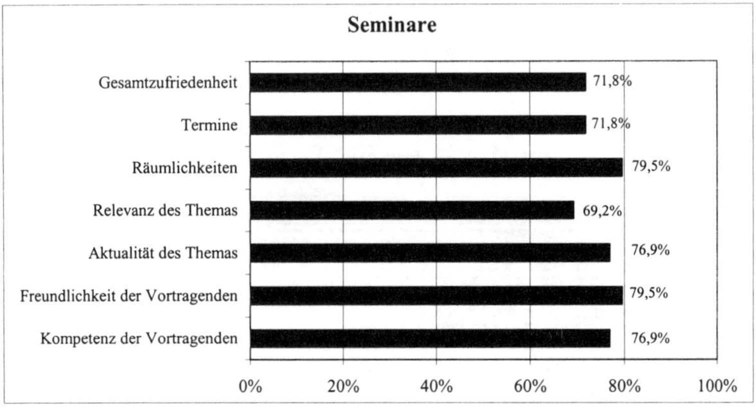

Abbildung 5: Zufriedenheitsprofil Seminare

Quelle: eigene Darstellung

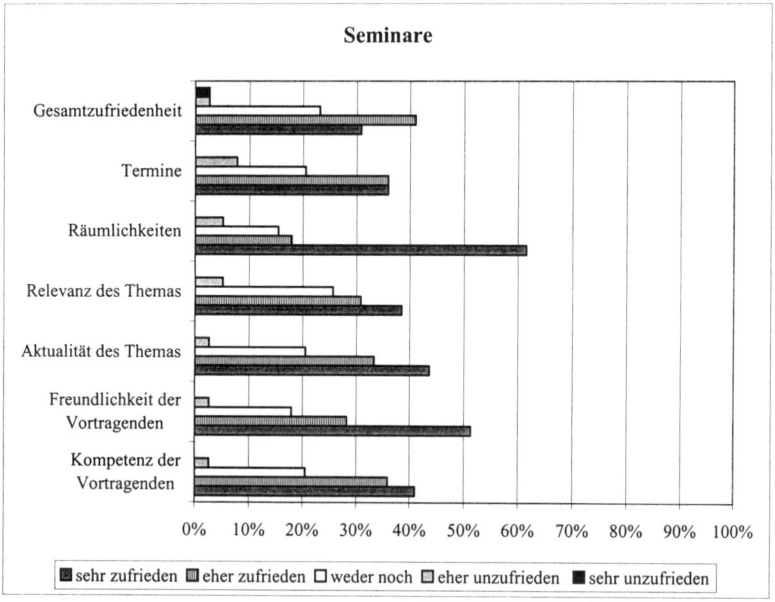

Abbildung 6: Detailansicht Zufriedenheit Seminare

Quelle: eigene Darstellung

Die Ergebnisse der Zufriedenheitsanalyse für den Bereich *Seminare* fallen in etwa ähnlich aus, wie zuvor für das *Coaching* und die *Jours Fixes*. Die Zufriedenheitswerte bewegen sich zwischen rund 69% und 80%. Für die Bewertung der Räumlichkeiten und der Freundlichkeit der Vortragenden liegt der Median bei 1 (sehr zufrieden), bei allen anderen Teilleistungen erreicht er den Wert 2 (eher zufrieden).

Ähnlich wie bei der vorhergehenden Dimension *Jours Fixes* ist auch hier die Auswahl der Themen nicht zur vollen Zufriedenheit der Teilnehmer ausgefallen. Kritisiert wurde, dass die Seminare zu wenig zielgruppenspezifisch angeboten und zuwenig auf die individuellen Bedürfnisse der Teams eingegangen wurde. Es stellt sich künftig die Frage, welche Strategie stärker vorangetrieben werden soll.

7.2.3 Feedback der Jury – Prämierung

Kritisch waren die ehemaligen Teilnehmer in Bezug auf das *Feedback* und die *Beurteilung der Jury*. Offensichtlich waren viele der Meinung, dass die Beurteilung zu wenig objektiv erfolgte. Die Teilnehmer selbst schlugen vor, dass die Objektivität eventuell durch eine größere Zahl an Gutachtern pro eingereichtem Konzept gesteigert werden könnte. Zusätzlich zu den Feedbacks sollte auch eine Wertung der gesamten Jury miteinbezogen werden. Diese Wertung könnte – ergänzend zur Bewertung des Business Planes durch zwei Juroren – durch einer Kurzpräsentation der Businesspläne vor der Jury zustande kommen. Teilweise wurde auch der Wunsch nach ausführlicherem Feedback geäußert.

Teilweise hatten sie die Gewinner noch nie vorher gesehen oder von deren Konzept gehört. Eine verstärkte Transparenz könnte hier möglicherweise die Nachvollziehbarkeit der Preisvergabe erhöhen. Präsentationen der Geschäftsideen oder schriftliche Kurzporträts könnten dazu beitragen, dass die Teilnehmer über ihre Mitstreiter besser informiert sind und somit besser verstehen können warum ein Konzept besser als das ihre bewertet wurde.

Um die Frustration und voreilige Aufgabe der Geschäftsidee derer, die keine Auszeichnung für ihren Business Plan erhalten, sollte klar herausgestellt werden, dass die Prämierung nur der krönende Abschluss ist. Überlegenswert ist es, auch eine Veranstaltung im Sinne einer Nachbesprechung zu organisieren, die es den Nichtgewinnern ermöglicht, mit den Coaches und der Jury über ihren Businessplan zu diskutieren, um herauszufinden, ob der Plan noch verbessert werden kann, oder ob die Idee vielleicht wirklich schwer umsetzbar ist.

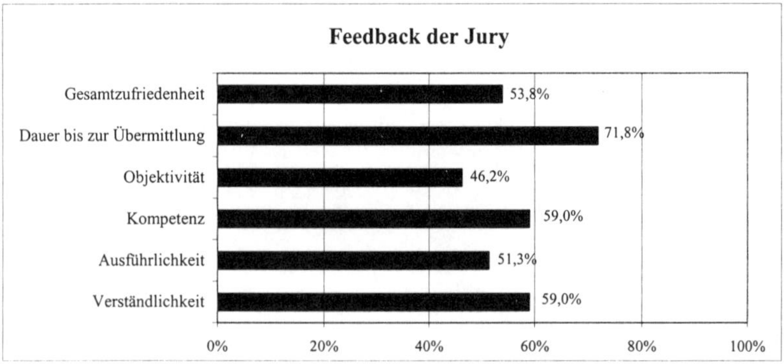

Abbildung 7: Zufriedenheitsprofil Feedback
Quelle: eigene Darstellung

Die wohl geringste Teilnehmerzufriedenheit erreicht der Bereich *Feedback der Jury*. Alle Attribute bis auf „Dauer bis zur Übermittlung" erreichen eine kumulierte Zufriedenheit von unter 65%. Bemerkenswert in dieser Dimension ist die große Zahl der „eher" bis „sehr unzufriedenen" Teilnehmer. Ihr Anteil variiert von 18% bis 28%. Allerdings ist auch der Anteil derjenigen, welche weder zufrieden noch unzufrieden waren vergleichsweise hoch.

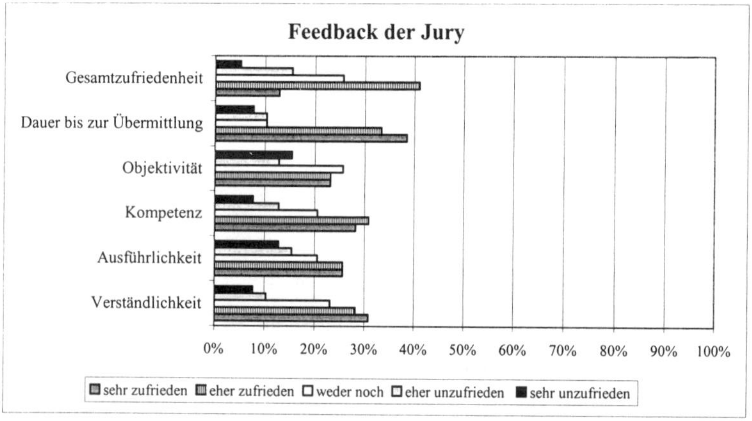

Abbildung 8: Detailansicht Zufriedenheit Feedback
Quelle: eigene Darstellung

Bemängelt wurde vor allem die stark unterschiedliche Beurteilung der Konzepte, sowohl bezogen auf die Ausführlichkeit sowie auf die fehlende Objektivität. Der Median nimmt hier sogar nur den Wert 3 ein. Weitere negative Anmerkungen beziehen sich auf den Eindruck einiger Teilnehmer, dass der fachliche Hintergrund der Jurymitglieder den zu beurteilenden Geschäftsideen nicht besonders nahe stand, und sie ihr Konzept deshalb als nicht richtig verstanden bzw. gelesen sahen.

Bezüglich der Konstruktivität der Jurykritik gibt es sowohl positive, als auch negative Meldungen. Die Teilnehmer schätzten es offenbar, wenn sich das Feedback nicht nur auf die negativen Aspekte des Businessplans bezog, sondern auch konkrete Vorschläge gemacht wurden, wie der Businessplan verbessert werden konnte.

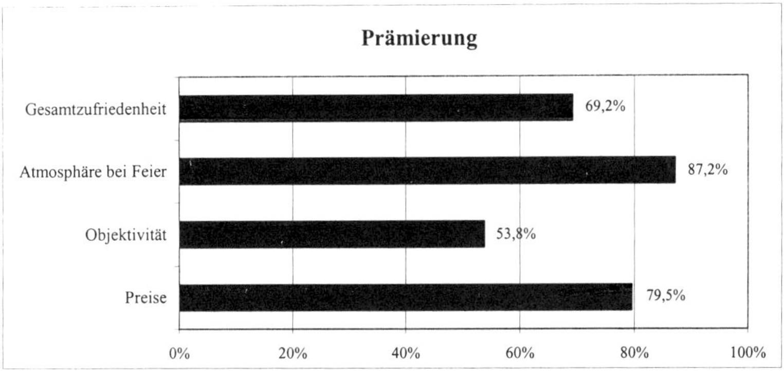

Abbildung 9: Zufriedenheitsprofil Prämierung
Quelle: *eigene Darstellung*

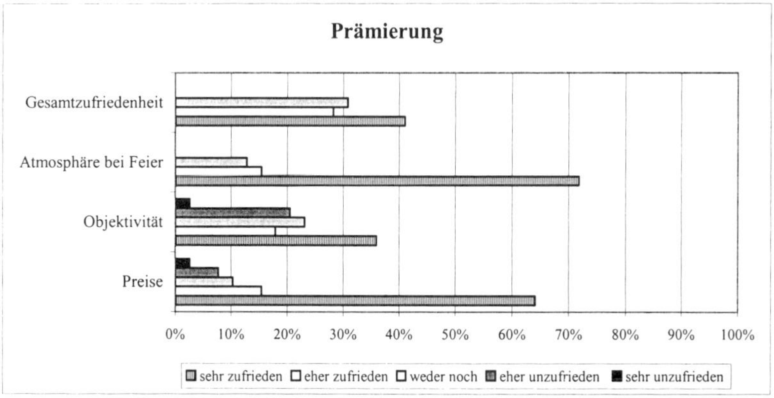

Abbildung 10: Detailansicht Zufriedenheit Prämierung
Quelle: *eigene Darstellung*

Als Knackpunkt in dieser Dimension erscheint die Objektivität der Prämierung den Teilnehmern nicht weitreichend genug zu sein, bzw. wird sie möglicherweise zu wenig kommuniziert. Allerdings dürfte die geringe Zufriedenheit mit diesem Attribut ebenso wie beim Jury-Feedback mit Vorsicht zu genießen sein, da die Enttäuschung, bei der Prämierung nicht berücksichtigt worden zu sein, möglicherweise einen entscheidenden Einfluss auf die Bewertung hat.

7.2.4 Nachbetreuung

Durch den internationalen Vergleich von Business Plan-Wettbewerben kam die Frage auf, ob es sinnvoll wäre, im Rahmen des Wettbewerbs Adventure X auch eine Nachbetreuung anzubieten. In der Umfrage wurde diese Frage klar bejaht, und es wurden vor allem weitere Vermittlungstätigkeiten von Seiten der Tiroler Zukunftsstiftung befürwortet. Vor allem die Gewinner und jene, die nach Abschluss des Wettbewerbs tatsächlich ein Unternehmen gründen wollen, würden eine weitere Betreuung im Sinne der intensivierten Vermittlung von Investoren und Beratern gerne in Anspruch nehmen.

Eine solche Nachbetreuung kann natürlich unterschiedlich organisiert sein. Es gilt zu überlegen, ob eine Auswahl an Teams intensiv weiter begleitet werden soll, oder ob die Stiftung gewisse Hilfestellungen anbietet, welche sämtliche Teilnehmer ansprechen. Unter dem Punkt *Feedback der Jury – Prämierung* wurde eine Veranstaltung im Sinne einer Nachbesprechung vorgeschlagen. Ein Treffen dieser Art ist wahrscheinlich eher für jene interessant, die ihren Businessplan noch weiter verbessern wollen. Bei Projekten, die umgesetzt werden, wäre an dieser Stelle vielleicht auch eine Überlegung bezüglich einer minimalen Beteiligung des Coaches angebracht. Weiters wäre es sicherlich hilfreich, die Verbindungen zu Risikokapitalgebern zu stärken. Dies könnte in Form von Veranstaltungen organisiert werden, an denen die potentiellen Gründer bzw. Jungunternehmer die Möglichkeit bekommen, ihr Konzept mehreren Investoren zu präsentieren.

Zusammenfassend lässt sich sagen, dass das Konzept des Business Plan-Wettbewerbs mit unterstützendem Begleitangebot eine interessante und wichtige Entwicklung im Bereich der Gründungsförderung darstellt, da Potential gefördert wird, welches mit herkömmlichen Methoden nicht immer erreicht werden kann.

Das Konzept des Tiroler Business Plan-Wettbewerbs zählt im internationalen Vergleich zu den sehr umfangreich gestalteten Initiativen und wird auch von den Teilnehmern sehr begrüßt. Die Zufriedenheitsanalyse ergab im Allgemeinen eine sehr hohe Zufriedenheit, wenngleich auch einige kritische Stimmen zu vernehmen waren. Wie bei den meisten Umfragen haben jene, die nicht ganz zufrieden waren, das größere Bedürfnis ihre Kritik anzubringen, als jene die sehr zufrieden waren. Daher ist die teilweise harsche Kritik mit Vorsicht zu genießen, jedoch war sie neben den Erkenntnissen aus dem internationalen Vergleich Grundlage für die oben ausgeführten Handlungsempfehlungen. Letztere sind als Denkanstöße für die Veranstalter von Business Plan-Wettbewerben insgesamt zu verstehen.

Anhang: Business Plan-Wettbewerbe - Websites

Kategorie I – Einstufige Business Plan-Wettbewerbe:	
bpw 10 (D)	www.bpw10.de/html/frameset-1.htm
Business Plan-Wettbewerb der FHH (D)	www.fh-hannover.de/pp/existenzgruendung
Concours de Business Plan ESCP-EAP Création (F)	www.escp-eap-creation.com/conc_annonces_2003.php?r=3
CyberOne (D)	www.cyberone.de
Dreams2follow (D)	www.dreams2follow.de
EnterPrize (B)	www.enterprize.be
ExTra (D)	www-bior.sozwi.uni-kl.de/extra/main.htm
Go! Gründer Offensive (A)	www.gruender.at
Innovation (CH)	innovation03.com/de/index.html
Oxford University Business Plan Competition (GB)	www.science-enterprise.ox.ac.uk/html/busplan_main.asp
StartUp-Initiative (D)	www.startup-initiative.de

Kategorie II - Mehrstufige Business Plan-Wettbewerbe:	
Adventure X (A)	www.adventurex.info
Business Plan-Wettbewerb Berlin-Brandenburg (D)	www.b-p-w.de
Chemnitzer Gründungswettbewerb (D)	www.cwe-chemnitz.de/startup
CTI Start-up (CH)	www.ctistartup.ch
Entrepreneurs' Challenge/E-Challenge (GB)	www.uclechallenge.com
FutureSAX (D)	www.futuresax.de
1,2,3,Go (L, F, D, E)	www.concours123go.org
Gründerwettbewerb Multimedia (D)	www.gruenderwettbewerb.de
I2B: ideas to business (A)	www.i2b.at
Münchener Business Plan Wettbewerb (D)	www.mbpw.de
Science4Life (D)	www.science4life.de

Thüringer Business Plan-Wettbewerb (D)	www.getup-initiative.de
UNIUN (A)	www.alumni.ac.at/uniun
Venture-Companies for Tomorrow (CH)	www.venture.ch
Venture Cup Väst (S)	www.venturecup.org/vast
Kategorie III – Business Plan-Wettbewerbe mit Nachbetreuung:	
Best of Biotech – Ideen fürs Leben (A)	www.bestofbiotech.at/BOB
GeneStart biotech awards (D)	www.genestart.com
start2grow (D)	www.start2grow.de

8 Literaturverzeichnis

Abfalter, D./Pechlaner, H./Matzler, K./Loukota, K. (2002): Der Qualimeter als Instrument zur Messung der Kundenzufriedenheit am Beispiel der Angebotsgruppe „Urlaub am Bauernhof“ in Tirol, in: Hinterhuber H.H./Matzler K. (Hrsg.) (2002): Kundenorientierte Unternehmensführung, Wiesbaden, S. 509–528

Adventure X (2002): Handbuch: Tiroler Zukunftsstiftung, Innsbruck

Bensch, D. (1992): Problemperzeption und Beratungsbedarf bei der Unternehmensgründung Schriftenreihe des Instituts für Betriebswirtschaftslehre der Klein- und Mittelbetriebe an der Wirtschaftsuniversität Wien, Band 11, Wien

Bhidé, A. (1994): How entrepreneurs craft strategies that work, in: Harvard Business Review, Vol. 72, Issue 2, S. 148-161

Buchinger, S. (2003b): Die Zentrale für Unternehmensgründer, in Business Guide 2003/2004, Wien: BMWA, S. 6-12

Deloitte & Touche (2003): Writing an effective business plan, Deloitte & Touche LLP

Dollinger, M.J. (2003): Entrepreneurship – Strategies and Resources

Eisenhardt, K.M./Sull, D.N. (2001): Strategy as simple rules, in: Harvard Business Review, Vol. 79, Issue 1, S. 106-116

Gruber, M./Elsenmüller, B./Fischer, F./Grampp, M. (2002): Business-Planning in Start-Ups: Wissenschaftliche Erkenntnisse und praktische Erfahrungen, München: ODEON Center for Entrepreneurship

Gumpert, D.E. (1994): Creating a successful business plan in: Bygrave, W.D. (Hrsg.), The portable MBA in Entrepreneurship, New York et al, S. 113-138

Hebig, M. (1999): Existenzgründungsberatung: Steuerliche, rechtliche und wirtschaftliche Gestaltungshinweise zur Unternehmensgründung, Bielefeld

Kao, R.W.Y. (1992): Small Business Management, Toronto Dryden Canada

Kishel, G. F./Kishel, P. G. (1998): How to start, run, and stay in business, New York

Sahlman, W.A. (1997): How to write a great business plan, in: Harvard Business Review on Entrepreneurship 1999, Boston

Sautner, M. (1985): Motive und Probleme der Unternehmensgründung. Schriftenreihe der Abteilung für Gewerbe-, Klein- und Mittelbetriebe an der Wirtschaftsuniversität Wien, Wien

Wanzenböck, H. (1998): Überleben und Wachstum junger Unternehmen, Wien/New York

http://www.bmwa.gv.at/BMWA/Service/Unternehmensgruendung/7Gruenden_Leitfaden.htm (09.10.03)

http://www.bmwa.gv.at/NR/rdonlyres/erdh744dz4qtuut2dpq3ktpslo6qtkugc3m6ohuyqmmi ddqadobs3ko65oajjcly75hwdbfw4333yi/Gr%25fcnden_in%2b%25d6sterreich2002.pdf (09.10.03)

http://www.wko.at/statistik/Extranet/Neugr/ng2001e.pdf (20.07.03)

www.50k.mit.edu/about/index.php (24.07.03)

www.diegruender.at/navigation_oben/gruender/station4/start.htm (06.07.03)

www.mbpw.de (24.07.03)

www.wolfsburg-ag.com/02_innovationscampus/promotion/ (24.07.03)

Teil II

Fallstudien

Unternehmerisches Handeln in Tochtergesellschaften

AL-KO Kober AG

Hans H. Hinterhuber, Harald Pechlaner & Eva-Maria Hammann

Lehrziele

- Erkennen neuer Anforderungen an die Führungskräfte in etablierten, diversifizierten und international tätigen Unternehmen
- Kritische Auseinandersetzung mit unterschiedlichen Führungskonzepten
- Rahmenbedingungen, Voraussetzungen und Auswirkungen von Management-Entscheidungen auf allen Ebenen eines etablierten Unternehmens

1 Einleitung

„Der Leader einer Tochtergesellschaft muss dreimal besser sein als eine Führungskraft in der Zentrale eines Konzerns.“

Diese provokante Aussage von Dr. Ekhart Dorfmann, dem Geschäftsführer der Österreichischen Tochtergesellschaften, den so genannten „Außenfirmen“ der AL-KO Kober Unternehmensgruppe, lässt erkennen, welche Herausforderungen innerhalb eines großen, international tätigen Unternehmens bestehen. In der Praxis zeigt sich allzu oft, dass das Rollenverständnis der Führungspersonen im Konzern verschieden ausgelegt wird. Dabei stellt sich die Frage, welchen Handlungsspielraum die Führungskraft einer Außenfirma besitzt, und wie sie ihre unternehmerische Eigenständigkeit behaupten kann, ohne gegen die Grundregeln zu verstoßen, die von der Konzernzentrale einmal aufgestellt wurden und die sich in der Unternehmensphilosophie und der Firmenkultur widerspiegeln. Sind dezentrale Führungskräfte in Tochtergesellschaften nur der verlängerte Arm der Konzernvorstände oder agieren sie als „enfants terribles“, die mit eigenen Entscheidungen ohne unmittelbare Abstimmung mit den Führungskräften der Zentrale neue Wege einschlagen und Entwicklungen in Gang setzen, die den gesamten Konzern verändern können. Grundsätzlich muss es Aufgabe der zentralen Leader sein, ihre Führungskräfte und Mitarbeiter zu unternehmerischem und initiativem Denken und Handeln zu motivieren. Doch gibt es dabei Grenzen, und wenn ja, wo liegen diese? Welche Auswirkungen hat eine Einschränkung unternehmerischen Handelns seitens der Zentrale? Wie weit darf Unternehmertum in einem Konzern, das so genannte „Intrapreneurship“ oder „Corporate Entrepreneurship“, gehen?

2 Vorstellung des Unternehmens

2.1 AL-KO Gruppe

In ihrer mehr als 70-jährigen Geschichte entwickelte sich die Unternehmensgruppe AL-KO Kober AG von einem kleinen Handwerksbetrieb zu einem global tätigen Unternehmen mit gegenwärtig mehr als 40 Firmen und ca. 3800 Mitarbeitern weltweit. Das Akronym AL-KO geht dabei zurück auf den Firmengründer **Al**ois **Ko**ber. Heute ist AL-KO ein bekanntes Markenzeichen, das für Qualität und Sicherheit steht.

Mit dem Entschluss, sich als Schlosser selbständig zu machen, gründete Alois Kober 1931 einen Schlosserei-Betrieb in Kötz bei Günzburg (Schwaben). Anfänglich beschäftigte er sich mit Schlosser- und Reparaturarbeiten landwirtschaftlicher Gerätschaften, die sich in der hauptsächlich bäuerlich geprägten Gegend ergaben. Bereits fünf Jahre später weitete er jedoch die Geschäftsfelder seines Betriebes auf den Fahrzeug- und Gerätebau aus und widmete sich sodann mit dem Bau, der Weiterentwicklung und der Reparatur landwirtschaftlicher Fahrzeuge. Die Schlosserei entwickelte sich in nur wenigen Jahren zu einem mittleren Industriebetrieb. Der Kriegsbeginn 1939 läutete eine schwierige Zeit ein, bremste den Tatendrang des Gründers und brachte die Geschäfte kurzfristig sogar zum Erliegen. Allerdings wurde die Geschäftstätigkeit unmittelbar nach Kriegsende sofort wieder aufgenommen, und das Unternehmen erfuhr in den 40er und 50er Jahren einen beispielhaften Aufschwung, der erstmals 1952 in die Serienproduktion der ersten Handbremshebel für landwirtschaftliche Fahrzeuganhänger gipfelte. In diesen Jahren traten auch die Söhne Herbert, Kurt und Wilhelm Kober zunächst als Lehrlinge in den väterlichen Betrieb ein. 1955 wurde der Firma Kober das erste Patent erteilt, und zwar für einen stufenlos wirkenden Handbremshebel. Drei Jahre später beschäftigte der Betrieb bereits 150 Mitarbeiter, und es kam zur Gründung der ersten Tochterfirma in einem Nachbarort: der *Schwabengeräte GmbH* in Großkötz. Mit der Zeit reichte das ursprüngliche Betriebsgelände nicht mehr aus und es musste laufend erweitert und vergrößert werden. Auch in den europäischen Nachbarländern Italien, Österreich, Frankreich, in der Schweiz und selbst in Großbritannien wurden in der Folgezeit Produktions- bzw. Vertriebsstätten gegründet oder akquiriert. Ab Mitte der 60er Jahre hatte AL-KO seine bisherigen Tätigkeitsfelder auf den Bau von Rasenmähern, Fahrzeugachsen und Fahrgestellen für Wohnwagen ausgeweitet. 1970 entstand in Kötz die erste Ausbildungswerkstatt, denn schon damals erkannte der Gründer, dass die Aus- und Weiterbildung von Mitarbeitern ein entscheidender Wettbewerbsvorteil gegenüber den Konkurrenten sein konnte. Mitte der 70er Jahre beschäftigte AL-KO bereits 1200 Mitarbeiter und erwirtschaftete einen Umsatz von 125 Mio. DM.

Mit dem Einstieg in die Luft-, Abgas-, Wärme- und Klimatechnik im Jahre 1978, diversifizierte AL-KO schließlich in drei Tätigkeitsbereiche: Fahrzeugtechnik, Gerätbau und Lufttechnik. Der Einstieg in die Technik alternativer Energien mit Hilfe von Wärmepumpen und Kollektoren wurde ebenfalls in dieser Zeit vorgenommen und belegte schon früh den unternehmerischen Weitblick der AL-KO Geschäftsführung. Im Jahr 1983 wurde die *AL-KO Consulting-Engineering GmbH* für Dienst- und Managementleistungen für die gesamte AL-KO Gruppe gegründet. Zudem kam es bis Anfang der 90er Jahre zu weiteren Firmengründungen im Ausland, u.a. in Spanien, Belgien, Skandinavien, Ungarn, den USA, Australien und den damaligen GUS-Staaten sowie zu einer Kooperation in den Bereichen Produktion und Entwicklung von Rasenmähern mit dem japanischen Yamaha-Konzern. 1994 ging AL-KO ferner ein Joint Venture in China ein.

Zum 1.1.1987 wurde die Alois Kober KG in eine Aktiengesellschaft, die AL-KO Kober AG, umgewandelt. Seither wird das Unternehmen von den Mitgliedern der Familie Kober und zahlreichen Managern und Geschäftsführern weltweit geführt.

Die 90er Jahre brachten zahlreiche Neuerungen und Veränderungen im Unternehmen: In Kötz wurde 1991 ein ehrenamtlicher Mitarbeiter-Umweltschutzkreis gegründet, 1992 führte AL-KO sein firmenspezifisches TQM-System ein, das so genannte „AQS“ (AL-KO Qualität und Sicherheit), und 1997 wurde SAP/R3 im Unternehmen installiert. Darüber hinaus wurden einzelne Firmenbereiche, u.a. in der Klima-/Luft- und Fahrzeugtechnik, neu organisiert. Schließlich wechselten die beiden Brüder Herbert und Kurt Kober ihre Positionen in der AL-KO AG: Herbert Kober trat in den Aufsichtsrat ein, während Kurt Kober die bisherige Position seines Bruders als Vorstandsvorsitzender einnahm.

Ende der 90er Jahre beschäftigte das Unternehmen insgesamt mehr als 3400 Mitarbeiter und überschritt erstmals die Umsatzgrenze von 1 Mrd. DM. Im Jahr 2001 feierte die AL-KO Kober AG ihr 70-jähriges Firmenjubiläum mit zahlreichen Veranstaltungen weltweit.

2.2 AL-KO Zell am Ziller

30 Jahre nach Gründung der Muttergesellschaft wurde 1961 in Zellberg im Zillertal (Tirol) die erste ausländische Außenfirma, die *Alois Kober KG - Austria*, geschaffen. Strategischer Hintergrund dieser Gründung war die Möglichkeit, in den EFTA-Markt eintreten und mit den Mitgliedsstaaten erfolgreich Geschäfte machen zu können. Damit war es AL-KO möglich, die EFTA-Mitgliedstaaten ohne große Probleme in Bezug auf Zölle und Einfuhrbeschränkungen zu bedienen. Zunächst wurden in Zellberg Produkte aus den beiden Geschäftsfeldern „Fahrzeugtechnik" und „Garten+Hobby" hergestellt. Aus Platzmangel konzentrierte man sich in Tirol allerdings bald nur mehr auf die Fertigung im Bereich „Fahrzeugtechnik" und dabei insbesondere auf die Herstellung von Radbremsen und Kupplungen für Anhänger, Seilzüge, Kunststoffteile sowie Blechbauteile für Fahrzeughersteller. Die Produktion im Bereich „Garten+Hobby" wurde im Jahre 1965, vier Jahre nach Gründung der Firma in Zellberg, in das neu gegründete Werk in Obdach (Steiermark) verlagert. Dort begann man dann mit der Produktion von Kellerfenstern und Schneeschaufeln. Schließlich entstand 1976 in Ramsau (Tirol), nur wenige Kilometer von Zellberg entfernt, ein zweiter Betrieb, in dem Zugkupplungen, Handbremshebel und Ersatzradhalterungen produziert werden sollten. In den 90er Jahren wurden von AL-KO Austria eigene Vertriebsgesellschaften in Ungarn (1990), und der Tschechei und Slowakei (1992) gegründet. Zudem intensivierte sich die unternehmerische Tätigkeit von AL-KO Austria in Italien und Dänemark durch die Akquisition der Firmen „Sigma" und „Ginge".

Wie in allen anderen Firmen der AL-KO Kober Unternehmensgruppe gelten auch für die Österreichischen Außenfirmen die folgenden Kriterien für die Produktion: innovative Technik, strenge Qualitätsnormen (Zertifizierung nach ISO 9001) und beispielhafter Service für die Kunden. AL-KO Österreich sieht sich wie die gesamte Gruppe als Systemlieferant, der die verschiedenen Tätigkeitsfelder Beratung, Planung, Konstruktion und Fertigung übernimmt.

Heute werden die in Zellberg bzw. Ramsau und Obdach produzierten Produkte zu 80 % in europäische Länder sowie die USA und Australien exportiert oder an Firmen der AL-KO Unternehmensgruppe geliefert. Die verbleibenden 20 % sind für den Absatz im inländischen Markt bestimmt. Die drei österreichischen Firmen beschäftigen gegenwärtig ca. 600 Mitarbeiter und stehen unter der Geschäftleitung von Herrn Dr. Ekhard Dorfmann.

3 Gründer- und Führungspersönlichkeiten

3.1 Die Familie Kober

Der Unternehmensgründer Alois Kober wurde 1908 in Edenhausen bei Krumbach geboren und trat bereits im Alter von 13 Jahren in den elterlichen Schlosserbetrieb ein. Als er 1931 mit gerade 23 Jahren selbständig wurde, legte er den Grundstein für das heute so erfolgreiche, weltweit tätige Unternehmen AL-KO Kober AG. Mit der ganzen Unterstützung seiner Familie widmete er sich dem Fahrzeug- und Maschinenbau, und es gelang ihm mit unternehmerischem Geschick, Mut und Weitblick sowie mit großem persönlichem Einsatz, seinen Betrieb bald zu einem florierenden Unternehmen zu entwickeln. Sein unermüdliches Engagement zeigt sich auch in der folgenden Begebenheit: Die Zeit des Krankenlagers nach einem schweren Autounfall nutzte Alois Kober zur Entwicklung eines Handbremshebels, der auf geringsten Druck den Schub eines Anhängers auf das Antriebsfahrzeug abbremsen sollte. Sobald Alois Kober wieder „einsatzfähig" war, wurde mit Bremsversuchen begonnen, und es konnte ein Produkt entwickelt werden, das Konkurrenzprodukten in vielerlei Hinsicht überlegen war.

Im Laufe seines Lebens erhielt Alois Kober zahlreiche Anerkennungen, unter anderem das Bundesverdienstkreuz und das große Ehrenzeichen des Landes Steiermark. Darüber hinaus wurde er von den Gemeinden Kötz, Obdach und Hintertux-Lanersbach zum Ehrenbürger ernannt. Bis zu seinem Tod 1996 war Alois Kober am unternehmerischen Geschehen seines Unternehmens beteiligt, und sein Unternehmergeist wirkt bis heute in der Kultur des Unternehmens nach.

Seine Söhne Herbert, Kurt und Wilhelm Kober traten nach und nach in den Betrieb und infolgedessen in die Fußstapfen ihres Vaters ein und sind bis heute feste Größen im Unternehmen. 1958 übernahm Herbert Kober die kaufmännische Leitung von seinem Vater, während Kurt die technische Abteilung leitete und Wilhelm Kober mit der Arbeitsvorbereitung betraut war. In der heutigen Aktiengesellschaft nehmen die Brüder Positionen im Vorstand bzw. Aufsichtsrat ein. Daneben ist mittlerweile auch Roland Kober, Vertreter der nächsten Generation, in die Geschäftsleitung der Firma eingetreten.

Wie schon ihr Vater erhielten die drei Söhne diverse Auszeichnungen und Ehrungen:

- Herbert Kober wurden unter anderem das Bundesverdienstkreuz, das große silberne Ehrenzeichen des Republik Österreich sowie die Staatsmedaille für besondere Verdienste um die bayerische Wirtschaft verliehen.
- Das Bundesverdienstkreuz wurde auch Kurt Kober überreicht, darüber hinaus erhielt er den Tiroler Adlerorden in Gold sowie Ehrenmedaillen der Gemeinden Ettenbeuren und Kötz. Wie sein Vater ist auch er Ehrenbürger der Gemeinden Ramsau, Obdach und Zellberg.
- Wilhelm Kober ist Träger des Goldenen Rings der Industrie- und Handelkammer (IHK) und wurde 1995 ebenfalls mit dem Bundesverdienstkreuz ausgezeichnet.

Dank der nachfolgenden Generationen ist bis heute der Unternehmergeist des Gründers Alois Kober im gesamten Unternehmen spürbar. Ob ein Besucher, Kunde oder Geschäftpartner eine der AL-KO Niederlassungen betritt, er wird im Eingangsbereich dieser Firmen mit Sicherheit ein Portrait des Gründers entdecken.

3.2 Dr. Ekhard Dorfmann

Dr. Ekhard Dorfmann ist seit beinahe 30 Jahren in der AL-KO Kober AG tätig.

Er begann im Jahre 1974 seine Karriere als kaufmännischer Leiter in der Südtiroler Niederlassung der AL-KO Kober Unternehmensgruppe in Vintl, wo er einige Zeit später in die Geschäftsführung aufstieg. Im Jahr 1980 wechselte er dann in die Geschäftsführung der österreichischen Außenfirmen, die er seither zusammen mit Kurt Kober leitet.

Als Geschäftsführer der österreichischen Niederlassungen kann er auf eine erfolgreiche Tätigkeit zurückblicken. Während seines beruflichen Engagements im Unternehmen war er am Aufbau bzw. der Übernahme zahlreicher Firmen (u.a. in Spanien, Großbritannien, Italien, in Ungarn und in der Tschechei) beteiligt. Unter seiner Leitung wurden in den vergangenen Jahren allein in Italien zwei Firmen in die AL-KO Gruppe eingebunden, und es ist geplant, in Kürze ein weiteres Unternehmen aus Trivio einzugliedern.

Sein unternehmerisch eigenständiges Verhalten, das im Konzern nicht immer auf Gegenliebe stieß, das aber in weiterer Folge zumeist doch Auswirkungen auf den gesamten Konzern hatte, zeigt sich anhand der folgenden Beispiele:

Mitte der 70er Jahre entschied sich Dorfmann, die bisherige Investitionsrechnung zu verändern, und stattdessen eine Investitionsrechnung anhand von fünf zentralen Fragen einzuführen, die eine Entscheidung über die Realisation von Investitionsvorhaben erleichtern und transparenter gestalten sollte. Bis heute wird diese Vorgehensweise im gesamten Konzern angewendet. Dabei müssen sich die Entscheidungsträger mit folgenden fünf Fragen kritisch auseinandersetzen, um dem Anspruch der Zukunftsträchtigkeit Genüge zu leisten:

- Wie stellt sich der SOLL- und IST- Zustand dar?
- Welche Gründe sprechen für diese Investition?
- Gibt es andere Alternativen und welche?
- Welche Personalveränderungen ergeben sich?
- Ist die Finanzierung gesichert?

Eine weitere innovative, dezentrale Entscheidung von Dorfmann war es, eine verstärkt qualitätsbewusste Produktion in den österreichischen Niederlassungen einzuführen, und das, obwohl bis dato Konzepte wie der 6-Sigma-Ansatz noch nicht im Fokus der Unternehmensführung standen. In den 70er Jahren hatte die Abteilung „Qualitätssicherung" insbesondere die Aufgabe, die Qualität in der Produktion sicherzustellen, was damals bedeutete, dass Muster geprüft wurden oder die Funktionsfähigkeit sichergestellt wurde. Doch diese Art der Qualitätssicherung ging Dorfmann nicht weit genug, und er ermutigte die Mitarbeiter seiner Betriebe zu einer qualitätsbewussten Fertigung und zu mehr Selbstkontrolle. Dieser dezentral entstandene Impuls und externe Entwicklungen wie die 6-Sigma-Konzeption führten schließlich zur konkurrenzfähigen Produktion der gesamten AL-KO Unternehmensgruppe.

Abschließend wurde eine weiteres dezentral entstandenes Konzept auf den Gesamtkonzern ausgedehnt und ist in seiner Systematik sogar zu einem wichtigen Grundsatz im Unternehmen geworden: das sog. SOS – Sauberkeit, Ordnung, Sicherheit. Dabei handelt es sich um ein internes Audit, bei dem eine eigens eingesetzte Gruppe jede Abteilung inspiziert und anschließend feststellt, was im Unternehmen verbessert werden muss. Diese Inspektion zieht sich durch alle Abteilungen, die Produktion und sogar die Chefetagen und sichert so Sauberkeit, Ordnung und Sicherheit.

Obwohl dezentrale Initiativen nicht immer realisiert werden können und es oftmals auch zu Reibungen zwischen der zentralen Konzernführung und den Führungskräften der Außenfirmen kommen kann, zeigt sich anhand der dargestellten Beispiele, welch positive Effekte sich für ein Unternehmen ergeben können.

Trotz oder gerade wegen dieser regen Zusammenarbeit hat sich zwischen Dr. Dorfmann und dem Konzernvorstand über die Jahre ein außergewöhnliches Arbeitsverhältnis entwickelt, das v.a. durch gegenseitigen Respekt, Wertschätzung und Hochachtung geprägt ist.

4 Die AL-KO Kober AG heute

4.1 Zahlen und Fakten zur gesamten Unternehmensgruppe

AL-KO ist heute – wie bereits erwähnt – mit mehr als 40 Firmen in 21 Ländern und auf fünf Kontinenten tätig und verfügt über einen Mitarbeiterstamm von ca. 3400 Personen.

Über die Jahre hat sich im Konzern eine Unternehmensphilosophie entwickelt, die von den obersten Führungskräften in der Muttergesellschaft getragen und entsprechend in allen nationalen wie internationalen Unternehmenseinheiten gelebt wird. Im Geschäftsbericht heißt es wörtlich:

> *Die AL-KO Kober Gruppe stellt ihre speziellen Fähigkeiten in den Bereichen Fahrzeugtechnik, Garten+Hobby sowie Lufttechnik in den Dienst der Gesellschaft und ist weltweit tätig.*
>
> *Diese Fähigkeiten will die AL-KO Kober Gruppe durch permanente Innovation mehren und verbessern.*
>
> *Es ist das Ziel der AL-KO Kober Gruppe, in jedem der Bereich, zu den Besten und zu den Branchenführern zu zählen.*
>
> *Durch dieses Handeln will die AL-KO Kober Gruppe ihren Mitarbeitern sichere, humane und dem jeweiligen Fortschritt angepasste Arbeitsplätze bieten, die Leistungen der Mitarbeiter fair entlohnen und ihnen fachliches sowie persönliches Wachstum ermöglichen.*
>
> *Alles Handeln der AL-KO Kober Gruppe muss auf dieser Grundlage geschehen und darauf ausgerichtet sein, der Wirtschaftlichkeit des Unternehmens, den Kunden und Partnern, den Mitarbeitern und der Gesellschaft zu dienen.*

Darüber hinaus wurden von der Geschäftsleitung 15 Grundsätze aufstellt, die an alle Bezugsgruppen der AL-KO Kober Gruppe kommuniziert werden und die als Maßstab für das Denken, Entscheiden und Handeln im Unternehmen Geltung finden. In den folgenden Grundsätzen liegt nach Aussage der Vorstände die Kraft des Unternehmens:

I. Ertrag und Wachstum sind notwendig, um unsere Zukunft zu sichern.
II. Wir wollen, dass unsere Kunden von AL-KO begeistert sind.
III. Wir wollen zu den Besten gehören.
IV. Führungsgrundsatz: Führen durch Vorbild.
V. Wir schaffen kreatives Arbeitsklima für neue Ideen und permanente Verbesserungen.
VI. Mit Korrektheit und Fairness zum Erfolg.
VII. Gemeinsam sind wir stark, wenn jeder seine Aufgabe erfüllt.
VIII. Wir blicken nach vorn mit Eigeninitiative und Begeisterung.
IX. SOS (Sicherheit, Ordnung, Sauberkeit) – ein Schritt zum Erfolg.
X. Unsere Wettbewerber nehmen wir ernst.
XI. Wir gehen bewusst mit Zeit und Umwelt um.
XII. Wir informieren gegenseitig.
XIII. Wir vereinbaren konkrete Ziele und nehmen persönlich Verantwortung an.
XIV. Aus- und Weiterbildung ist wichtig – AL-KO Campus.
XV. Wir erfüllen unsere Markenversprechen.

Dank einer erfolgreichen und konsequenten Geschäftsführung mit Hilfe motivierter Mitarbeiter und qualitativ hochwertiger Produkte konnte das Unternehmen im Jahr 2002 in den drei Unternehmensbereichen AL-KO Fahrzeugtechnik, AL-KO Garten+Hobby und AL-KO Lufttechnik einen Umsatz von rund 590 Mio. € verzeichnen. Dabei verteilten sich die Umsätze prozentual zu 60 % auf den Bereich Fahrzeugtechnik und zu 26 % auf „Garten+Hobby“-Produkte; die verbleibenden 14 % des Gesamtumsatzes entfielen auf den Unternehmensbereich „Lufttechnik“.

Einen mehrjährigen Überblick über die Entwicklung der Umsatzzahlen veranschaulicht das nachfolgende Diagramm:

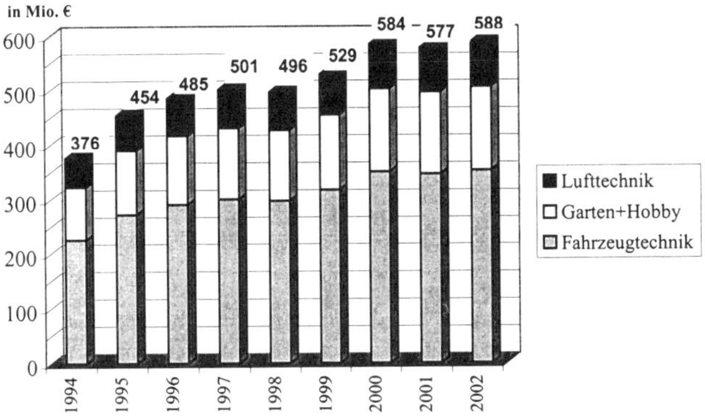

Abbildung 1: Umsatzzahlen der AL-KO Kober Unternehmensgruppe

Quelle: *AL-KO Geschäftsbericht 2002*

Bereits 1970 wurde mit der Einführung eines Aus- und Weiterbildungsprogramms für die Mitarbeiter ein Grundstein für den heutigen *AL-KO Campus* gelegt, d.h., dass für die eigenen Mitarbeiter eine hochwertige und zukunftorientierte Ausbildung in Form von Schulungen ermöglicht wird. Darüber hinaus kann der AL-KO Campus eine Plattform bieten, der die Zusammenarbeit und das Miteinander zwischen den Mitarbeitern einzelner Abteilungen, strategischer Geschäftseinheiten und Töchtern/ Außenfirmen aus allen Teilen der Welt fördert und die Erreichung der gesetzten Ziele ermöglicht.

4.2 Zahlen und Fakten zu AL-KO Zell am Ziller

AL-KO Österreich umfasst die drei Niederlassungen in Tirol und in der Steiermark, in denen ausschließlich Produkte der beiden Unternehmensbereiche Fahrzeugtechnik/Automotive bzw. Garten+Hobby produziert werden. Im Rahmen dieser Fallstudie beziehen sich die nachfolgenden Ausführungen – stellvertretend für alle Außenfirmen der AL-KO Kober Unternehmensgruppe – auf die beiden Firmen im Zillertal (Zell a.Z. und Ramsau).

Unter der Führung von Dr. Ekhard Dorfmann, der für alle österreichischen Töchter zuständig ist, erwirtschafteten die beiden Tiroler Werke im Jahr 2002 im Bereich Fahrzeugtechnik einen

Umsatz von knapp 42 Mio. € und beschäftigten dabei insgesamt 354 Mitarbeiter. Die Umsatzentwicklung dieser beiden Werke ist in Abbildung 2 dargestellt:

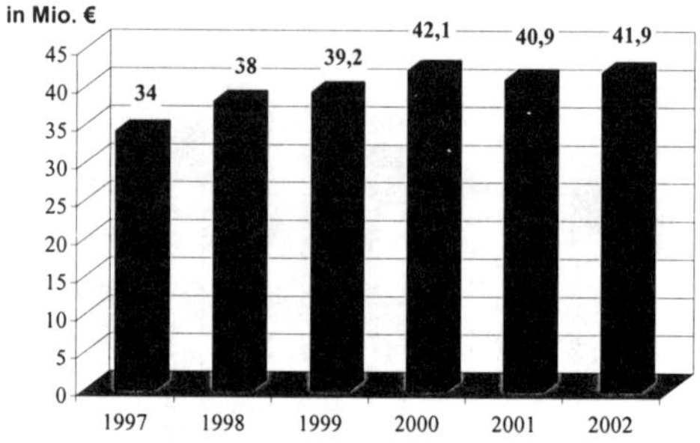

Abbildung 2: Umsatzzahlen AL-KO Zell/Obdach
Quelle: AL-KO Geschäftsbericht 2002

Die Umsatzergebnisse der österreichischen Außenfirma im Zillertal machen einen prozentualen Anteil von rund 7 % am Gesamtumsatz der AL-KO Unternehmensgruppe aus.

Die beiden Tiroler Firmen sind zusammen mit einigen weiteren Töchtern in Spanien und Deutschland innerhalb der AL-KO Unternehmensgruppe in der Sparte „Automotive" zusammengefasst und produzieren unter anderem Seilzüge, Kupplungs- und Industriekomponenten, Seilwinden und Radbremsen. Von den hergestellten Produkten werden 80 % ins Ausland exportiert oder an andere Firmen der AL-KO Unternehmensgruppe geliefert; lediglich 20 % der Produktion werden im österreichischen Markt abgesetzt.

Wie in allen anderen Einheiten der AL-KO Kober Unternehmensgruppe gelten auch in den Tiroler Töchtern dieselben Grundsätze, und die Unternehmenskultur spiegelt sich in allen Geschäftstätigkeiten wider. Um der Prämisse der Innovationen gerecht zu werden und dem Standort Österreich mehr Bedeutung innerhalb des Konzerns zu verleihen, wird im Sommer 2003 ein Technologie- und Laborzentrum eröffnet werden.

5 Organisation

5.1 AL-KO Kober Unternehmensgruppe

Die AL-KO Kober Unternehmensgruppe ist seit 1987 als Aktiengesellschaft weltweit tätig und besteht aus einer Vielzahl von nationalen und internationalen Tochter- sowie Vertriebsgesellschaften in 21 Ländern und auf 5 Kontinenten. Die Entstehung bzw. Entwicklung der Außenfirmen geht entweder auf internes Wachstum oder auf Akquisition bereits bestehender Firmen, teilweise sogar Konkurrenz- oder ehemalige Partnerfirmen, zurück. Das heutige Unternehmensnetzwerk ist eher zentral gesteuert, d.h., dass Anweisungen und Direktiven zumeist von der Zentrale in Kötz an die Außenfirmen gehen, und die Konzernleitung versucht, die Kooperation zwischen den einzelnen Einheiten und die Abstimmung der Geschäftstätigkeiten dieser Firmen effizient zu koordinieren. So werden die gesamte Datenverarbeitung, sämtliche Richtlinien für das Qualitätsmanagement sowie operationale und strategische Planung (Jahresabschlüsse, Inventur, ...) von der Zentrale vorgegeben, um Einheitlichkeit im Unternehmen zu erzielen. Grundlegende Neuerungen in den Produktionsbereichen werden in der Zentrale entwickelt, allerdings werden die Außenfirmen bei einer späteren Weiterentwicklung und Produktionsplanung miteinbezogen. Davon abgesehen sind die Töchter in den meisten anderen Bereichen autonom.

Der Informations- und Wissensaustausch zwischen den Töchtern und der Konzernzentrale findet daher auch in reger Form statt, um effizientes Arbeiten zu gewährleisten. Dabei macht das zentrale Top-Management keinen Unterschied zwischen einzelnen nationalen und ausländischen Außenfirmen. Jeder dezentrale Manager sieht sich denselben Herausforderungen bezüglich Leistungsnachweise und zwischenmenschlichen Differenzen gegenüber.

In der nachfolgenden Graphik zeigt sich die organisatorische Struktur der österreichischen Niederlassung in Beziehung zur Muttergesellschaft im bayerischen Kötz:

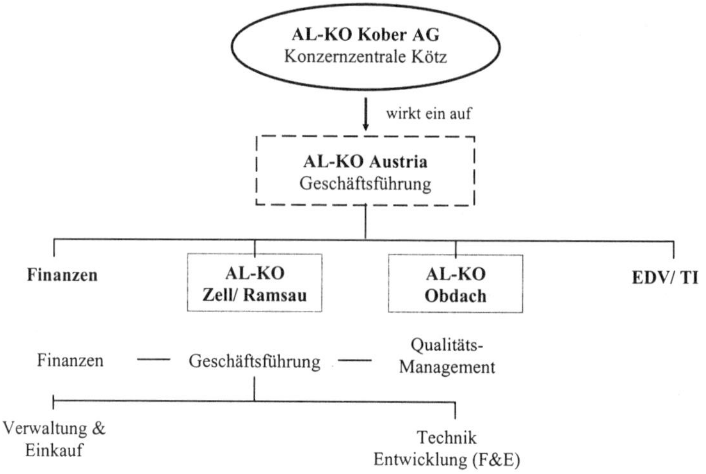

Abbildung 3: Organigramm AL-KO Österreich

Quelle: AL-KO Geschäftsbericht 2002

5.2 AL-KO Zell am Ziller

Die Tiroler Niederlassung der AL-KO Gruppe, bestehend aus zwei Werken, ist eine hundertprozentige Tochter des Konzerns. Den Geschäftsführern Dr. Ekhard Dorfmann und Kurt Kober unterstehen dabei eine Reihe von Führungskräften des mittleren Managements:

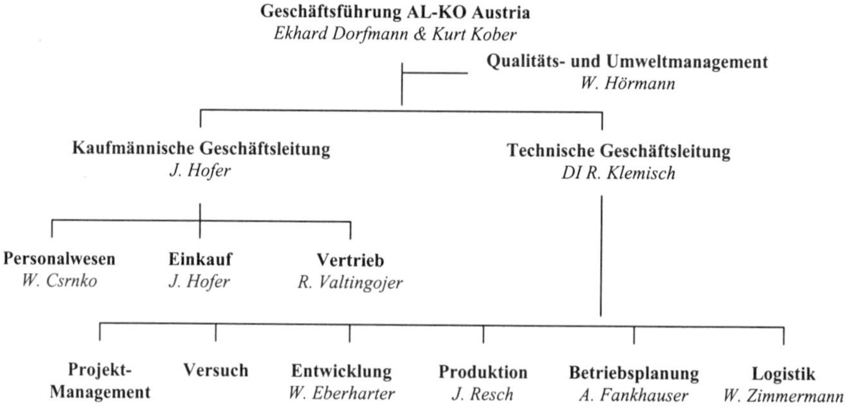

Abbildung 4: Organigramm AL-KO Zell a.Z./Ramsau

Quelle: AL-KO Geschäftsbericht 2002

Im Bezug auf die Eigenständigkeit einer Außenfirma gibt es von Seiten der Zentrale einige Beschränkungen. Große strategische und operative Investitionsvorhaben müssen von der Zentrale abgesegnet werden. Kleinere Projekte bis zu einer Größenordnung von € 25.000 können selbständig entschieden werden.

Der Trend zur Zentralisierung bei Entscheidungen zeigt sich also auch am Beispiel der AL-KO Kober Unternehmensgruppe im Bezug auf ihre Außenfirmen. Für dezentrale Führungskräfte bedeutet dies vielfach einen „Zwei-Fronten-Kampf“: einerseits sehen sie sich einem Kampf um wirtschaftlichen Erfolg gegenüber, andererseits müssen sie sich immer wieder gegenüber der Zentrale behaupten und eigene Entscheidungen rechtfertigen.

6 Produkte und Märkte

6.1 Produkte

Die AL-KO Kober Unternehmensgruppe ist in drei Produktbereiche diversifiziert. Wie bereits erwähnt, handelt es sich dabei um die in der folgenden Abbildung 4 dargestellten Produktlinien Fahrzeugtechnik, Garten+Hobby sowie Lufttechnik.

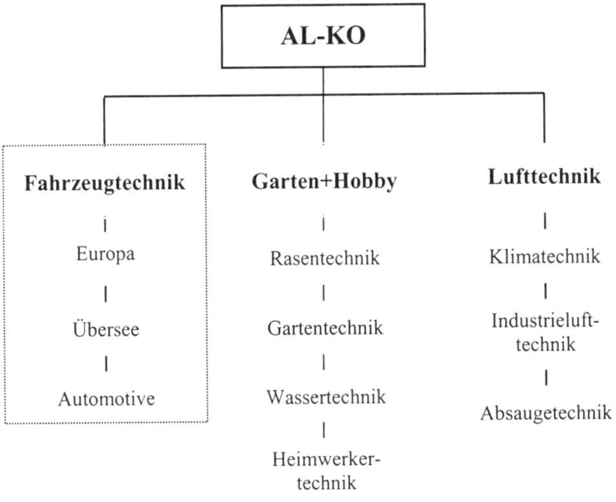

Abbildung 5: Die drei Produktsparten der AL-KO Unternehmensgruppe

Quelle: AL-KO Geschäftsbericht 2002

Die Fahrzeugtechnik wurde in die Sparten „Europa“, „Übersee“ und „Automotive“ untergliedert. Die Fahrzeugtechnik „Europa“ verfügt über die fünf Standorte Deutschland, Frankreich, Großbritannien, Italien und Spanien, in denen Anhängerkomponenten, Pkw-Nutzanhänger, **amc**-Chassis und Achssysteme produziert werden. In der Sparte „Übersee“ sind die amerikanischen Niederlassungen in Kalifornien, Oklahoma, Indiana und Mississippi zusammengefasst. Produziert werden hier Gummi- und Blattfederachsen, Trommeln und Naben. In der Sparte „Automotive“ werden Automobilteile, Betätigungs- und Dämpfungselemente sowie Erzeugnisse aus der Kunststofftechnik produziert. In diesem Bereich ist auch die österreichische Tochter tätig.

Neben Fahrzeugtechnikteilen für Pkws (Kupplungen, Bremsen, Seilwinden, etc.) ist AL-KO im Zillertal exklusiv für die Fertigung von Seilwinden zuständig und produziert daneben Industriekomponenten wie Tanks für Schwer- und Straßenfahrzeuge. Die beiden letztgenannten Produktkategorien entwickelten sich erst nach und nach und sind heute aus dem Portfolio der Außenfirma nicht mehr wegzudenken.

Der Unternehmensbereich Garten+Hobby ist segmentiert in „Rasen-“, „Garten-“, „Wasser-“ und „Heimwerkertechnik“. Das steirische Werk in Obdach stellt in diesem Bereich unter anderem Rasenmäher, Vertikutierer, Gartenteiche, Betonmischer, Tauchpumpen und Zisternen her.

Schließlich umfasst Lufttechnik die Sparten „Klima-“, „Industrieluft-“ und „Absaugetechnik“ und hat sich die professionelle Luftbehandlung zum Ziel gemacht. In diesem Unternehmensbereich werden beispielsweise Hygienegeräte, Kühlgeräte, stationäre Absauganlagen, Entsorgungssysteme und Produkte im Bereich Wärmetechnik hergestellt.

6.2 Marktanteile

Die in den österreichischen Töchtern in Zell und Ramsau produzierten Erzeugnisse in der Sparte „Automotive“ – Handbremsseile, Türbetätigungen und Motorradzüge – behaupten sich im Vergleich zur Konkurrenz wie die nachfolgenden Diagramme zeigen:

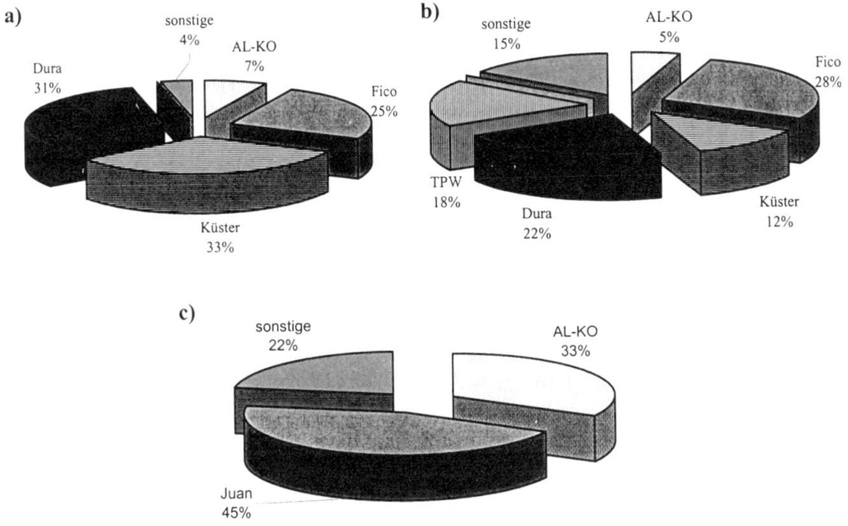

Abbildung 6: Marktanteile im Vergleich zur Konkurrenz bei a) Handbremsseilen, b) Türbetätigungen, c) Motorradzügen

Quelle: *AL-KO Geschäftsbericht 2002*

Bei der Produktlinie „Handbremsseile" verfügt AL-KO im Vergleich zu den beinahe gleich starken Konkurrenten *Küster*, *Dura* und *Fico* mit 7 % über einen verhältnismäßig kleinen, jedoch stabilen Marktanteil. Auch bei Türbetätigungen spielt AL-KO eine eher untergeordnete Rolle im Marktsegment, behauptet sich und seinen Marktanteil allerdings erfolgreich. Hier sind die Konkurrenzfirmen *Fico* und *Dura* ebenfalls Marktführer. Anders zeigt sich die Situation im Segment Motorradzüge: AL-KO Österreich beherrscht in diesem Bereich als zweitstärkster Anbieter mit 33 % zusammen mit der Konkurrenzunternehmung *Juan* (45 %) den Markt. Die anderen Anbieter in diesem Marktsegment nehmen nur eine untergeordnete Rolle im Wettbewerb ein.

6.3 Vertrieb

Die drei AL-KO Produktlinien werden aufgrund ihrer Verschiedenartigkeit in unterschiedlicher Art und Weise vertrieben. Im Bereich Fahrzeugtechnik werden die Produkte entweder direkt bei den großen Automobil-, Caravan- und Lkw-Herstellern in deren Fahrzeuge eingebaut oder können nachgerüstet werden. In diesem Fall sind die Produkte über diverse Fachhändler beim Konzern zu beziehen. Im Gegensatz zu einem sehr zentralisierten Vertrieb werden Kernprodukte der Außenfirmen wie Seilzüge im Fall von AL-KO im Zillertal dezentral, d.h. in und von Österreich, vertrieben.

Zielgruppe der Produkte im Bereich Garten+Hobby sind vornehmlich Privatkunden, die die gewünschten Produkte über Fachhändler sowie Bau- und Heimwerkermärkte erwerben bzw. beziehen können. In diesem Bereich werden auch intensive Marketingaktivitäten („Hol dir die Kraft") unternommen.

Die AL-KO Lufttechnik ist ein Business-to-Business Geschäft und wendet sich vor allem an andere Firmen, die die AL-KO Erzeugnisse für ihre Produktion bzw. Geschäftstätigkeit benötigen.

Generell verfügen Zentrale wie Außenfirmen über Kundenservice-Abteilungen, die jedem Kunden bei Fragen und Problemen zur Verfügung stehen.

6.4 Forschung & Entwicklung

Forschung & Entwicklung wird vornehmlich in den entsprechenden Abteilungen der Zentrale vorgenommen. Allerdings werden die Produkte und Leistungen in den dezentralen Einheiten oft weiterentwickelt und den geänderten Kundenbedürfnissen angepasst.

Der Bau des Technologiezentrums in Ramsau mit einem Investitionsvolumen von drei Millionen Euro soll ein weiterer Meilenstein für die Produktionsstätten von AL-KO im Zillertal sein. Dort sollen neue Produkte – vor allem im Bereich der Seilzug und Fahrzeugtechnik – entwickelt, getestet und für den Einsatz in der Automobilindustrie angepasst werden.

7 Perspektiven von AL-KO Zell/ Ramsau

Der Produktbereich „Fahrzeugtechnik", der vor allem auch im Zillertal die Produktion bestimmt, hat laut Ekhard Dorfmann viel versprechendes Zukunftspotential, weil hier ein großer Markt bearbeitet werden kann. Künftig sieht er weitere Entwicklungs- und Absatzmöglichkeiten im Einbau von Elektronik in bestehende AL-KO Produkte. So kann dem Trend der zunehmenden Automatisierung im Fahrzeugbau Rechnung getragen werden.

8 Fragestellungen

a) Untersuchen Sie, inwiefern unterschiedliche Führungsstile und die zahlreichen in der betriebswirtschaftlichen Theorie dargestellten Leadership-Ansätze Einfluss auf Führungskräfte in Mutter- und Tochtergesellschaften eines international tätigen Unternehmens ausüben. Versuchen Sie dabei herauszustellen, welche Voraussetzungen im Unternehmen, der Organisationsstruktur sowie beim Top-Management gegeben sein müssen, damit in Tochtergesellschaften und strategischen Geschäftseinheiten initiatives Verhalten entstehen und anschließend gefördert werden kann. Welche Rolle spielt dabei die Beziehung zwischen Mutter- und Tochterunternehmen?

b) In welchen Bereichen sehen Sie Möglichkeiten zu unternehmerischem Verhalten seitens der dezentralen Führungskräfte? Warum braucht es gerade auch innerhalb eines etablierten Unternehmens Leader und Entrepreneure? Welche Aufgaben sind bzw. sind nicht auf die dezentrale Ebene übertrag- und delegierbar? Welche Konsequenzen ergeben sich aus innovativem Unternehmertum auf dezentraler Ebene des etablierten Unternehmens?

c) Wenn Sie die Entwicklung der AL-KO Unternehmensgruppe betrachten, wo sehen Sie die größten Herausforderungen für unternehmerisches Verhalten in den nationalen wie internationalen Tochtergesellschaften und strategischen Geschäftseinheiten?

9 Literaturhinweise

Bartlett, C./ Goshal, S. (2000): Transnational Management, 2. Auflage, Chicago

Birkinshaw, J. (2000): Entrepreneurship in the global firm, London

Birkinshaw, J./ Hood, N. (Hrsg.) (1998): Multinational corporate evolution and subsidiary development, Basingstoke, Hampshire

Hedlund, G. (1993): Organization of transnational corporations, United Nations Library on transnational corporations, Vol. 6, London

Hinterhuber, H.H. (2004): Strategische Unternehmensführung I – Strategisches Denken, 7., grundlegend neu bearbeitete Auflage, Berlin

Hinterhuber, H.H. (2004): Strategische Unternehmensführung II – Strategisches Handeln, 7., grundlegend neu bearbeitete Auflage, Berlin

Hinterhuber, H.H./ Friedrich, S.A./ Matzler, K./ Pechlaner, H. (2000): Die Zukunft der diversifizierten Unternehmung, München

Hinterhuber, H.H./Pechlaner, H./Fischer, E./Hammann, E. (2003): Innovative Führung von Tochtergesellschaften – Theorie und Praxis von Leadership, Arbeitsheft 41, Europäische Akademie, Bozen

Hitt, M.A./ Ireland, R.D./ Hoskisson, R.E. (1999): Strategic Management, 3. Auflage, Cincinnati

Krauthammer, E./ Hinterhuber, H.H. (2002): Wettbewerbsvorteil Einzigartigkeit, München/Wien

Yukl, Gary (1998): Leadership in Organizations, Upper Saddle River

Kundenzufriedenheit & Kernkompetenzen: Grundlagen für erfolgreiches Leadership

11er Nahrungsmittel GmbH

Katrin Meier & Harald Pechlaner

Lehrziele

- Grundlagen des strategischen Managements
- Konzept der Kernkompetenzen und seine Bedeutung für ein Unternehmen
- Kritische Auseinandersetzung mit kundenorientierter Unternehmensführung: Worin äußert sich die Einzigartigkeit der 11er Nahrungsmittel GmbH?

1 Einführung

Mehr denn je beschäftigt Unternehmen die Frage, wie sie ihre Wettbewerbsfähigkeit sichern bzw. steigern können. Im Zeitalter der Globalisierung der Märkte und der weltweiten Kommunikation werden Produkte und Dienstleistungen immer ähnlicher und entsprechen mehr oder weniger einem einheitlichen Standard. Dadurch werden Produkte austauschbar. Diese Entwicklung unterstreicht und erhöht die Bedeutung von Wettbewerbsvorteilen, denn sie sind es, die die Kaufentscheidung bestimmen. Wettbewerbsvorteile sind eine Form der positiven Differenzierung zum Hauptkonkurrenten. Sie hinterlassen einen starken Eindruck und bleiben in Erinnerung. Das Ziel des Wettbewerbsvorteils ist, die Kunden erfolgreicher zu machen und ihnen optimale Sicherheiten zu bieten. Indem sich das Unternehmen positiv vom Konkurrenten differenziert, erhöht es seinen Marktanteil bzw. seinen Marktvorsprung, kann den Wert des Unternehmens nachhaltig steigern und somit dem Kunden optimale Sicherheit bieten. Jedes Unternehmen sollte deshalb laufend die Wettbewerbsvorteile seiner Kernprodukte und Kerndienstleistungen mit Hilfe von Benchmarking und eigenen kreativen Vorstellungen neu definieren und entsprechend weiterentwickeln. Wettbewerbsvorteile sind jedoch nur dann ein echter Vorteil, wenn sie von der Konkurrenz nur schwer oder gar nicht imitiert werden können. Große Durchbrüche sind selten - deshalb sind kleine, wenig spektakuläre Verbesserungen, aus denen 99 % der Wettbewerbsvorteile bestehen, so wichtig (Hinterhuber/ Krauthammer, 2001, S. 71ff). So sieht sich auch das Unternehmen 11ER NAHRUNGSMITTEL mit der Frage konfrontiert, wie es sich von seinen Konkurrenten differenzieren und sich zur Einzigartigkeit führen kann.

Das Unternehmen 11ER NAHRUNGSMITTEL in Frastanz in Vorarlberg genießt einen hervorragenden Ruf als führender Spezialist im Bereich tiefgekühlter Kartoffelprodukte. Das Hauptanliegen des Unternehmens ist die Verarbeitung von Kartoffeln aus kontrolliertem Vertragsanbau zu Qualitätsware und Convenience-Produkten. Dazu zählen z.B. Pommes Frites in diversen Varianten, Kroketten, Rösti, Röstitaschen, etc. Das Motto des Unternehmens lautet: 11er – Das Beste aus der Kartoffel.

Diese Fallstudie soll die komplexe Problematik der Wettbewerbsfähigkeit veranschaulichen und die Wege in die Einzigartigkeit aufzeigen.

2 Firmengeschichte

1937 wurde das Unternehmen Wilhelm Grabher & Co von fünf Brüdern gegründet. 1943 erfolgte eine Umwandlung des Unternehmens zu einer OHG (Wilhelm Grabher & Co), die nur langsam expandierte. 1946 wurden ein Lagerhaus und ein Bürohaus in Lustenau in Vorarlberg errichtet und 1960 wurde der zwanzigste Lkw in Betrieb genommen. Anfang der sechziger Jahre wurde ein Lagerhaus und Ende der sechziger Jahre eine Pommes Frites Fabrik in Nenzing gebaut. Zu dieser Zeit produzierte das Unternehmen Pommes Frites, Sauerkraut und Roter Rüben Salat in Dosen und Beuteln, was dazu führte, dass der Umsatz 1972 erstmals € 5 Millionen überstieg. Aufgrund der hohen Nachfrage wurde Ende der 70er Jahre schließlich eine zweite „Pommes Frites Straße" mit vier Tonnen Stundenleistung zugebaut.

1983 beschloss die Geschäftsführung die Sauergemüseproduktion einzustellen und dafür eine Linie mit Rösti und Kroketten zu installieren. Die Einstellung der Sauergemüseproduktion erfolgte aufgrund des bereits damals existierenden branchenimmanenten Preisdruckes, der stagnierenden Nachfrage sowie aufgrund der Tatsache, dass viele Großbauern Sauergemüse einfacher und somit preiswerter regional produzieren konnten. Ein weiterer Grund lag in der Dominanz von Pommes Frites im Bereich der Tiefkühlproduktion und dass diese nicht mit Konserven zusammenpasste. Auch hatte sich zu dieser Zeit ein Markt für Kartoffelspezialitäten wie Kroketten und Rösti, die bis dato zugekauft wurden, entwickelt. Da es einerseits beim Zukauf immer wieder qualitative Probleme gegeben hatte und sich andererseits Parallelitäten und Synergien mit der Pommes Frites Produktion gezeigt hatten, wurde stark in die Kartoffelspezialitäten-Produktion investiert. Die Gemüseproduktion beschränkte sich damals noch auf die Veredelung, d.h. z.B. Panieren von Blumenkohl und Champignons. Gemüsetaler und Gemüseschnitzel wurden nur in Verbindung mit Kartoffeln hergestellt. Sonst bestand noch keine Gemüseproduktion.

In den 80iger Jahren wurde sehr stark expandiert. Es wurde ein zweites Tiefkühlhaus mit einer Kapazität von 4000 Tonnen gebaut und der Umsatz betrug zu dieser Zeit bereits mehr als € 31 Millionen.

1986 wurde eine für das Unternehmen richtunggebende Entscheidung getroffen: Das Unternehmen Wilhelm Grabher & Co wurde in drei selbständige Unternehmen geteilt. Es entstanden die Unternehmen „11ER NAHRUNGSMITTEL GMBH & Co KG“, „Fruchtexpress Grabher GmbH & Co KG“ und „Tiefkühlexpress GmbH & Co KG“.

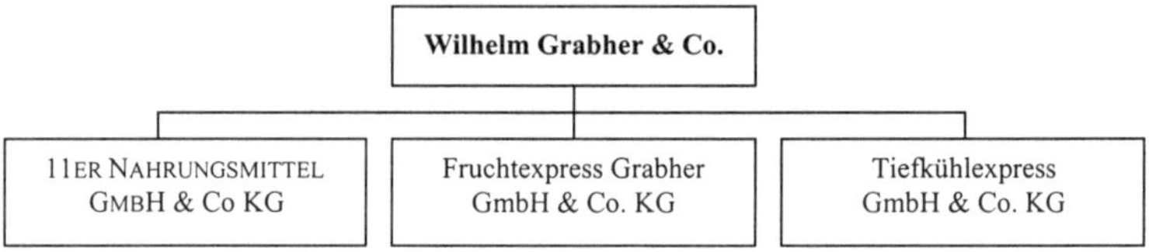

Abbildung 1: Teilung des Unternehmens Wilhelm Grabher & Co
Quelle: eigene Darstellung

Diese Trennung erfolgte aus zwei Gründen:

- Erstens gab es viele Nachfolger, die das Unternehmen gerne übernommen hätten,
- zweitens operierte das Unternehmen Wilhelm Grabher & Co in vielen unterschiedlichen Geschäftsfeldern, was nicht nur für das Unternehmen, sondern auch für die Kunden Probleme schaffte.

Rudolf Grabher, der seit 1972 Mitgeschäftsführer war, übernahm als hauptverantwortlicher Geschäftsführer das Unternehmen 11ER NAHRUNGSMITTEL. Die beiden anderen Unternehmen, „Fruchtexpress Grabher GmbH & Co KG“ und „Tiefkühlexpress GmbH & Co KG“ wurden von Cousins übernommen.

Anfang der 90er Jahre wurde ein drittes Tiefkühlhaus mit einer Lagerkapazität von 6000 Tonnen fertig gestellt. Weiters erfolgte 1991 eine Diversifizierung durch die Einführung einer Teigwarenlinie mit Tortellini, Ravioli, Eierspätzle, etc. 1997 wurde die Teigwarenlinie jedoch zur Firma Malbuner in Frastanz ausgegliedert und die freiwerdenden Kapazitäten für die Produktion von weiteren Kartoffelspezialitäten genutzt. Grund für die Ausgliederung war, dass die Teigwarenlinie nicht zur Kartoffellinie passte - sie war ein Fremdkörper. Die Teigwarenlinie war ein Versuch der Geschäftsführung, die Produktionspalette und die Marktsegmente des Unternehmens zu erweitern. 11ER NAHRUNGSMITTEL hat Teigwaren (Tortellini mit

Fleischfüllung, Tortellini Tricolori und Tortellini Ricotta-Spinat, Schupfnudeln und Eierspätzle) immer noch im Sortiment, sie werden heute jedoch von der Firma Ospelt bezogen.

Anfang der neunziger Jahre wurde nochmals stark expandiert. Es wurden ein neues Bürogebäude, eine Kartoffelflocken-Linie und eine Speiseöl-Abfüll-Anlage gebaut. Auch dem immer mehr an Bedeutung gewinnendem Umweltschutzgedanken wurde durch die Einführung einer Weltneuheit – dem „11er Öko-System für Speiseöle" für die Gastronomie – Rechnung getragen. Hierbei handelt es sich um Mehrwegölfässer mit einem Füllvermögen von 33 Litern, die vor der Wiederbefüllung automatisch gereinigt werden.

1992 wurden die Bemühungen bezüglich der Qualität der Produkte von 11ER NAHRUNGSMITTEL mit der Verleihung des Qualitätssicherungszertifikates ISO 9001 durch den TÜV Bayern-Sachsen belohnt. Um die Qualität weiter zu verbessern wurde 1996 ein Technologieausbau im Bereich Kartoffeltaschen vorgenommen und 1998 die Kartoffelaufbereitung inklusive der Verteilung auf sämtliche Produktionslinien modernisiert.

Um den internen Kommunikationsfluss zu verbessern, wurde 1999 die „Mitarbeiterzeitung" eingeführt.

Ende der 90iger Jahre durchlebte das Unternehmen eine zweite große Expansionsphase. Im Jahre 2000 konnte ein neuer, leistungsstärkerer Tiefkühlfroster und die dazugehörige Verpackungsmaschine in Betrieb genommen werden. Im Zuge der Expansion wurde auch die Abwasserreinigungsanlage erweitert.

2001 hat 11ER NAHRUNGSMITTEL im Zuge einer Produkterweiterungsstrategie das Unternehmen Austria Frost in Groß-Enzersdorf übernommen.

3 Die Gründer- und Unternehmerpersönlichkeit

Rudolf Grabher ist der Geschäftsführer des Unternehmens 11ER NAHRUNGSMITTEL. Der Unternehmer zeichnet sich durch Beharrlichkeit und Mut zum Risiko aus. Herr Grabher ist der Überzeugung, dass Mut zu „begrenztem" Risiko Voraussetzung für Innovation ist, ohne die neue Produkte nicht möglich wären.

Der Unternehmer versucht seine tägliche Arbeitszeit auf zehn Stunden zu begrenzen, was jedoch nicht immer sehr einfach ist. Den Ausgleich zum Berufsleben findet Herr Grabher bei seiner Familie, im Sommer beim Schwimmen und im Winter beim Schifahren. Des Weiteren, um sein körperliches Wohlbefinden sicherzustellen, legt Herr Grabher großen Wert auf gesunde Ernährung.

Für Herrn Grabher sind seine Mitarbeiter besonders wichtig. Er ist überzeugt, dass der große Erfolg seines Unternehmens auf seine hervorragende Crew zurückzuführen ist. Jeder Mitarbeiter bei 11ER NAHRUNGSMITTEL arbeitet so, als ob es sein eigenes Unternehmen wäre – „die Produkte sind wie ihre Kinder", so der Geschäftsführer. Herr Grabher ist stolz darauf, dass sich alle Mitarbeiter mit dem Unternehmen identifizieren können. Jeder Team- und Gruppenleiter trägt eine sehr hohe Verantwortung. Hervorragende Leistungen, wie z.B. eine Senkung der ohnehin schon niedrigen Reklamationsquote oder Ideen werden mit Prämien belohnt. Auch die Fortbildung seines Team liegt dem Unternehmer am Herzen. So erhält jeder Mitarbeiter, vom Vorarbeiter bis zum Manager die Möglichkeit verschiedene Schulungen und Kurse zu besuchen. Es werden auch Schulungen im Hause, die dann meisten an den Wochenenden stattfinden, angeboten.

4 Die Kundenorientierung der Geschäftleitung

Der Leitgedanke der Geschäftsleitung ist, das Unternehmen an den Bedürfnissen der Kunden auszurichten. Dafür ist es notwendig, dass die Anforderungen, denen die Produkte des Unternehmens entsprechen müssen aus Kundensicht erfasst werden. Das Ziel dieser Kundenorientierung ist, langfristig stabile und ökonomisch vorteilhafte Kundenbeziehungen zu etablieren.

5 Das Unternehmen heute

Das Unternehmen 11ER NAHRUNGSMITTEL sieht seinen Auftrag darin, für die gesamte Gastronomie, den Großverbraucher und den Handel ein breites und tiefes, vor allem aber ein hochqualitatives Sortiment anzubieten. Der Leitgedanke lautet: „Alles aus einer Hand" – von der Beilage über Fertiggerichte bis zum Dessert. Intensive Zusammenarbeit und der Erfahrungsaustausch mit Kunden stehen für 11ER NAHRUNGSMITTEL an oberster Stelle. Das Unternehmen sieht seine Aufgabe in der Entwicklung von marktorientierten, erfolgreichen Produkten, die sich durch optimale Weiterverarbeitungsmöglichkeiten auszeichnen. Dadurch werden für die Kunden ökonomische und qualitative Vorteile erzielt, was wiederum dem Unternehmen einen Wettbewerbsvorteil bringt.

Die Gemüseproduktion obliegt der Firma *Austria Frost*. Für die Kartoffelproduktion ist, obwohl *Austria Frost* auch eine Kartoffellinie hat, 11ER NAHRUNGSMITTEL in Frastanz der Hauptproduzent, d.h. 11ER NAHRUNGSMITTEL ist der Kartoffelspezialbetrieb. *Austria Frost* produziert Gemüse und Fertiggerichte und verarbeitet dabei die wesentlichen in Österreich wachsenden Gemüsesorten (Erbsen, Bohnen, Wurzelgemüse). *Austria Frost* verfügt zu diesem Zweck über mehrere Straßen für Fertiggerichte. Das Sortiment runden eine große Lasagnelinie, eine Rohblätterteigproduktion, Saucen (bald auch in Pellets – portionierbaren Stücken) und Mischungen (ganze Pfannengerichte) ab.

5.1 Die Organisation

11ER NAHRUNGSMITTEL beschäftigt ca. 200 Mitarbeiter. Davon sind 140 in der Produktion und 60 in Verkauf und Verwaltung tätig. Der Umsatz von 11ER NAHRUNGSMITTEL betrug 2001 über € 45 Millionen. Für 2002 wird ein Umsatz von € 50 Millionen erwartet.

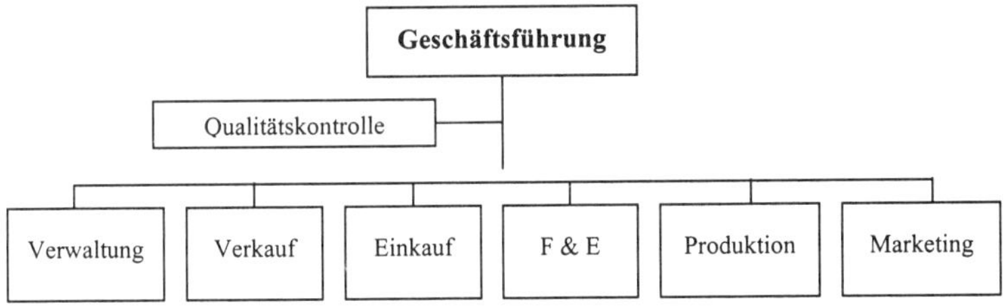

Abbildung 2: Unternehmensdiagramm von 11ER NAHRUNGSMITTEL
Quelle: eigene Darstellung

Für *Austria Frost* sind 320 Mitarbeiter tätig, wobei 250 Mitarbeiter fix und 70 saisonal beschäftigt sind. 2001 betrug der Umsatz € 42 Millionen und für 2002 werden bereits € 53 Millionen prognostiziert.

5.2 Produkte und Märkte

Jeder der drei Geschäftsbereiche, Gastronomie, Großverbraucher und Handel muss unterschiedlichsten Kundenanforderungen gerecht werden. Aus diesem Grund passt 11ER NAHRUNGSMITTEL sein Sortiment in Sachen Angebot, Zubereitungsart und Verpackung den jeweiligen Kundenbedürfnissen an. Bei größeren Mengen wird so individuell wie möglich auf den Kunden eingegangen.

5.2.1 Produkte

11ER NAHRUNGSMITTEL in Frastanz hat derzeit eine „Pommes Frites Straße" mit sechs Tonnen Stundenleistung und vier Spezialitäten-Linien.

Die Produktpalette von 11ER NAHRUNGSMITTEL und Austria Frost kann in fünf Teilbereiche gegliedert werden:

- Kartoffelspezialitäten
- Edelgemüse (Gemüse und Gemüse paniert)
- Feine Teigwaren
- Fertiggerichte
- Desserts

Die Kartoffelspezialitäten werden von 11ER NAHRUNGSMITTEL und das Edelgemüse von *Austria Frost* produziert. Die Teigwarenlinie wird von der Firma *Ospelt* bezogen (siehe Abbildung 3).

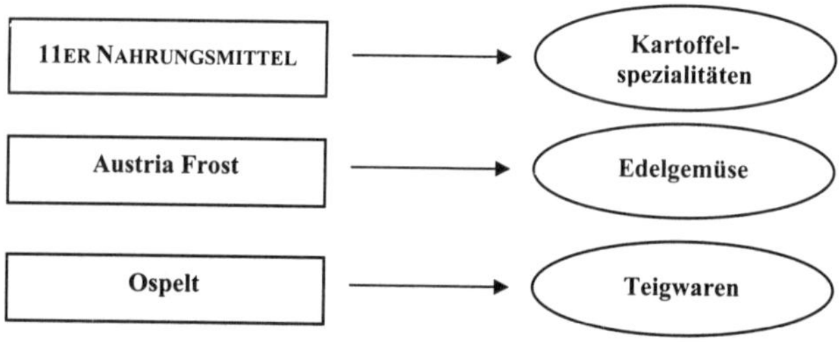

Abbildung 3: Produktpalette
Quelle: *eigene Darstellung*

Das Produktsegment Kartoffelspezialitäten umfasst die Bereiche Pommes Frites, Kroketten, Rösti, Röstitaschen und Snacks. Das Edelgemüsesortiment reicht von Gemüse verschiedenster Art (wie z.B. Babykarotten, Prinzessbohnen, Kohlsprossen, Zuckermais, Broccoliröschen, passierter Spinat, etc.) bis zum panierten Gemüse. Die Teigwarenlinie umfasst Tortellini mit

Fleischfüllung, Tortellini Tricolori und Tortellini mit Ricotta-Spinatfüllung, Schupfnudeln und Eierspätzle. Neben Kartoffelspezialitäten, Gemüse und Teigwaren gehören auch Fertiggerichte und Desserts zur Produktpalette von 11ER NAHRUNGSMITTEL.

Die Zutaten für die einzelnen Produkte können nach länderspezifischen Wünschen leicht variieren, z.B. mediterrane Würzmischung für Italien.

5.2.2 Markt und Kunden

Das Unternehmen 11ER NAHRUNGSMITTEL ist in zahlreichen europäischen Märkten vertreten: Deutschland, Österreich, Italien, Benelux-Staaten, England, Frankreich, Skandinavien und Griechenland. Die wichtigsten Märkte sind jedoch Österreich und Deutschland. Drei Viertel der Produktion wird exportiert, wobei der größte Exportmarkt Deutschland ist.

Die wichtigsten Kunden des Unternehmens sind die Heimdienstorganisationen Eismann und Bofrost, die in Österreich, Deutschland und Italien beliefert werden. Auf dem deutschen Markt ist neben Aldi insbesondere Dr. Oetker ein wichtiger Kunde, wobei 11ER NAHRUNGSMITTEL vor allem den Bereich „Dr. Oetker Genießerland“, i.e. den Catering-Bereich von Dr. Oetker beliefert. Zu den bedeutendsten Kunden in Österreich zählen Eskimo/ Iglo und Hofer.

11ER NAHRUNGSMITTEL konnte kürzlich die Handelskette Billa als neuen Kunden für sich gewinnen, die nun mit der Marke „Petter“ beliefert wird.

5.2.3 Der Marktanteil

Der Marktanteil muss in Produktgruppen gesehen werden. Im gehobenen Qualitätsbereich für Kartoffelspezialitäten hat 11ER NAHRUNGSMITTEL einen hohen Marktanteil, während der Marktanteil im Massenbereich eher niedrig ist.

Der Produktionsmarktanteil in Österreich beträgt im Einzelhandel 45 % und im Cateringbereich 60 %. In Deutschland beläuft sich der Marktanteil bei Pommes Frites auf nur 2%, bei den gehobenen Kartoffelspezialitäten jedoch auf bis zu 60 %. Durchschnittlich ergibt sich ein Marktanteil von 15 – 16 %.

5.2.4 Der Vertrieb

Der Vertrieb erfolgt in Österreich direkt durch die Mitarbeiter von 11ER NAHRUNGSMITTEL. Die Kunden im Ausland werden durch Handelsvertreter betreut. Die Großkunden wie z.B. Bofrost beziehen ihre Waren direkt vom Werk Frastanz.

Traditionell erfolgten bei 11ER NAHRUNGSMITTEL Transport und Logistik der Produkte durch das Unternehmen selbst mittels unternehmenseigenen LKWs. Aufgrund hoher Ineffizienzen in diesem Bereich (halbe Strecken wurden oft ohne Ladung gefahren), sah sich Rudolf Grabher vor der Entscheidung, entweder ins Speditionsgeschäft einzusteigen oder diesen Teilbereich der Distribution auszugliedern. Im Sinne einer Konzentration auf die Kernkompetenzen wurde ab 1.1.2001 die Spedition zur Firma Bischof, die nun mit cirka zwanzig (mit 11er Logo ausgestatteten) LKWs fährt, komplett ausgelagert.

5.2.5 Die Kundenakquirierung

Die Kundenakquirierung ist die Aufgabe der Vertreter. Sie findet hauptsächlich auf Messen wie z.B. der Anuga Intercool statt. Der größte Teil der Kundenakquirierung erfolgt über neue Produkte. Mittels bereits etablierter Produkte ist es erheblich schwieriger neue Kunden zu gewinnen, da ein zufriedener Kunde seinen Lieferanten nur schwer bzw. zögerlich wechselt.

5.2.6 Forschung und Entwicklung

Die Produktentwicklung ist in der Lebensmittelindustrie sehr kostenintensiv. 11ER NAHRUNGSMITTEL investiert jährlich über € 2,1 Mio. in die Forschung und in die Entwicklung neuer Produkte. Die Herausforderungen für das Unternehmen liegen dabei in einer höchstmöglichen Flexibilität und in der Fähigkeit, schneller als die Konkurrenz neue Produkte auf den Markt zu bringen. Letzteres ist insofern von Bedeutung, da ein neues (und erfolgreiches Produkt), sobald es eine gewisse Zeit auf dem Markt ist, von der Konkurrenz kopiert bzw. imitiert wird.

6 Der Wettbewerb

Bis 1995 belieferte 11ER NAHRUNGSMITTEL den österreichischen Markt mit einem sehr breiten Sortiment. Der EU-Beitritt Österreichs 1995 brachte für das Unternehmen große Veränderungen mit sich. Die Exportquote vor dem Beitritt zur EU war aufgrund der hohen Importzölle der EU und der im Vergleich sehr hohen Rohstoffpreise in Österreich gering. Jedoch war auch der österreichische Markt durch Zölle geschützt, wodurch 11ER NAHRUNGSMITTEL in Österreich einen sehr hohen Marktanteil erreichen konnte.

Nach dem EU-Beitritt überschwemmten die großen Unternehmen den österreichischen Markt. Als Reaktion auf diese starke Konkurrenz, beschloss Rudolf Grabher die Produktpalette seines Unternehmens zu verkleinern und dafür zu vertiefen. 11ER NAHRUNGSMITTEL konzentriert sich seitdem auf Spezialitäten und Nischenmärkte.

Der Wettbewerb im Einzelhandel konzentriert sich auf wenige Unternehmen, wobei der größte Konkurrent für das Unternehmen in diesem Bereich „McCain" ist.

7 Die Zukunft

Die 11ER NAHRUNGSMITTEL GMBH setzt auf Kontinuität im Qualitätsstandard, Kundenzufriedenheit und Produktvielfalt.

Rudolf Grabher ist überzeugt, dass der Trend zu qualitativ stets hochwertigeren Produkten geht und dass der Konsument in Zukunft, nicht zuletzt aufgrund zahlreicher Lebensmittelskandale, der bewussten Ernährung immer mehr Aufmerksamkeit schenken wird. Daher legt 11ER NAHRUNGSMITTEL sehr großen Wert auf die Qualität seiner Produkte. Das Unternehmen ist seit 1992 nach DIN 9001 zertifiziert. Dieser internationale Industriestandard stellt sicher, dass 11er-Produkte von zuverlässig gleich bleibender Qualität sind - bei 11er kann und darf dies im Sinne der Unternehmensphilosophie nur Spitzenqualität bedeuten. Dieses Bestreben wurde auch bei der DLG-Prämierung 2000 unterstrichen: 11ER NAHRUNGSMITTEL belegte mit 18 goldenen, 7 silbernen und 4 bronzenen Prämierungen den vierten Platz in der Gesamtwertung und wurde als bester ausländischer Hersteller ausgezeichnet. Die hohe Kompetenz und den Innovationsgeist in der Produktion beweist 11er jährlich durch zahlreiche weitere Prämierungen.

Da für 11ER NAHRUNGSMITTEL die Qualität der Produkte von höchster Priorität ist, erstreckt sich die Kontrolle über die gesamte Produktion bis zur Verpackung. Die Qualitätskontrolle beginnt noch vor der Aussaat der Kartoffel- und Gemüsesorten. Durch Anbauverträge mit Bauern im Marchfeld, entlang der Donau und im bayrischen Raum werden Ernten in Top-Anbaugebieten garantiert. Es ist dabei wichtig, dass eine Dokumentation und Rückverfolgung der Rohstoffe bis zum Ursprung möglich sind. Die Kontrolle erstreckt sich von der Saatgutqualität über das Wachstum der Jungpflanzen bis zur Ernte. Die Rohwaren werden nach strengen Kriterien ausgesucht und nach der Anlieferung intensiv geprüft. Überprüft werden die Hygiene, Stückgewichte, Produktlängen, Geschmack, Knusprigkeit, Formung und auch die optische Qualität. Weiters beauftragt 11ER NAHRUNGSMITTEL unabhängige und international anerkannte Laboratorien mit der Durchführung von mikrobiologischen Tests, Nährwertanalysen sowie Untersuchungen auf Inhaltsstoffe und Allergene. Um die Qualität weiterhin zu gewährleisten, wird der Weg vom Feld auf den Teller durch schnelle Verarbeitung, sowie durch die Vorteile der Tiefkühlung so kurz wie möglich gehalten.

11ER NAHRUNGSMITTEL hat derzeit ein Sortiment von ca. 300 Produkten: Rudolf Grabher möchte die Produktbreite innerhalb von fünf Jahren auf höchstens die Hälfte verringern. Die Qualität dieses schmalen, jedoch tiefen Sortimentes soll so hoch wie möglich sein. Das Hauptaugenmerk wird auf Qualität und deren Verbesserung liegen, denn die Wünsche der Kunden nach Sicherheit insbesondere in bezug auf Qualität sind weiterhin von oberster Priorität.

Zukünftig will 11er noch stärker auf die individuellen Kundenwünsche eingehen. Rudolf Grabher sieht in dieser individuellen Betreuung seiner Kunden und dem marktgerechten, insbesondere regional- bzw. länderorientierten Angebot seiner Produkte (z.B. mediterrane Würze für Italien) einen der großen Vorteile seines Unternehmens im Vergleich zu den großen Konzernen.

11ER NAHRUNGSMITTEL wird sich auf die Nischenmärkte im Lebensmittelmarkt in Europa konzentrieren, wobei diese Nischenmärkte nicht unbedingt klein sein müssen. Herr Grabher sieht für sein Unternehmen keinen Platz im Massenbereich, sondern in Nischenmärkten mit Spezialitäten von gehobener Qualität. 11ER NAHRUNGSMITTEL möchte jedoch auch weiterhin in seinem traditionellen Markt bleiben und seine Position halten bzw. ausbauen.

8 Zusammenfassung: Probleme und Perspektiven

Seit dem Beitritt Österreichs zur Europäischen Union hat sich die Wettbewerbslandschaft für das Unternehmen 11ER NAHRUNGSMITTEL stark verändert. Der österreichische Markt war durch Zölle protektioniert, mit dem Beitritt wurden die Zölle abgeschafft und die großen Unternehmen überschwemmten den Markt. Der Unternehmer musste auf die neuen Konkurrenten reagieren und entschied sich die Produktpalette seines Unternehmens zu verkleinern und sich zu spezialisieren. Heute ist das Unternehmen europaweit tätig und hat seine Marktposition gesichert. Kann sich der Unternehmer mit der heutigen Situation zufrieden geben oder soll das Unternehmen im Rahmen einer strategischen Neuorientierung eine Diversifikationsstrategie vornehmen oder seine Fokussierungsstrategie beibehalten? Eine theoretische Hilfestellung zur Entwicklung von Lösungsmöglichkeiten bieten neben der Diversifikationstheorie auch der ressourcenorientierte und der kompetenzorientierte Ansatz.

11ER NAHRUNGSMITTEL möchten sich positiv von seinen Konkurrenten differenzieren und sich Wettbewerbsvorteile sichern. Ein Weg um Wettbewerbsvorteile zu erlangen ist, wie zahlreiche empirische Studien belegen, qualitativ hochwertige und intensive Kundenbeziehungen zu pflegen. Daraus ergibt sich eine weitere Frage, die sich im Rahmen der strategischen Neuausrichtung des Unternehmens stellt: Wie kann das Unternehmen seine Kunden an sich binden und den Kundenwert steigern? Der Konsument schenkt einer gesunden und bewussten Ernährung immer mehr Aufmerksamkeit und der Trend geht zu qualitativ immer hochwertigeren Produkten. Wie kann das Unternehmen die Zufriedenheit seiner Kunden sicherstellen? Theoretische Hilfestellung dazu leistet die Theorie des Kundenmanagements und der strategischen Unternehmensführung.

9 Fragestellung und Lösungshinweise

a) Was liegt dem Unternehmenserfolg der 11er Nahrungsmittel GmbH zugrunde?

b) Worin äußert sich die Einzigartigkeit der 11er Nahrungsmittel GmbH?

c) Welche strategische Orientierung hat die Unternehmensleitung?

d) Wie kann sich das Unternehmen Wettbewerbsvorteile sichern und sich von seinen Konkurrenten differenzieren? Welche Strategie soll das Unternehmen verfolgen?

e) Was sind die Kernkompetenzen des Unternehmens? Warum ist die Identifikation der Kernkompetenzen für den Unternehmenserfolg so entscheidend?

f) Ist eine kundenorientierte Unternehmensführung der richtige Weg um das Unternehmen erfolgreich in die Zukunft zu führen? Wie lässt sich eine kundenorientierte Unternehmensführung rechtfertigen?

10 Literaturhinweise

Hamel, G. (1994): The concept of core competence, in: Hamel, G./Heene, A. (Hrsg.): Competence-based competition, Chichester, S. 11 - 34

Hinterhuber, H. H (1996): Strategische Unternehmensführung I/II, 6. Auflage, Berlin

Hinterhuber, H. H./ Friedrich, St. A. (1999): Markt- und ressourcenorientierte Sichtweise zur Steigerung des Unternehmenswertes, in: Hahn, D./ Taylor, B. (Hrsg.): Strategische Unternehmungsplanung/Strategische Unternehmensführung, 8. Auflage, Heidelberg, S. 988 - 1016

Hinterhuber, H. H./ Krauthammer, E. (2001): Leadership – mehr als Management: Was Führungskräfte nicht delegieren dürfen, 3. Auflage, Wiesbaden

Hinterhuber, H.H./ Friedrich, St. A./ Matzler, K./ Pechlaner, H. (2000): Die strategische Führung der diversifizierten Unternehmung: Wie schafft die Zentrale Werte?, in: Zeitschrift für Betriebswirtschaft, 70. Jg., H. 12, S. 1351 - 1370

Hinterhuber, H. H./ Handlbauer, G./ Matzler, K. (1997): Kundenzufriedenheit durch Kernkompetenzen: eigene Potentiale erkennen – entwickeln – umsetzen, München

Prahalad, C.K./ Hamel, G. (1999): The Core Competencies of the Corporation, in: Hahn, D./ Taylor, B. (Hrsg.): Strategische Unternehmungsplanung/ Strategische Unternehmensführung, 8. Auflage, Heidelberg, S. 988 - 1016.

Der Wandel vom Entrepreneur zum Leader

Datacon Technology AG

Katrin Meier & Eva-Maria Hammann

Lehrziele

- Grundlagen der strategischen Unternehmensführung
- Grundlagen, Abgrenzung und kritische Auseinandersetzung mit dem Forschungsbereich Entrepreneurship
- Aspekte der Transformation des Gründers zur Führungspersönlichkeit

1 Einführung

Jedes Unternehmen ist der verlängerte Schatten seines Führenden. Ob ein Unternehmen erfolgreich bzw. erfolglos in die Zukunft geführt wird, hängt vom Leadership-Verhalten, den Führungsqualitäten und dem mentalen Modell der Person an der Spitze des Unternehmens ab. Die Attraktivität eines Marktes ist wichtig für den Erfolg eines Unternehmens, sie kann aber den Erfolg nur teilweise erklären. So können auch Unternehmen, die in wenig attraktiven Märkten tätig sind, erfolgreich in die Zukunft geführt werden. Voraussetzung dafür ist, dass die Führenden verstehen, was Leadership heißt.

Diese Fallstudie soll den Studierenden die komplexe Problematik der Führung von Unternehmen veranschaulichen.

2 Firmengeschichte

Herr Ing. Schweitzer und Herr Ing. Zeindl waren bei der Tochter eines deutschen Unternehmens, das Halbleiterproduktionsmaschinen herstellte, beschäftigt. Im Zuge des Verkaufs des Unternehmens an eine amerikanische Unternehmensgruppe wurde das Werk in Kufstein geschlossen. Dieser Verkauf war der Anlass für Ing. Schweitzer und Ing. Zeindl zu versuchen, ihr eigenes Unternehmen zu gründen und sich selbständig zu machen.

Das Jahr 1986 war die Geburtsstunde des Unternehmens DATACON, das von den beiden Ingenieuren gemeinsam gegründet wurde. Anfangs produzierten die beiden Jungunternehmer aufgrund der mangelnden Ressourcen und Kapazitäten jedoch keine Maschinen, sondern spezialisierten sich auf drei Bereiche:

- Softwareprogramme
- Digitale Bildverarbeitung, die für die richtige Platzierung des Chips gebraucht wird
- Computertechnologie (Hardware- und Softwarehandel)

Das junge Unternehmen DATACON schloss seine ersten Verträge mit dem ehemaligen Arbeitgeber ab, um letzteren mit Software zu beliefern. Später wurde dann mit dem Maschinenbau begonnen. Anfangs wurden halbfertige Maschinen komplettiert, wobei es möglich war, den Kontakt zu den ehemaligen Kunden wiederherzustellen. Anschließend wurde für einige Zeit für den früheren Arbeitgeber OEM-Produkte[1] entwickelt und gebaut. Diese Phase prägte das Unternehmen DATACON entscheidend, da DATACON nun – wie damals vor seiner Gründung – als Tochtergesellschaft des deutschen Unternehmens schon durch OEM-Verträge Maschinen selber entwickelte und baute.

Allerdings erkannten die beiden Ingenieure Schweitzer und Zeindl sehr bald, dass dieser Weg nicht der richtige sein konnte. Zum einen vereinnahmte jenes Unternehmen, für das die Produkte erzeugt wurden, einen Großteil der Gewinnspanne, und zum anderen hatte sich DATACON durch die enge Bindung an den Auftraggeber in ein sehr starkes Abhängigkeitsverhältnis mit ihm begeben und es war kaum bzw. gar nicht möglich, auf Veränderungen des Marktes reagieren. Aus diesen Gründen wurde der OEM-Vertrag schließlich aufgelöst.

Über die Geschäftsverbindung mit dem früheren Arbeitgeber lernten Ing. Schweitzer und Ing. Zeindl schließlich ihren jetzigen dritten Partner, Herrn Rutterschmidt kennen. Herr Rutterschmidt war damals bei diesem Unternehmen als Verkaufsleiter beschäftigt. Mit der Aussicht auf eine Beteiligung kam Herr Rutterschmidt im Jahr 1995 zur Firma DATACON. Seine Aufgaben sollte es sein, zuerst den europäischen und anschließend den weltweiten Vertrieb für das Unternehmen aufzubauen.

Da der OEM-Vertrag aufgelöst worden war und DATACON nun über kein eigenes Produkt verfügte, musste sich das Unternehmen daran machen, sein erstes eigenes Produkt zu entwickeln. Die Maschine, die zu diesem Zeitpunkt als erstes DATACON-Produkt entstand, wird bis zum heutigen Tag in verschiedenen Varianten hergestellt. Sie wurde bisher schon über eintausend Mal verkauft.

[1] OEM-Produkte sind Produkte, die von einer Firma hergestellt werden und im Namen einer anderen Firma verkauft werden.

DATACON erhielt 1996 die ISO 9001 Zertifizierung und optimierte seine Qualitätsstandards seither ständig.

Im Jahr 1998 wurde dann mit dem in den USA ansässigen Weltmarktführer für „Wire Bonders" und „Wafer Saws", *KULICKE & SOFFA INDUSTRIES*, ein Kollaborationsvertrag abgeschlossen. Dieser Vertrag sah vor, dass *KULICKE & SOFFA INDUSTRIES* den Verkauf von DATACON's „Die Bonders" außerhalb von Europa übernehmen sollte.

Ein Jahr später wurde in einem weiteren Schritt vereinbart, dass die Firma DATACON die beiden Produkte „Wire Bonders" und „Wafer Saws von *KULICKE & SOFFA INDUSTRIES* in ihrem Direktvertriebsgebiet – Deutschland, Österreich und den Niederlanden – verkaufen sollte.

Anfangs war DATACON mit der gemeinsamen Zusammenarbeit mit *KULICKE & SOFFA INDUSTRIES* sehr zufrieden. Sie brachte beiden Partnern Erleichterungen, Vereinfachungen und Vorteile auf den betreffenden Märkten, in denen beide operierten. Allmählich machte sich jedoch ein Übernahmedruck seitens *KULICKE & SOFFA INDUSTRIES* auf DATACON bemerkbar. Ing. Schweitzer, Ing. Zeindl und Rutterschmidt wollten allerdings weiterhin auf eigenen Beinen stehen und sträubten sich gegenüber die Bestrebungen der Amerikaner. Da der Übernahmedruck immer massiver wurde, löste DATACON den Vertrag 2001 schließlich auf. Um den Vertrieb von DATACON's Produkten in Nordamerika und Südostasien weiterhin gewährleisten zu können, entschieden sich die drei Partner eigene Vertriebstöchter aufzubauen und gründeten DATACON North America Inc. und DATACON Asia Pacific Pte. Ltd.

Aufgrund des schnellen Wachstums von DATACON, der steigenden Anzahl von Mitarbeitern und des damit verbundenen höheren Raumbedarfs, wurde im März 2000 mit dem Bau von neuen Büro- und Produktionsgebäuden begonnen, die im Januar 2001 bezogen werden konnten.

Parallel zu dieser turbulenten Zeit des Aufbaus und Wachstums wurde das Produkt kontinuierlich weiterentwickelt, verbessert und den neuen technischen Erfordernissen und Trends angepasst.

Als Herr Ing. Schweitzer und Herr Ing. Zeindl 1986 das Unternehmen DATACON gegründeten und damit begonnen hatten, eine eigene Software für Halbleiterproduktionsmaschinen zu vermarkten, hatten sie zwar Träume und Visionen, aber es lag jenseits ihrer Vorstellungskraft, dass DATACON einmal zu den führenden Unternehmen für diesen Maschinentyp zählen wird.

Gerade in einem sehr schnelllebigen Wirtschaftszweig wie der Halbleiterindustrie ist es schwer, mehr als zwei bis drei Jahre im Voraus zu planen. Durch die hohe Dynamik des

Marktes müssen sich Unternehmen schnell auf sich rasch ändernde Parameter einstellen können – eine Herausforderung an Unternehmen und Management zugleich.

Wie wichtig diese Fähigkeit für Unternehmer ist, die in schnelllebigen Branchen operieren, zeigte sich schließlich auch in der weltweiten Krise der IT-Industrie. Während das Unternehmen im Jahr 2001 noch einen Umsatz von 88 Mio. Euro ausweisen konnte, schrumpfte der Umsatz im Jahr 2003 um mehr als die Hälfte auf 41,6 Mio. Euro. Obwohl die Unternehmer sich lange dagegen sträubten, das Unternehmen auch durch eine Verkleinerung des Mitarbeiterstamms wieder wettbewerbsfähig zu machen, entschlossen sie sich letztlich zu diesem Schritt. Ing. Zeidl bemerkte bezüglich dieser Problematik in einem Zeitungsinterview[2], dass den Unternehmern letztlich nichts anderes übrig geblieben sein, als 90 Mitarbeitern in Stammhaus in Radfeld zu kündigen. Die Unternehmer hätten mit dem Stellenabbau beinahe zu lange gewartet, da sie sich ihren Mitarbeitern, mit denen DATACON groß geworden sei, verpflichtet gefühlt hätten, und man diese deshalb „nicht im Regen" hätte stehen lassen wollen.

Auch der Verfall des US-Dollar führte zu starken Einbrüchen und minimierte den Gewinn von DATACON massiv, da das Unternehmen die Hälfte seines Umsatzes im Dollar-Raum erwirtschaftete.

3 Gründer- und Unternehmerpersönlichkeit

Ing. Schweitzer ist Mitgründer und geschäftsführender Gesellschafter des Unternehmens DATACON. Er leitet gemeinsam mit Ing. Zeindl und Herrn Rutterschmidt das Unternehmen. Sein persönlicher Zuständigkeitsbereich ist dabei die Forschung und Entwicklung.

Ing. Schweitzer beschreibt sich selber als Unternehmer mit Mut zum Risiko, eine Eigenschaft, die im Laufe der Unternehmensentwicklung immer wieder von Bedeutung war. Ing. Schweitzer ist ein Unternehmer, der sich nicht scheut, unkonventionelle Wege zu beschreiten, um so technische Spitzenleistungen zu erbringen. Auch die Beharrlichkeit, ein Ziel, das man sich gesteckt hat, zu erreichen, ist eine wichtige Eigenschaft von Herrn Ing. Schweitzer, die sicher viel zum Erfolg des Unternehmens beigetragen hat. Innovation und langfristig ausgerichtete Strategien sind für Ing. Schweitzer von höchster Priorität. Des Weiteren sind Teamgeist und gegenseitiges Vertrauen äußerst wichtig.

[2] Interview mit Karl Staud, Tiroler Tageszeitung vom 13. Mai 2004

Ing. Schweitzer ist stets darum bemüht, seinen Mitarbeitern ein ideales Arbeitsumfeld zu bieten. Er ist zutiefst davon überzeugt, dass der Erfolg eines Unternehmens von seinen Mitarbeitern abhängig ist und ein Unternehmen nur mit einem optimal motivierten Team Höchstleistungen erbringen kann. Diese Motivation kann seiner Meinung nach nur erreicht werden, wenn die Mitarbeiter ausgezeichnete Rahmenbedingungen vorfinden und einfach Spaß an der Arbeit haben. Ing. Schweitzer hat immer wieder die Erfahrung gemacht, dass Spaß an der Arbeit der höchste Motivationsfaktor ist und Mitarbeiter kreiert, die Höchstleistungen erbringen und loyal zur Firma stehen. Für DATACON ist es wichtig, ein Unternehmen zu sein, auf das seine Mitarbeiter stolz sind und mit dem sie sich identifizieren können.

DATACON hat die Möglichkeit eine höchstinteressante und spannende Arbeit anzubieten, die Erfüllung bringen kann. Natürlich muss, und davon ist Ing. Schweitzer überzeugt, auch die finanzielle Entlohnung stimmen. Um ihre Mitarbeiter zu motivieren, bieten die drei Geschäftsführer zahlreiche zusätzliche Maßnahmen und Aktionen. Das Angebot des Unternehmens reicht von einem Bilanzbonussystem, über ein Sozialbudget bis hin zu einer gut geführten Kantine. Dieses Angebot stieß bei den Mitarbeitern auf sehr positive Resonanz. So haben die Mitarbeiter im Rahmen des Sozialbudgets die Möglichkeit, über einen bestimmten Betrag, der jeder Abteilung pro Mitarbeiter zur Verfügung gestellt wird, eigenständig zu entscheiden und frei verfügen zu können. Die Mitarbeiter haben im Verlauf dieses Programms bereits gemeinsame Aktivitäten unternommen oder ihren Arbeitsplatz freundlicher gestaltet, indem sie Blumen oder Bilder gekauft haben.

Für Ing. Schweitzer sind persönliche Beziehungen sehr wichtig. Sie sollen ernst genommen und über Abteilungsgrenzen hinaus gepflegt werden. Auch die Mitarbeiterentwicklung und -fortbildung besitzen bei DATACON einen hohen Stellenwert, denn Ing. Schweitzer ist sich bewusst, dass sein Unternehmen nur mit einem kompetenten Team den Weg zum Marktführer und in die Einzigartigkeit finden kann.

Für die Geschäftsführer ist die gegenseitige Wertschätzung Basis der Zusammenarbeit. Sie möchten „Führungskräfte zum Anfassen" sein. Für alle Mitarbeiter steht die Tür zur Führungsetage offen, und die Unternehmensleitung hat immer ein Ohr für die Anliegen ihrer Mitarbeiter.

Um das gehobene mittlere Management zu motivieren und ihnen zu helfen, sich noch mehr mit den Unternehmenszielen zu identifizieren, möchte die Unternehmensleitung sie in den Entscheidungs- und Strategiebildungsprozess einbinden – nach dem Prinzip, dass Entscheidungen maßgelblich dort getroffen werden sollen, wo sie getragen werden müssen. Die Geschäftsführung wird zukünftig mit der ersten Führungsebene Ziele, Messkriterien zur Zielerreichung und Prämien vereinbaren. Je nach Grad der Zielerreichung werden die Prämien zur Gänze oder zum Teil ausbezahlt.

Ing. Schweitzer versucht seine tägliche Arbeitszeit auf ein normales Maß zu bringen. Wichtig sind ihm vor allem die Wochenenden, um Zeit mit seiner Familie verbringen zu können. Um sein körperliches und geistiges Wohlbefinden zu steigern betreibt Ing. Schweitzer viel Sport. Neben täglichen Schwimmeinheiten geht er im Sommer regelmäßig Rad fahren und im Winter Schi fahren.

4 Das Unternehmen heute

Das Unternehmen DATACON hat sich zum Ziel gesetzt, der unverzichtbare Technologiepartner für die Halbleiterproduktion zu sein. Besonderes Augenmerk gilt der Erfüllung von Kundenwünschen. DATACON möchte die Zukunft aktiv mitgestalten und die Lebensqualität der Menschen erhöhen. Auf DATACON's Maschinen werden Produkte erzeugt, mit denen Menschen besser hören, Autos sicherer werden und die Umwelt geschont wird.

DATACON bietet seinen Kunden bestes Produktionsequipment, kompetentes Know-how, zuverlässigen Service und Customer Support. Um dies zu gewährleisten, begegnet DATACON den permanenten Veränderungen des Marktes bzw. der Branche mit offensivem und flexibeln Handeln und bemüht sich Technologietrends zu setzen.

Das Unternehmen ist der Überzeugung, dass auf Basis einer fairen Partnerschaft von Kunden, Lieferanten und Mitarbeitern schnelles und effizientes Handeln zum gemeinsamen Erfolg führt.

4.1 Organisation

Die DATACON Technology AG ist die Holding einer international tätigen Gruppe von Unternehmen, die Maschinen für die Halbleiterindustrie entwickeln und produzieren.

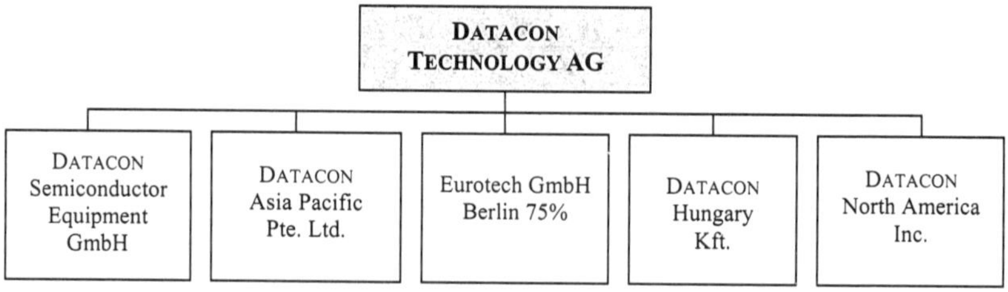

Abbildung 1: Unternehmensdiagramm von Datacon Technology AG
Quelle: eigene Darstellung

Die größte Tochter der DATACON TECHNOLOGY AG ist die ***DATACON Semiconductor Equipment GmbH*** in Radfeld in Tirol, deren Aufgabe die Entwicklung, die Produktion, der Verkauf und der Vertrieb von Halbleiterproduktionsmaschinen ist.

Eine weitere Tochtergesellschaft ist die ***Eurotec GmbH*** in Berlin, bei der die DATACON TECHNOLOGY AG eine 75 %-ige Beteiligung hält, die im Januar 2001 erworben wurde. Die ***Eurotec*** entwickelt und produziert Sondermaschinen. Derzeit sind 48 Mitarbeiter beschäftigt. Ein Erwerb der restlichen 25 % ist für die nächsten Jahre geplant. Sie soll in Zukunft den Sondermaschinenbau der Holding zur Gänze übernehmen.

Die ***DATACON Hungary Kft.*** in Gyõr wurde im August 2001 gegründet. Gyõr wurde als Standort für den osteuropäischen Raum aufgrund seines hohen Bekanntheitsgrades als Industriestadt in Ungarn und der technischen Universität, die gut ausgebildete zukünftige Mitarbeiter garantiert, gewählt. DATACON Hungary ist als Produktionsstandort geplant. Des Weiteren soll sie Teile der Produktion von Einzelteilen und Montage zu Baugruppen, die bisher fremd vergeben wurden, übernehmen.

Weitere Tochterunternehmen sind die ***DATACON Asia Pacific Pte. Ltd.*** und die ***DATACON North America Inc.*** Beide Firmen wurden als reine Vertriebs- und Servicetöchter gegründet und sind für Marketing, Verkauf und Kundenservice zuständig. Die ***DATACON Asia Pacific Pte. Ltd.*** wurde ursprünglich im Dezember 1999 als Serviceniederlassung für den asiatischen Markt gegründet. 2002 wurde die Niederlassung erweitert und verfügt heute über Niederlassungen in Manila, Korea, Hongkong, Taiwan und demnächst auch in Wuxi in China. ***DATACON North America Inc.*** Besteht seit April 2002 und betreut neben dem US-amerikanischen Markt auch Kanada und Mexiko. Sie verfügt über Niederlassungen in Trevose in der Nähe von Philadelphia, Pennsylvania und Gilbert in der Nähe von Phoenix, Arizona.

Die ***DATACON Semiconductor Equipment GmbH*** wird von den drei Geschäftführern, Ing. Schweitzer, Ing. Zeindl und Herrn Rutterschmidt gemeinsam geführt. Ing. Schweitzer leitet die Forschungs- und Entwicklungsabteilung, Ing. Zeindl steht der Organisation, Produktion und den Finanzen voran, während Herr Rutterschmidt den Vertrieb, das Marketing und den Servicebereich betraut (siehe auch Abbildung 2).

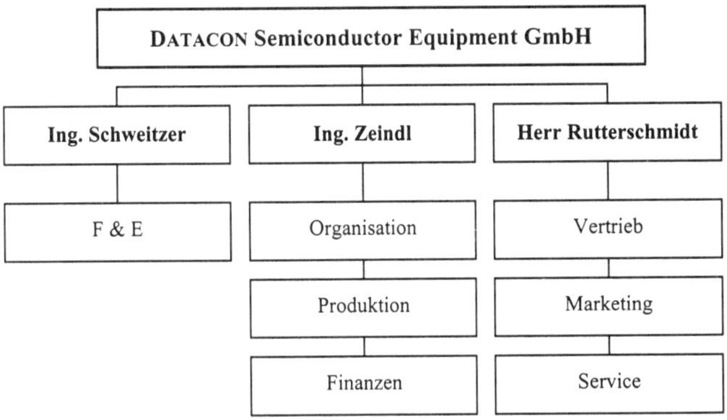

Abbildung 2: Unternehmensorganisation
Quelle: eigene Darstellung

Die Forschungs- und Entwicklungsabteilung von DATACON ist als *Matrixorganisation* strukturiert. Die Matrixstruktur soll sicherstellen, dass das Wissen des Unternehmens von jeder Produktgruppe genutzt werden kann. Die horizontale Ebene ist in vier Produktgruppen gegliedert:

- *Produktgruppe 1* umfasst die Standardmaschine – „Die Bonder".
- *Produktgruppe 2* beinhaltet leicht modifizierte Maschinen für Sonderanwendungen – „Customized Machines".
- *Produktgruppe 3* – „Volume Machines" für Großserien besteht aus der neuen „Flip-Chip" Maschine, die 2003 auf den Markt gebracht werden soll.
- *Produktgruppe 4* – R & D: Hier wird produktunabhängige Forschung und Entwicklung betrieben.

Für jede Produktgruppe gibt es einen Produktmanager. Diese Produktmanager tragen die fachliche Verantwortung für die Weiterentwicklung „ihrer" Produkte und für die personelle Koordination.

Die vertikale Ebene ist wiederum in mehrere Abteilungen unterteilt: Die einzelnen Entwicklungsabteilungen sind die mechanische Konstruktion, Elektrokonstruktion, Software, Bildverarbeitung, Hardware und „Advanced Technology". Die Leiter der Entwicklungsabteilungen sind für die effiziente Abwicklung ihrer Spezialbereiche und für die vertikale Integration des arbeitsteiligen Leistungsprozesses innerhalb ihrer Funktionen verantwortlich. Sie sind für die Personalzuteilung und die Ressourceneinteilung zuständig und für Synergien innerhalb des Unternehmens verantwortlich.

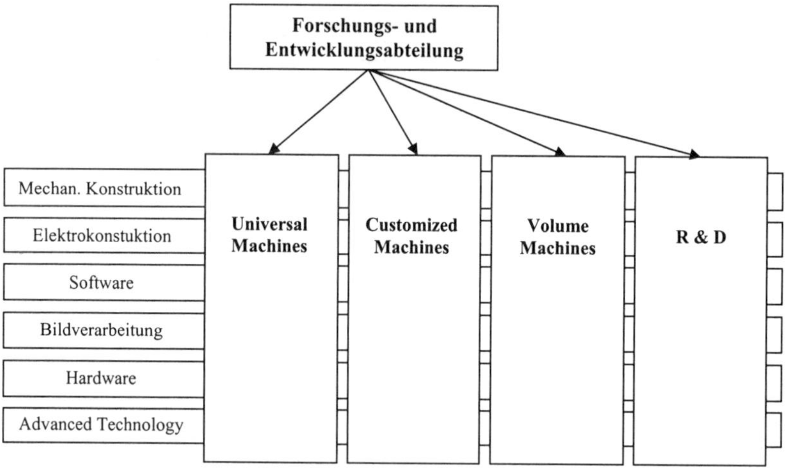

Abbildung 3: Forschungs- und Entwicklungsabteilung
Quelle: eigene Darstellung

DATACON besitzt – wie bereits erwähnt – eine eigene Forschungs- und Entwicklungsabteilung, der Ing. Schweitzer voransteht. Durch marktorientierte Forschung und Entwicklung möchte DATACON Technologietrends setzen. Das Unternehmen beteiligt sich an mehreren internationalen Forschungsprojekten. Diese Mitarbeit erwies sich als sehr furchtbar, da DATACON somit direkt an der Quelle der neuesten Strömungen saß und das Unternehmen dadurch bis heute die Möglichkeit besitzt, die neuen Technologien rechtzeitig so zu beeinflussen, dass sie auch automatisierbar und standardisierbar sind. Nur diejenigen Technologien, die automatisierbar sind, sind auch erfolgreich.

DATACON investiert in seine Forschungs- und Entwicklungsabteilung ca. 15 % des Umsatzes. Für die Forschungsprojekte erhält das Unternehmen Unterstützung von der Europäischen Union und österreichischen Stellen.

Für DATACON ist die Qualität seiner Produkte besonders wichtig. Das Unternehmen ist ISO 9001 zertifiziert. Diese Zertifizierung wurde mehr als Selbstzweck, denn als durch Druck von den Auftraggebern eingeführt. Eine Zertifizierung war nie Voraussetzung, um einen Auftrag erteilt zu bekommen, obwohl das Unternehmen sehr stark mit Automobilzulieferern wie Bosch oder Siemens zusammengearbeitete. Ing. Schweitzer ist der Meinung, dass die ISO 9001 Zertifizierung der eigenen Organisation den größten Nutzen gebracht hat. Die Zertifizierung war der erste Anstoß Abläufe zu beschreiben und über diese nachzudenken. Dadurch wurde das gezielte Ansetzen zur Qualitätsverbesserung ermöglicht.

Die DATACON SEMICONDUCTOR EQUIPMENT GMBH beschäftigt heute 340 Mitarbeiter. Unter der Holding DATACON TECHNOLOGY AG sind 440 Mitarbeiter tätig.

4.2 Produkte und Märkte

Die Kernkompetenzen des Unternehmens sind die Entwicklung und die Produktion von Halbleiterproduktionsmaschinen, im speziellen die sog. „Die Bonder" -Maschinen. Dabei ist zu betonen, dass sich DATACON auf das Engineering konzentriert.

Das Unternehmen besaß früher eine sehr breite Produktpalette. Neben Standardmaschinen wurden in der Vergangenheit auch Sondermaschinen angefertigt. Da die Produktion dieser Sondermaschinen das Unternehmen immer wieder vor große Herausforderungen und Probleme stellte, beschloss die Geschäftsleitung, sich auf die Kernkompetenzen des Unternehmens zu konzentrieren, nämlich die Produktion von „Die Bonder" -Maschinen, die dem Transport der Chips von der Folie an den Bestimmungsort, an dem der Chip dann verpackt und geschützt wird, dienen. Den Bau von Sondermaschinen übernimmt zukünftig die *Eurotec*.

Heute umfasst die Produktpalette von DATACON „Die Bonder" -Maschinen, kundenspezifische Maschinen und Spezialmaschinen (z.B. „Laser Marker", „Shaker", „Automatic Cutting Maschine", etc.) (siehe auch Abbildung 21). Bei den kundenspezifischen Maschinen wird die modernste Standardmaschine mit einem kundenspezifischen „add-on", das von Experten entwickelt wird, ausgestattet. Des Weiteren werden auch Maschinen für diverse Arbeitsgänge, die bei der Herstellung von Halbleitern notwendig sind, wie z.B. Maschinen für Messvorgänge angeboten. 80 – 90 % des Umsatzes werden mit den „Die Bonder" -Maschinen erwirtschaftet.

Im Jahr 2003/04 brachte das Unternehmen eine neue Klebemaschine auf den Markt, die so genannte „Flip Chip Platform 8800 FC", die erstmals auf der Fachmesse *Semicon West '04* in

München vorgestellt wurde. Dort konnten auch schon die ersten 10 Maschinen verkauft werden – für die Unternehmer ein gutes Zeichen, sich einerseits unter den Top-Anbietern weltweit zu positionieren und andererseits den für das erste Quartal 2005 angestrebten Umsatz von 70 Mio. Euro erreichen zu können.

DATACON hat sich darüber hinaus zum Ziel gesetzt, neben der Produktion von Maschinen auch die im Haus (weiter-)entwickelten Technologien und Trainingsprogramme zu vermarkten. Das Unternehmen bietet seinen Kunden die Ergebnisse aus den eigenen Forschungsprojekten an, und versucht den Kunden zu helfen, auf ein höheres Niveau zu kommen. Früher besaß der Kunde die Technologie und DATACON lieferte die Maschinen für diese Technologie, heute werden nicht nur die passenden Maschinen für die jeweiligen Kundenbedürfnisse geliefert, vielmehr stellt das Unternehmen DATACON seinen Kunden die von ihm entwickelten, neueste Technologien zur Verfügung. Dadurch profitiert nicht nur der Kunde, sondern auch DATACON kann sich selbst einen entscheidenden Mehrwert verschaffen: die langfristige Bindung des Kunden an das Unternehmen.

DATACON ist global tätig: Europa, Nordamerika sowie Süd-Ost-Asien. Der Hauptmarkt für das Unternehmen ist der südostasiatische Raum, da dort die großen Produktionsfirmen der Halbleiterindustrie ihren Sitz bzw. ihren „Subcontractor“ haben. Neben Asien sind jedoch auch Europa und Nordamerika wichtige Märkte.

Die Maschinen des Unternehmens unterscheiden sich vor allem in der Flexibilität und der Modularität von ihren Konkurrenzprodukten. DATACON's Maschinen zeichnen sich erstens dadurch aus, dass sie technisch auf einem sehr hohen und anspruchsvollen Niveau sind, und die Maschinen stets dem neuesten Stand entsprechen. Zweitens sind die Maschinen sehr flexibel und können dem Kundenwunsch entsprechend konfiguriert werden. Trotz dieser Konfiguration ist, im Gegensatz zu den Konkurrenzprodukten, die eher auf ein schmales Segment ausgerichtet sind, die Erzeugung eines breiten Spektrums von Produkten immer noch möglich. Drittens brauchen DATACON's Maschinen den kleinsten „footprint“, d.h. sie haben den kleinsten Platzbedarf, was von Vorteil ist, da Raum in dieser Branche sehr teuer ist.

Das Ziel, das sich DATACON gesetzt hat, ist eine breite Kundenbasis aufzubauen und zu halten. Das Unternehmen verfügt derzeit über einen Kundenstamm von über 100 Stammkunden. Zu den größten Kunden von DATACON zählen der taiwanesische Subcontractor ASE, Siemens, Bosch, Motorola, Intel sowie die Siemenstöchter Epcos und Infineon. Die wichtigste

Maßnahme für die Kundenakquirierung sind Messen, aber auch Direktvertriebsmaßnahmen und Artikel in Fachzeitschriften.

4.3 Wettbewerb

Die Hauptkonkurrenten von DATACON sind die schweizerischen Unternehmen ESEC und Alphasem. Beide sind Tochtergesellschaften von großen Finanzorganisationen. Weitere Konkurrenten sind die Firma Mühlbauer und die Firma Delvotec mit Sitz in Deutschland, aber auch zahlreiche Unternehmen in den USA und Japan.

5 Zukunft

DATACON möchte weiterhin zu den führenden Unternehmen des „Die Bonder" -Sektors gehören, seinen Marktanteil und seine Marktführung in Teilsegmenten weiter ausbauen.

Das Unternehmen plant, eine neue und revolutionäre Variante der Chipverarbeitung auf den Markt bringen: die „Flip-Chip" Methode. Bei dieser Methode werden die Chips nicht mehr wie früher zuerst aufgeklebt und dann mit Hilfe einer weiteren Maschine mit den Drähten versehen, um die Chips elektrisch mit dem Basismaterial zu verbinden. Nun werden die Chips nur noch umgedreht, um auf diese Weise dann den Kontakt herzustellen. Durch die „Flip-Chip" -Methode entfällt ein Arbeitsgang und ist folglich preisgünstiger und platzsparender, was bei elektronischen Bauteilen sehr wichtig ist. Die Maschinen des Unternehmens, die derzeit auf dem Markt sind, können sowohl die herkömmliche, als auch die „Flip-Chip" Methode ausführen. DATACON ist jedoch dabei eine neue Maschine zu entwickeln, die auf „Flip-Chip" spezialisiert und auf Höchstleistung ausgelegt ist. Es ist geplant, dass diese Maschine im Jahr 2003 auf den Markt gebracht wird. Mit dieser „Flip-Chip" Methode möchte DATACON absoluter Marktführer werden.

DATACON ist ständig auf der Suche nach neuen und zukunftsträchtigen Marktsegmenten. Für Ing. Schweitzer ist es sehr wichtig, am Puls der Zeit zu bleiben und die Augen für neue Betätigungsfelder offen zu halten. So wie die Drahtbonder, i.e. jene Maschinen, die die Kontaktierungen zwischen Chip und Basismaterial machen, heute durch die „Flip-Chip" -Methode verdrängt werden, so kann morgen ein neuer technologischer Trend entstehen, der die „Flip-Chip" Maschinen überflüssig macht.

6 Zusammenfassung: Probleme und Perspektiven

Die Fallstudie DATACON stellt ein interessantes Beispiel für die unterschiedlichen Entwicklungsphasen eines Unternehmens von seiner Gründung über sein Wachstum bis hin zum Beginn der Reifephase dar. Dabei spielt das Gründer- sowie das Führungsteam eine wichtige Rolle im Entwicklungsprozess eines Unternehmens.

Die nachfolgenden Fragestellungen sollen dabei helfen, den Entwicklungsprozess eines Unternehmens sowie den Wandel der Führungskräfte während dieses Prozesses zu ergründen und verstehen zu lernen. Zur Lösung dieser Fallstudie können verschiedene theoretische Ansätze gewählt werden, die sich mit Management, Entrepreneurship und Unternehmenswachstum beschäftigen.

7 Fragestellung und Lösungshinweise

a) Wo sehen Sie „typische“ Verhaltensmuster eines Entrepreneurs, wenn Sie Ing. Schweitzer bzw. seine Kollegen betrachten? Welche Eigenschaften hat ein Entrepreneur bzw. Unternehmensgründer? Ist es im Hinblick darauf möglich, Regeln für Unternehmensgründer aufzustellen, anhand derer der unternehmerische Erfolg bestimmter Unternehmer erklären können?

b) Zu welchem Zeitpunkt wandelten sich die Ingenieure von Unternehmensgründern zu Führungskräften? Warum ist dieser Wandel wichtig?

c) Was macht eine Führungskraft aus? Gibt es bestimmte Charakteristika? Worin unterscheidet sich eine Führungsperson von einem Unternehmensgründer? Nehmen Sie dabei Bezug auf Ihre Lösung der Frage 1.

d) Wie beeinflusst das Führungsverhalten den Unternehmenserfolg?

e) Gibt es Aufgaben, die nicht delegierbar sind? Warum braucht es dafür gerade Führungspersönlichkeiten?

8 Literaturhinweise

Goleman, D. (1998): What makes a Leader? in: Harvard Business Review, November – December 1998, S. 93-102.

Heineke, W. E./ March, J. (1999): The Entrepreneur – 21 Golden Rules for the global business manager, Singapore

Hinterhuber, H. H./Krauthammer, E. (2001): Leadership – mehr als Management: Was Führungskräfte nicht delegieren dürfen, 3. Auflage, Wiesbaden.

Hinterhuber, H. H./Friedrich, St. A./Krauthammer, E. (2001a): Leadership als Weltanschauung? Aufgeschlossene Führungskräfte schaffen offene Unternehmen, in: Hinterhuber, H. H./Stahl, H.K. (Hrsg.): Fallen die Unternehmensgrenzen? Beiträge zur Außenorientierung der Unternehmensführung, S. 129-143.

Ireland, R. D./Hitt, M. A. (1999): Achieving and maintaining strategic competitiveness in the 21st century: The role of strategic leadership, in: Academy of Management Executive, Vol. 13, No. 1, S. 43-57.

Kao, R. W. Y. (1995): Entrepreneurship – a wealth-creation and value-adding process, Singapore

Kotter, J. P. (2001): What Leaders Really Do, in: Harvard Business Review, Special Edition, December 2001, S. 85-96.

Rowe, G. W. (2001): Creating wealth in organizations: The role of strategic leadership, in: Academy of Management Executive, 2001, Vol. 15, No. 1, S. 81-94.

Unternehmensgründung und Unternehmenswachstum

Unternehmensgruppe Falkensteiner

Harald Pechlaner & Eva-Maria Hammann

Lehrziele

- Erkennen der einzelnen Entwicklungsstufen eines Unternehmens durch Wachstum
- Erfassen der Voraussetzungen, Auswirkungen und Konsequenzen schnellen Wachstums von mittelständischen Unternehmen
- Organisation und Management von schnell wachsenden Unternehmen mit besonderer Berücksichtigung der Anforderungen im Tourismus

1 Einleitung

Das Wachstum von kleinen und mittelständischen Unternehmen stellt sich nicht selten als große Herausforderung für deren Management dar. Dabei stellt sich die Frage, wie das immer komplexer werdende Unternehmensgebilde organisiert werden kann bzw. organisiert muss. Oft reicht dann das Know-how des Eigentümer-Unternehmers nicht mehr aus, und die Akquisition neuer qualifizierter Mitarbeiter wird unerlässlich. Daneben spielt vor allem auch die Entwicklung und anschließende Auswahl neuer, der veränderten Situation angepasster Strategien eine entscheidende Rolle, und nicht selten wird dieser Prozess von Konflikten und Auseinandersetzungen im Managementteam und unter den Mitarbeitern begleitet.

In der vorliegenden Fallstudie wird deutlich, wie rasant das Wachstum eines mittelständischen Unternehmens sein kann und welche Chancen und Risiken sich dadurch für den/die Unternehmer ergeben.

2 Vorstellung des Unternehmens

2.1 Geschichte der Unternehmensgruppe

Die Gründung des Unternehmens geht zurück auf das Jahr 1957, als Maria und Josef Falkensteiner sich an einem kleinen See in Ehrenburg nahe Brixen/Südtirol ein Grundstück kauften und dort eine 10-Betten-Pension bauten. Bereits wenige Jahre später wurde die Pension zu einem 80-Betten-Hotel um- und ausgebaut. Im Zuge einer solchen Ausbaumaßnahme wurden beispielsweise 1973 das erste Hallenbad und ein Jahr später die erste Hotel-Diskothek Südtirols gebaut. Bis heute wurde das Hotel ständig auf den neuesten Stand gebracht, so dass es heute zu den Top-Hotels in Südtirol zählt. Durch den frühen Tod des Vaters mussten die damals jungen Söhne Erich und Andreas die Führung des Hotels und letztlich auch die Vision und Arbeit des Vaters übernehmen.

Im Jahr 1980 wurde der „Falkensteinerhof" eröffnet. Die Brüder Falkensteiner wagten 1990 auch erstmals den Schritt in das benachbarte Ausland, Österreich, und erwerben dort das Hotel Stocker. Dieser Schritt erwies sich allerdings bald als weniger erfolgreich, da es einerseits wenige Jahre nach dieser kostspieligen Hotel-Akquisition zu einem massiven Preisverfall österreichischer Hotels kam und zum anderen die Zusammenarbeit mit dem dort ansässigen Partner nicht gut funktionierte. Aus diesem Grund konzentrierte sich die Familie Falkensteiner zunächst auf den Erwerb weiterer Hotels in Südtirol, ohne dabei jemals den Blick für ein erneutes Engagement im Ausland aus den Augen zu verlieren. Zudem kamen die Brüder zu der Erkenntnis, dass für das angestrebte Wachstum solide betriebswirtschaftliche Strukturen geschaffen werden mussten, damit sich die gerade erlebte negative Erfahrung nicht nochmals wiederholen würde. Sie trafen eine weitere zukunftsträchtige Entscheidung: die Suche und Bindung qualifizierter und engagierter neuer Mitarbeiter.

Zunächst wurde die Touristik-Sparte mit dem ersten Incoming-Büro, der *FalkTours*, gegründet. Mit dem Aufbau des österreichischen Incoming-Büros *EverTours* wurde deshalb Johann Graber, der heute einer der vier Gesellschafter der Falkensteiner Unternehmensgruppe ist, als Mitarbeiter gewonnen. In den nun folgenden Jahren ging es vorrangig um die Etablierung der Akquisitionen, um dann Anfang der 90er Jahre verstärkt das Wachstum des Unternehmens anvisieren zu können.

Im Jahr 1995 ergänzt Dr. Otmar Michaeler als neuer Partner das Familienunternehmen Falkensteiner. Sein Eintritt ins Unternehmen sorgte nach Angaben der Gesellschafter für neue Impulse. Zwei Jahre später kamen dann die ersten beiden österreichischen Hotels, das „Palace" in Wien und das Resort „Funimation Katschberg", zur Unternehmensgruppe hinzu. Damit war der erste, nun überaus erfolgreiche Schritt in das unternehmerische Engagement in Österreich getan, das in den darauf folgenden Jahren durch die Zusammenarbeit mit Partnerhotels in Ost- und Nordtirol, Kärnten sowie in der Steiermark noch ausgedehnt wurde.

Mit der Jahrtausendwende folgte ein weiterer wichtiger strategischer Schritt, die Expansion nach Kroatien. Seitdem führt hier die Unternehmensgruppe das Hotel „Park Punat" als Managementbetrieb. Ein Jahr später wird die Hotelanlage „Borik" an der dalmatinischen Küste akquiriert und in den darauf folgenden Monaten um- und ausgebaut, so dass im Frühsommer

2002 der Betrieb aufgenommen werden und im November 2002 die Eröffnung stattfinden konnte.

Es folgen eine Reihe weiterer Hotelakquisitionen in Kroatien und Tschechien, unter anderem wurden die 2002 in Angriff genommenen Projekte „Hotel Maria Prag“ und „Grandhotel Marienbad“ Anfang 2004 eröffnet.

Aus dem Familienunternehmen hat sich innerhalb weniger Jahre eine moderne Unternehmensgruppe entwickelt, deren Wachstum auch heute noch nicht abgeschlossen ist. Heute sehen die Führungskräfte ihr Unternehmen als ein „mittelständisches Unternehmen mit familiären Werten“.

2.2 Leitbild

Ein Auszug aus einer Unternehmenspräsentation macht deutlich, welche Ziele sich die Falkensteiner Unternehmensgruppe gesetzt hat. Damit wird die Frage geklärt, was die Unternehmung tun soll, um ihrer Vision näher zu kommen (Hinterhuber, 2004):

> *Wir sind ein Familienunternehmen.*
>
> *Wir sind innovativ und traditionell.*
>
> *Als Trendsetter wissen wir, was anspruchsvolle Gäste wünschen. Langjährige Erfahrung, verbunden mit Innovationsgeist, geben uns die Möglichkeit, klar definierte Ziele zu erreichen.*
>
> *Traditionell ist unsere Gastfreundschaft.*
>
> *Unsere Betriebe sind traditionsbewusst und gleichzeitig weltoffen. Wir agieren international und bleiben dennoch regional. [...]*
>
> *Die landschaftlichen Ressourcen im Umfeld unsrer Hotels sind enorm wichtig. Die Hotels werden unter ökonomischen Gesichtspunkten ökologisch geführt.*

Im aktuellsten Geschäftsbericht der Unternehmensgruppe Falkensteiner wird die Vision an fünf Komponenten festgemacht:

- Unsere Mission: „Together we can fly“. Gemeinsam erreichen wir mehr als im Alleingang.
- Unser Ziel: Eines der erfolgreichsten familiären und qualitätsorientierten Tourismus-Unternehmen im weiteren Alpe-Adria-Raum zu werden.
- Unsere Aufgabe: Menschen begeistern und ihre Begeisterung nachhaltig zu sichern.

- Unser Standpunkt: Auf Trends darf man nicht reagieren, man muss sie setzen.

- Unser Vorsprung: Durch ganzheitliches Denken und Handeln erzielen wir klare Wettbewerbsvorteile für uns und unsere Kunden.

Nochmals auf den Punkt gebracht verfolgt die Unternehmensgruppe das Ziel, Zukunftspläne von Geschäftspartnern und Kunden zu verwirklichen, Gäste zu begeistern und Mitarbeitern Chancen und Sicherheit zu bieten.

2.3 Organisation

Auf den ersten oberflächlichen Blick scheint die Organisation der Unternehmensgruppe Falkensteiner für ein mittelständisches Unternehmen relativ atypisch zu sein. Danach waren die einzelnen Gesellschaften organisatorisch nicht streng gebündelt, d.h. es gab keine richtige Muttergesellschaft, sondern mehrere Zentralen (Kiens, Lienz, Wien, Trier und Dortmund), wobei sich mittlerweile das in der ersten Jahreshälfte 2004 neu bezogene Geschäftshaus in Vahrn bei Brixen, zur Zentrale der Unternehmensgruppe entwickelt wird. Hier hat die Falkensteiner Hotelmanagement GmbH ihren Sitz und fungiert dabei als Management- und Betreibergesellschaft. Grundsätzlich lässt sich das Top-Management als relativ flach strukturiert beschreiben, d.h. neben den Gesellschaftern und Hauptverantwortlichen der einzelnen Organisations- und Funktionsbereiche findet sich in der Zentrale lediglich noch die Ebene der Assistenz. Letztere teilen sich die Geschäftsführung untereinander wie folgt auf:

- Erich Falkensteiner ist neben Otmar Michaeler die treibende Kraft im Unternehmen und dabei insbesondere für den Vertrieb zuständig.

- Andreas Falkensteiner kümmert sich vor allem um die Betriebe in Südtirol und ist der Stützpfeiler der Unternehmensgruppe nach innen. Er steht in allen wichtigen Fragen und Entscheidungen bezüglich der Zukunft der Unternehmensgruppe unumstößlich hinter seinem Bruder und Otmar Michaeler.

- Dr. Otmar Michaeler ist neben Erich Falkensteiner die zweite Spitze in der Unternehmensleistung und kümmert sich hier vor allem um die (strategische) Weiterentwicklung der Gruppe sowie sämtliche kaufmännische Belange. Nach eigenen Angaben ergänzt er sich mit Erich Falkensteiner insofern hervorragend.

- Johann Graber ist das vierte Mitglied des Top-Managements und neben Dr. Michaeler der zweite „externe“ Gesellschafter. Er ist für alle finanzwirtschaftlichen Frage- und Problemstellungen sowie das Controlling zuständig.

Darüber hinaus hat sich in den vergangenen Jahren ein Modell herauskristallisiert, das den Mitarbeitern des Unternehmens gute Karrierechancen bietet und das gleichzeitig zu einer höheren Transparenz der personellen und strukturellen Organisation führt. Konkret heisst dies, dass die Organisation nach Regionen gegliedert ist, in der es zahlreiche Verantwortliche für die einzelnen Funktionsbereiche (z.B. Sales & Marketing, Personal, Verwaltung, Finanzen, Einkauf, etc.) gibt. Derjenige Verantwortliche, der sich als der fähigste Mitarbeiter herausstellt, wird zum Regionalveranwortlichen der betreffenden Funktion oder des Bereichs, in dem er tätig ist (z.B. im Sales & Marketing) und berichtet dann direkt dem COO.

Diese Vorgehensweise war insofern notwendig geworden, weil es den Gesellschaftern nicht mehr möglich war, die einzelnen Hotels bzw. Betriebe aus der Ferne zu führen. Stattdessen wurde deutlich, dass Management-Kapazitäten, d.h. fähige Mitarbeiter, entwickelt werden mussten, die eine Reihe unternehmerischer Aufgaben selbständig übernehmen konnten. Mittlerweile gehen die Gesellschafter davon aus, das ungefähr die Hälfte aller Betriebe von der Zentrale relativ autonom geführt werden, während die anderen 50% noch entwickelt bzw. betreut werden müssen.

Diese Entwicklung spiegelt sich auch in einem anderen Tatbestand wider. Während in der Vergangenheit jeder Betrieb sein Betriebsergebnis unabhängig von den anderen Unternehmenseinheiten ermittelte, wird seit dem Jahr 2002 ein Gesamtergebnis für die Unternehmensgruppe errechnet. In dem besagten Jahr wurde rund 68,8 Mio. Euro erwirtschaftet bei einem operativen Cashflow (EBITA) von 5,6 Mio. Euro.

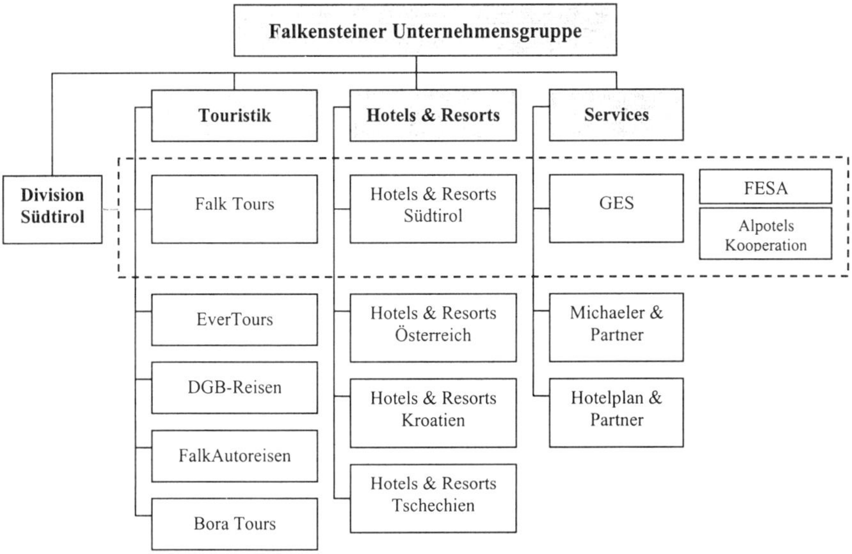

Abbildung 1: Organisationsstruktur der Gruppe
Quelle: *Strategiepapier Falkensteiner Unternehmensgruppe, 2003*

Die Sparte Südtirol nimmt innerhalb der Organisation eine Sonderstellung ein. Sie wird – wie bereits erwähnt wurde – vor allem von Andreas Falkensteiner als CEO und von Alois Volgger als COO geführt.

3 Die Unternehmer

Leadership ist Leidenschaft.
Erich Falkensteiner & Otmar Michaler

Wie oben bereits deutlich wurde, ist das Zusammenspiel der vier Gesellschafter sehr harmonisch und äußerst effizient, was das schnelle und überaus erfolgreiche Wachstum der Unternehmensgruppe beweist. Vor allem Erich Falkensteiner und Otmar Michaeler sind in der Unternehmensgruppe die Triebfedern, welche die Expansion in neue Märkte und Geschäfte vorangetrieben haben und noch immer forcieren. Erstaunlich dabei ist, dass beide Unternehmer als Leader charakterisiert werden können, wobei eine solche Doppelspitze in der Regel nicht immer konfliktfrei funktioniert. Im Fall der beiden Unternehmer funktioniert die Zusammenarbeit im „Top-Management Team" allerdings reibungslos. Beide sagen von sich, ein gut eingespieltes Team zu sein, und abgesehen vom Altersunterschied sehr ähnliche Charaktere zu haben. Beide seien großzügige Menschen, bei denen die finanziellen Überlegungen nicht primär im Vordergrund stehen. Dennoch haben beide ganz klar definierte Stärken und Kompetenzbereiche: Erich Falkensteiner besitzt die Vertriebsstärke und das Gespür für den Markt, während Otmar Michaeler sich insbesondere mit der (Infrastruktur-) Entwicklung der Gruppe beschäftigt und das Potential der Unternehmensgruppe auslotet. Während diese beiden das Unternehmen in die Zukunft führen, Visionen entwickeln und das weitere Wachsen der Gruppe im Visier haben, verkörpert Andreas Falkensteiner die Tradition und sorgt so – trotz der großen Dynamik des Unternehmens – für die innere Stabilität der gesamten Gruppe.

4 Die Kernkompetenz der Unternehmensgruppe

Wie in Kapitel 5 deutlich werden wird, hat die Falkensteiner Unternehmensgruppe sich gegenwärtig in drei Geschäftsfeldern diversifiziert. Dabei wurde das Betreiben von Hotels bzw. Resorts als die Kernkompetenz identifiziert, wobei die beiden verbleibenden Unternehmensbereiche die Kernkompetenz ergänzen und unterstützen. Nach Prahalad und Hamel (1990) bildet die Kernkompetenz – verstanden als einer einzigartige, systematisch gebündelte Kombination von Ressourcen, Fähigkeiten, Wissen, Erfahrungen, Technologien und Kompetenzen – die Grundlage der Wettbewerbsfähigkeit einer Unternehmung. Auf der Basis der Kernkompetenz(en) kann das Unternehmen dann sein aktives und strategisches Potential bilden (vgl. Hinterhuber/Handlbauer/Matzler, 2003).

5 Geschäftsfelder und Märkte

Die Unternehmensgruppe Falkensteiner kann in drei unterschiedliche Geschäftsfelder gegliedert werden: *Falkensteiner Hotels & Resorts*, *Falkensteiner Touristik* sowie *Falkensteiner, Michaeler & Partner*. Durch diese Struktur ist es der Unternehmensgruppe möglich, einige Synergieeffekte zu erzielen und daraus eine Reihe von Erfolgsfaktoren abzuleiten. In den nachfolgenden Kapiteln werden die einzelnen Geschäftsfelder vorgestellt.

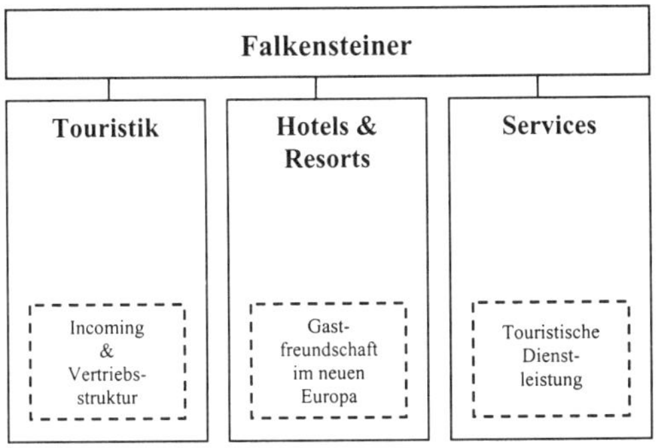

Abbildung 2: Die drei strategischen Geschäftsfelder der Falkensteiner Gruppe
Quelle: *www.falkensteiner.biz*

5.1 Hotels und Resorts

Als touristisches Unternehmen bietet Falkensteiner seinen Kunden bzw. Gästen in den folgenden vier Produktlinien ein breites Angebot an Hotels und Resorts. Um den Gästen die Wiedererkennbarkeit und Zuordnung zu erleichtern, wurde für jede Produktlinie ein eigenes Farbkonzept, d.h. eine eigene Positionierung (USP) entwickelt. Darüber hinaus können mithilfe der Kategorisierung der Hotels in vier Produktlinien die Wünsche der Gäste besser erfüllt und somit eine größere Zielgruppe angesprochen werden.

Jede Kategorie zeichnet sich durch ein spezifisches Profil aus, das dem spezifischen Gast so seine individuellen Wünsche erfüllen kann, wie die anschließende kurze Beschreibung deutlich macht.

- Falkensteiner Ferienhotels: Gäste, die Sport, Natur, Bewegung, Erholung und Vergnügen in ihrem Urlaub erleben möchten, können zwischen zehn 3***- bzw. 4****-Sterne-Hotels in vier Destinationen wählen.
- Falkensteiner Clubhotels sind besonders auf Familien mit Kindern ausgerichtet und versprechen unterhaltsame und erlebnisreiche Ferien. Hotels, die dieser Kategorie angehören, begrüßen ihre Gäste in Kärnten und Kroatien.
- Falkensteiner Stadthotels: Die City-Hotels der Falkensteiner Hotels und Resorts befinden sich in kulturell attraktiven Städten, in denen sowohl private als auch geschäftli-

che Reisen unternommen werden können. Diese Hotels sind in Wien und in Tschechien zu finden.

- Falkensteiner Wellness-Hotels: Die Hotels der vierten Sparte werden charakterisiert durch Beauty, Wellness, Lifestyle, Pflege und Harmonie. Hier hat der Gast die Wahl zwischen zwei Hotels in Südtirol und Tschechien.

Insgesamt umfasst die Falkensteiner Unternehmensgruppe im Geschäftsfeld „Hotels & Resorts“ mehr als 23 Hotels in Italien, Österreich, Kroatien und Tschechien, und verfügt damit zusammen mit den geplanten, aber noch nicht zur Gänze fertig gestellten Projekten über ca. 8600 Gästebetten. Zu den „Traditionshäusern“ sind vor allem in den letzten sechs bis acht Jahren die neuen Betriebe hinzugekommen.

Das in Abbildung 4 dargestellte Organigramm zeigt die Strukturierung der verschiedenen Bereiche im Geschäftsfeld „Hotels & Resorts“. Es sei an dieser Stelle darauf hingewiesen, dass die Falkensteiner Hotels & Resorts als Eigen- und Managementbetriebe sowie als Partnerhotels geführt werden.

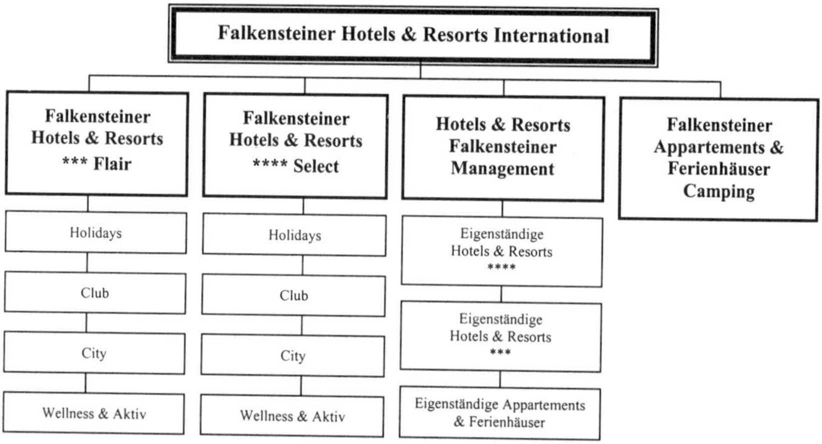

Abbildung 3: Organisationsstruktur der Falkensteiner Hotels & Resorts
Quelle: Strategiepapier Falkensteiner Unternehmensgruppe, 2003

5.2 Falkensteiner Touristik

Im Jahr 1980 wurde eine Incoming-Struktur für Südtirol, Österreich, die Tschechische Republik, Ungarn und Kroatien aufgebaut. Heute gehören zur Falkensteiner Touristik noch einige weitere Agenturen in Deutschland, Polen und Tschechien. Mit Hilfe der geschaffenen Incoming-Strukturen versucht die Unternehmensgruppe zusätzliches Marktpotential für die eigenen Hotels und Resorts zu generieren und gleichzeitig die Angebotspalette mit unternehmensfremden Hotels zu erweitern.

In Südtirol operiert „*Falk-Tours*" und bietet zusammen mit Partner-Busunternehmern und Spezialveranstaltern deutschlandweit Programme für Gruppenreisen an. Ein Programm, das beispielsweise entwickelt wurde, ist „*EverSki*", das den Reisenden neben dem Transfer in verschiedene Skigebiete Halbpension, Wellness-Angebot und Betreuung bietet.

Daneben bietet die in Wien angesiedelte Incoming-Agentur „*EverTours*", die sich auf die Märkte Österreich, Ungarn, Tschechien und Kroatien spezialisiert hat, Busreisen zu diversen Destinationen an.

„*Falk Autoreisen*" bietet insbesondere den Zielgruppen Familien, Senioren und Wellness-Urlaubern Reiseziele in gehobenen Hotels an, die mit dem Auto oder der Bahn erreichbar sind.

Daneben gehört „*DGB-Reisen*" in Dortmund zur Falkensteiner Touristik und führt seit mehr als 40 Jahren spezielle Veranstaltungen für DGB-Mitglieder und Leser (Medienreisen) durch.

Die jüngste Incoming-Firma ist „*Bora Tours*" mit Sitz in Zadar/Kroatien.

5.3 Michaeler & Partner

Das 1995 in Mühlbach/Südtirol gegründete Unternehmen Falkensteiner Services ist die größte touristische Unternehmensberatung in Südtirol mit einem Kundenstamm in Südtirol/Italien, Österreich, Kroatien und in der Tschechischen Republik.

Durch die enge Zusammenarbeit mit der „Falkensteiner Hotelmanagement GmbH" konnte Michaeler & Partner praxisbezogene Erfahrung insbesondere hinsichtlich der Entwicklung von Projekten und dem Management von Hotelbetrieben sammeln. Im November 2002 wurde zudem zur Unterstützung der laufenden internen und externen Bauprojekte das Bauabwicklungsbüro „Hotelplan & Partner" gekauft, um das Dienstleistungsangebot zu erweitern.

Im Jahresbericht 2003 von Michaeler & Partner wird ein Auszug über die Tätigkeiten des Unternehmens präsentiert. So zeigt sich, dass sich Michaeler & Partner intensiv mit touristischer Projektentwicklung und -steuerung beschäftigt und hier im Jahr 2003 ein Investitionsvolumen von mehr als 60 Mio. Euro abzuwickeln hatte. Daneben erstellt das Unternehmen Machbarkeitsstudien und Projektanalysen für zahlreiche Kunden aus der Hotellerie, Gastronomie und anderen touristischen Veranstaltern. Ein weiterer Tätigkeitsbereich ist das Consulting; hier zählten allein im Jahr 2003 35 erfolgreiche Hotels und touristische Infrastrukturen zu den Kunden des Unternehmens. Michaeler & Partner bietet dabei Beratungsdienste im Marketing, Controlling und in Finanzierungsfragen an, wobei die Tätigkeit grundsätzlich unterschieden werden kann in Jahresbetreuungen, in Lösungen für spezifische Problemstellungen oder aber – und hier ist die *Wellness & SPA Consulting* gemeint – in der Konzeption und Schaffung von Gesundheits- und Schönheitswelten umfasst. Neben diesen Aktivitäten bietet das Unternehmen Geschäftsführungen an, beschäftigt sich mit Destinationsmanagement, engagiert sich unter dem Label *Hotelbau Media* mit der Veröffentlichung des Infomagazins „Hotelbau-Journal". Ferner wurde ein grenzüberschreitendes Symposium veranstaltet und diverse Exkursionen („Educationals") zur Besichtigung erstklassiger Hotels in europäischen Metropolen unternommen.

Mit diesem Engagement zeigt sich, dass Michaeler & Partner um die örtliche Entwicklung der Firmen im Raum Alpen-Adria bemüht ist.

Seit 2003 werden diese einzelnen Dienstleistungsfirmen unter der Struktur Falkensteiner Services zusammengefasst. Abbildung 2 zeigt die Organisationsstruktur der Michaeler & Partner:

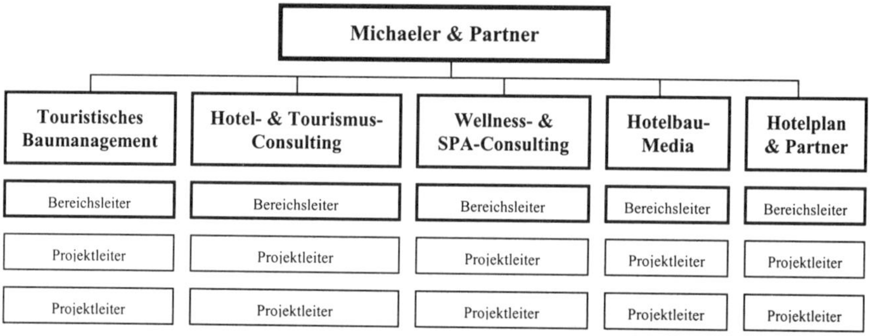

Abbildung 4: Organisationsstruktur von Michaeler & Partner
Quelle: Strategiepapier Falkensteiner Unternehmensgruppe, 2003

5.4 Märkte

Wie aus den Ausführungen deutlich wurde, ist die Unternehmensgruppe Falkensteiner in zahlreichen Ländern mit Hotels sowie Resorts vertreten. Während sich einer der Hauptkonkurrenten des Unternehmens auf den Hotelbetrieb in Westeuropa konzentriert, befinden sich die Hotels und Resorts von Falkensteiner in Norditalien, Österreich, Kroatien und Tschechien. Damit konzentriert sich das Engagement auf Osteuropa, wo die Gesellschafter auch in Zukunft großes Potential sehen. Abgesehen davon soll künftig vor allem auch der italienische Markt noch viel stärker bearbeitet werden, weil die Gesellschafter festgestellt haben, dass die unternehmerischen Aktivitäten im Ausland, insbesondere in Kroatien und Tschechien, oftmals durch sprachliche Probleme erschwert werden und dass das in Südtirol ansässige Unternehmen den Vorteil der Zweisprachigkeit noch viel stärker ausnutzen müsste.

6 Perspektiven

Langfristig ist geplant, die Zahl der Hotelbetten von gegenwärtig 8.500 auf 15.000 zu erhöhen. Zu diesem Zweck sollen weitere Hotels aller vier Kategorien in neuen Destinationen, u.a. in Italien, Österreich, und in einigen osteuropäischen Ländern entstehen bzw. akquiriert werden, die letztlich den Wertzuwachs der gesamten Gruppe sicherstellen sollen. Dabei kommt es den Unternehmern vor allem darauf an, die bestehenden Märkte im Alpe-Adria-Raum auszubauen und nachhaltig zu festigen und damit letztlich die Gäste zu begeistern.

Darüber hinaus schwebt den Unternehmern vor, insbesondere in der Kategorie „Stadthotels" neue, innovative Wege zu gehen. Dazu sollen weitere City Hotels – ähnlich dem Design und der Ausstattung der sehr erfolgreichen Hotels *Maria Prag* und *Am Schottenfeld* – in europäischen Großstädten entstehen. Langfristig will die Unternehmensgruppe so in den kommenden Jahren mit bis zu 20 Stadthotels des gehobenen Standards in allen touristischen Metropolen Europas vertreten sein. Die nächsten Ziele stellen dabei die Städte Rom, Belgrad und Zagreb dar, wobei eine große Vision die Eröffnung eines Hotels in der englischen Metropole London ist. Dr. Otmar Michaeler als großer Verfechter von Franchising-Konzeptionen sieht große Erfolgspotentiale in der Entwicklung von Lifestyle-Hotels, für die ein spezielles Konzept und damit eine eigene Markte kreiert werden sollen.

Auch die Resort-Hotellerie, die sich im Spannungsfeld zwischen Gesundheit, Wellness und Ferien bewegt, soll vor allem im Alpenraum und in Wintersportdestinationen ausgebaut werden, um dem Gast auch weiterhin ein gutes Preis-Leistungsverhältnis bieten zu können.

In einem Interview liefert Dr. Michaeler selbst die Begründung für diesen Schritt: „Wir müssen bei unserem Wachstum einfach nachdenken, wie wir die Braut schmücken können, um für unsere Stakeholder weiterhin interessant zu bleiben."

Zu den drei strategischen Geschäftsfeldern Hotellerie, Touristik und Services wird eine vierte Sparte hinzukommen, der Bereich „Real Estate". Dies bedeutet konkret, dass das Unternehmen sich im weitesten Sinne mit touristischen Immobilien beschäftigen und diese finanzieren wird. Dabei ist geplant, bei Planung und Bau von Immobilienprojekten maßgeblich beteiligt zu sein. Damit verfolgt die Geschäftsführung drei Ziele: das Risiko in den anderen Sparten abzudämpfen, zusätzliche monetäre Ressourcen zu generieren, um das schnelle Wachstum finanzieren zu können und schließlich die Steigerung des Unternehmenswertes.

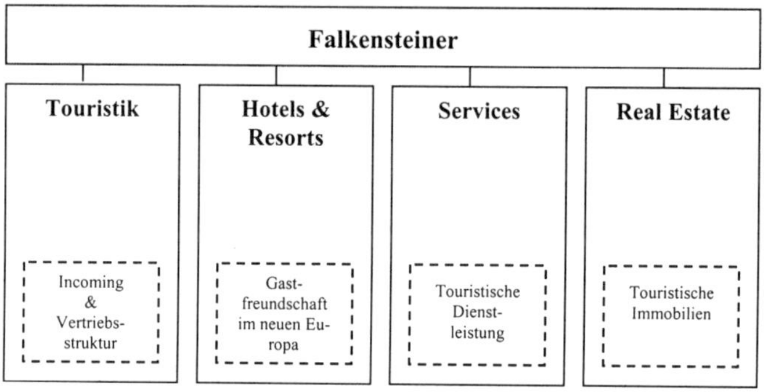

Abbildung 5: Die künftige Ausrichtung der Geschäftsfelder
Quelle: *eigene Darstellung*

7 Fragestellungen

a) Wenn Sie das vorgestellte Unternehmen betrachten, welche Organisationsform erscheint Ihnen die am besten geeignete? Begründen Sie Ihre Entscheidung und grenzen Sie alle anderen möglichen Organisationsmodelle klar ab.

b) Diskutieren Sie die Vor- und Nachteile schnellen und dynamischen Wachstums von klein- und mittelständischen Unternehmen (KMU)? Welche Faktoren nehmen auf das Wachstumsverhalten eines solchen Unternehmens Einfluss? Welche Rolle spielt dabei die Internationalisierung der Unternehmensgruppe?

c) In Kapitel 5 wurden die Geschäftsfelder der Unternehmensgruppe Falkensteiner vorgestellt und es wurde darauf hingewiesen, dass durch diese Unternehmensstruktur Synergieeffekte erzielt werden können. In welchen Bereichen der Unternehmung sehen Sie Potential, das die Ausnutzung solcher Effekte ermöglicht und welche positiven Effekte ergeben sich daraus?

d) In Kapitel 6 wurden die Zukunftsperspektiven der Gruppe identifiziert. Welche Auswirkung hat die Ausweitung der Geschäftsfelder auf den Bereich „Real Estate" auf die (in Kapitel 4 definierte) Kernkompetenz des Unternehmens? Wie könnte man die künftige Kernkompetenz festlegen?

e) In der Unternehmensführungslehre existieren unterschiedliche Wachstumstheorien und -modelle, die das unternehmerische Engagement der Gesellschafter der Unternehmensgruppe Falkensteiner erklären können. Diskutieren Sie die einzelnen Modelle und bringen Sie diese in Zusammenhang mit den Strategien der Gruppe Falkensteiner. Ziel ist die Identifikation jener Wachstumsstrategie, welche die Unternehmer letztlich verfolgen (sollen).

f) Betrachten Sie die Geschäftsführung der Unternehmensgruppe unter dem Aspekt des schnellen Firmenwachstums. Welche Art der Führung erscheint Ihnen am sinnvollsten?

8 Literaturhinweise

Bea, F.X./Göbel, E. (1999): Organisation, Stuttgart

Haas, J. (1997): Die Entwicklungsfähigkeit von Unternehmungen, Schriften zur Unternehmensplanung_46, Frankfurt am Main

Hopfenbeck, W. (2000): Allgemeine Betriebswirtschafts- und Managementlehre: das Unternehmen im Spannungsfeld zwischen ökonomischen , sozialen und ökologischen Interessen, 13. Auflage, Landsberg/Lech

Hinterhuber, H.H. (2004): Strategische Unternehmensführung – Strategisches Denken, Band 1, 7., grundlegend neu bearbeitete Auflage, Berlin/New York

Hinterhuber, H.H. (2004): Strategische Unternehmensführung – Strategisches Handeln, Band 2, 7., grundlegend neu bearbeitete Auflage, Berlin/New York

Hinterhuber, H.H./Handlbauer,G./Matzler, K. (2003): Kundenzufriedenheit durch Kernkompetenzen – Eigene Potentiale erkennen, entwickeln und umsetzen, 2. Auflage, Wiesbaden

Kieser, A. (2002): Evolutorische Ansätze in der Organisationstheorie – eine kritische Bestandsaufnahme; in. Albach, H./Schauenberg, B. (2002): Unternehmensentwicklung im Wettbewerb, ZfB Ergänzungsheft 2/2002, Wiesbaden

Peters, M. (2001): Wachstum und Internationalisierung: Überlebenschancen für touristische Klein- und Mittelbetriebe, Management und Unternehmenskultur, Band 6, Wien

Schoppe, S./von Czege, A./Münchov, M.M./Stein, I./Zimmer, K. (1995): Moderne Theorie der Unternehmung, München/Wien

Weiermair, K./Peters, M./Pechlaner, H./Kaiser, M.-O. (Hrsg.) (2003): Unternehmertum im Tourismus – Führen mit Erneuerungen, Berlin

Technologietransfer im Life Science-Sektor in Tirol – Strukturen einer Beratungslandschaft

Dagmar Abfalter, Alexandra Gossner & Christian Mathes

Lehrziele

Die vorliegende Fallstudie soll einen Überblick über die strukturellen Rahmenbedingungen und die Zusammensetzung der Beratungslandschaft des Life Science Sektors in Tirol veranschaulichen. Die Fallstudie zeigt die Bandbreite an regionalen Beratungs- und Dienstleistungseinrichtungen auf, die einem Unternehmensgründer lokal zur Verfügung stehen und gibt Einsicht in die dahinter stehenden wirtschaftspolitischen Überlegungen.

1 Einleitung

Innovationen und damit verbundene Steigerungen der Produktivität sind ein wichtiger Motor für das Wirtschaftswachstum und werden vielfach als einzige Möglichkeit gesehen, Wertschöpfung durch profitables Wachstum zu erzielen. Das rasche Aufgreifen von Ergebnissen der Forschung und Entwicklung sowie das rasche Umsetzen in neue Produkte und Verfahren sind essentiell für die Wettbewerbsfähigkeit von Unternehmen aber auch ganzer Volkswirtschaften. Aus diesem Grund versuchen zahlreiche Regierungsprogramme die Schaffung eines forschungsfreundlichen Umfelds, das Innovationskraft und Leistungsfähigkeit fördert, in ihre Industrie- und Wirtschaftspolitik zu integrieren.

Grundlage der Zukunftsentwicklung von Volkswirtschaften ist hierbei das technologische und theoretische Wissen, das in der Grundlagenforschung und darauf aufbauend in der anwendungsbezogenen Forschung entwickelt wird. Träger sind Hochschulen, staatlich geförderte oder private Forschungseinrichtungen, F&E-Dienstleister sowie die F&E-Bereiche der Unternehmen. Eine bedeutende Rolle spielen hier auch die wissenschaftlichen Unternehmer, die ihr Wissen und ihre Qualifikation aus dem System der Wissenschaft in die Wirtschaft tragen. Idealerweise ist der Prozess von der Grundlagenforschung bis hin zum innovativen Produkt lückenlos geschlossen. In der wirtschaftlichen Realität gibt es jedoch Schwächen im Ablauf dieses Innovationsprozesses. Ein wesentliches Problem ist, dass die neuen Erkenntnisse nicht immer dort anfallen, wo sie benötigt werden oder in einer Weise aufbereitet sind, dass sie umgesetzt werden könnten. Es entstehen häufig Zugangs-, Selektions- und Kompatibilitätsprobleme (Reinhard/Schmalholz, 1996, 1).

Die Verwertung bzw. Anwendung des vorhandenen Know-how wird unter dem Begriff des Technologietransfers zusammengefasst. Dieser Transfer kann in Form von Human Resources,

Start-up-Unternehmen und Forschungs- & Entwicklungsgruppen stattfinden oder aber in Form von Patentverwertung erfolgen. Insbesondere bei kleinen und mittleren Unternehmen (KMU) wird der Transfer zwischen Grundlagenforschung und Unternehmen von regionalen Transferzentren übernommen, um vorhandene Innovationspotentiale besser auszuschöpfen und die Kluft zwischen der Wissenschaft und der Wirtschaft überbrücken zu können (vgl. Wahren, 2004, 3ff.). Die Verkürzung der Innovationszeiten, die zunehmende Komplexität und Interdisziplinarität in Wirtschaft und Technik und die in der Folge steigenden Kosten für Forschung, Entwicklung und Innovation lassen auf eine immer größer werdende Bedeutung dieser Transferzentren schließen. Für all diese Bereiche ist auf dem Gebiet der Medizin und der Biowissenschaften in Tirol eine breit gefächerte Beratungslandschaft vorhanden: Diese Transferstellen stehen sowohl der Wissenschaft als auch der Wirtschaft bei den individuellen Frage- und Problemstellungen beratend zur Seite.

2 Tiroler Wirtschaftsstruktur

Kennzeichnend für Tirol ist eine sehr kleine und offene Regionalwirtschaft. Das österreichische Bundesland ist in neun regionale Bezirke aufgeteilt und erstreckt sich über eine Fläche von 12.647,71 km^2. Landschaftlich lässt sich Tirol am besten als „inneralpines Passland" beschreiben. Die Einwohnerzahl Tirols betrug im Jahr 2001 673.500 Einwohner (Statistik Austria 2003, S. 9), somit verfügt Tirol über eine Bevölkerungsdichte von 53 Einwohnern pro km^2.

Die Größenstruktur der gewerblichen Wirtschaft Tirols wird vor allem durch die Klein- und Mittelunternehmen (KMUs) geprägt. 70 % der Tiroler Betriebe haben höchstens fünf unselbständig Beschäftigte. 82.2 % der Tiroler Betriebe sind Kleinstbetriebe nach EU-Definition mit maximal neun Beschäftigten (Beyer et al., 2003, S. 19). Die in der Tiroler Wirtschaft vertretenen Sparten sind in Tabelle 1 genauer dargestellt. Obwohl Tirol als touristisch geprägtes Land gilt, übersteigt der Beitrag der Industrie zur Bruttowertschöpfung und zum Bruttoinlandsprodukt jenen des Handels oder des Fremdenverkehrs.

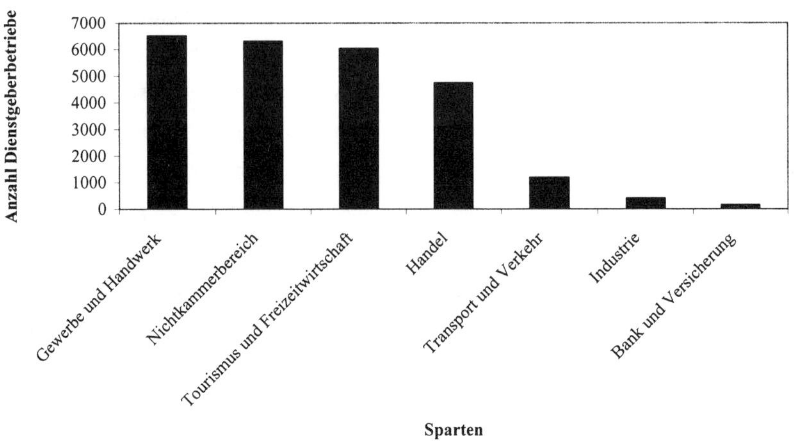

Abbildung 1: Vertretene Sparten in Tirols Wirtschaft, Stand: Januar 2002
Quelle : *Beyer et al., 2003, S. 35*

Seit dem Jahr 1993 ist die Zahl der Unternehmensgründungen in Tirol von 1.164 auf 2.183 (im Jahr 2002) angestiegen (vgl. Tabelle 2). Besonders auffällig ist der Anstieg nach dem EU-Beitritt Österreichs im Jahr 1996; und auch ab dem Jahr 2002 hat die Zahl der Neugründungen stark zugenommen. Doch auch bei entsprechender Beratung und Förderung der Unternehmensneugründer stellt der Einstieg in die wirtschaftliche Selbständigkeit nach wie vor ein unternehmerisches Risiko dar. Von den Neugründungen der Jahre 1993 – 2001 sind noch 56,4% voll wirtschaftlich aktiv. Von den Neugründungen der Jahre 1999 – 2001 sind es noch 71,1%. Der überwiegende Anteil der Neugründungen in den Jahren 1993 – 2001 sind Kleinstbetriebe (Beyer et al., 2003, S. 38 ff.).

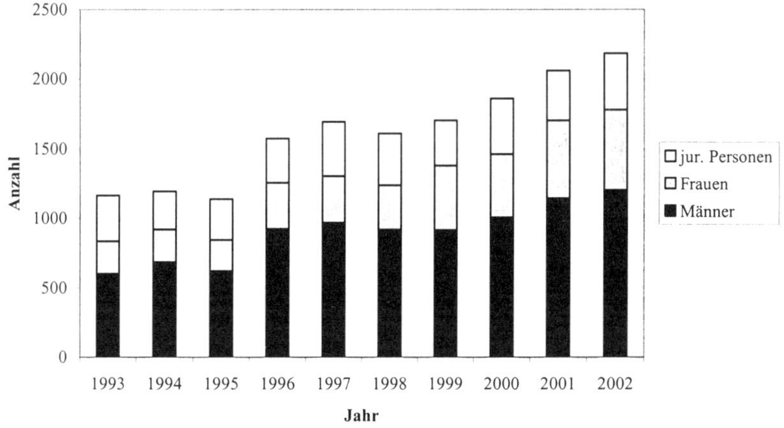

Abbildung 2: Unternehmensgründungen in Tirol 1993 – 2002

Quelle: *Beyer et al., 2003, S. 39*

3 Der Life Science Sektor in Tirol

„Life Sciences" umfassen eine Sammlung von modernen Forschungszweigen, die sich mit der Anwendung wissenschaftlicher Erkenntnisse der modernen Biologie, der Chemie und anderen Gebieten beschäftigt. Der neudeutsche Begriff „Wissenschaft vom Leben", klassischerweise als Biologie bezeichnet, beinhaltet deren Teilbereichen Botanik, Zoologie, Mikrobiologie, Genetik, Virologie, Molekularbiologie, Zellbiologie und Biochemie. Life Sciences sind jedoch noch umfassender als jene Wissenschaften zu betrachten, die sich mit Leben in all seinen Erscheinungsformen – insbesondere mit den Bereichen Gesundheit, Ernährung und Umwelt – befassen. Die Life Sciences betreffen daher auch ganz wesentlich die Medizin bzw. Medizintechnologie sowie die Biotechnologie. Der Umsetzung dieser modernen Erkenntnisse in Produkte wird weltweit ein großes Wachstumspotential zugeschrieben, so dass das 21. Jahrhundert heute schon als „Biotech-Century" bezeichnet wird (International Life Science Forum, Online).

Der Bereich der Life Science ist sowohl in der Grundlagen-, als auch in der angewandten Forschung ein innovatives und zukunftsträchtiges Wissenschaftsfeld. Er wurde als mögliches Stärkefeld Österreichs identifiziert und mit zahlreichen Programmen zur Förderung der Kooperation zwischen Universitäten und Wirtschaftsbetrieben, der internationalen Vernetzung und des wissenschaftlichen Nachwuchses unterstützt. Neben dem „Schwergewicht“ Wien, in dem rund 70 Prozent aller österreichischen Biotech-Unternehmen angesiedelt sind, positioniert sich das Bundesland Tirol seit einigen Jahren als Region mit starken Life-Science-Impulsen (BMWA, 2004, Online). Auch in einer Studie der Tiroler Wirtschaftskammer aus dem Jahr 1999 wurden neben den Informations- und Kommunikationstechnologien, Wellness und Verkehr in alpinen Regionen vor allem die Medizin und die Biotechnologien hervorgehoben (Buchberger et al, 1999, S. 50). Die medizinische Universität und das Klinikum genießen international hohes Ansehen, über 160 Unternehmen mit rund 15.000 Mitarbeitern beschäftigen sich in Tirol mit Medizin und Medizintechnik. Auch die Tiroler Leitbetriebe in der Biotechnologie (z.B. Sandoz-Biochemie/Kundl; Montavit/Absam; Gebro Pharma/Fieberbrunn) sind international bekannt und tätig. Auf diesem Nährboden entstehen derzeit laufend neue Unternehmen im Bereich Medizintechnik, Biotechnologie und Pharma. Verbindendes Element ist das Streben, mit anwendungsorientierter Forschung und innovativen Produkten international erfolgreich zu sein. In dieser Studie wird empfohlen, einen Schwerpunkt in der Biotechnologie zu setzen, um so einen Mehrwert für das Land Tirol zu schaffen. Demzufolge soll der Life Science-Bereich verstärkt gefördert und ausgebaut werden mit dem Ziel, die Attraktivität des Wirtschaftsstandortes Tirol zu sichern und auszubauen.

4 Unternehmensgründung im Life-Science-Bereich

Die Unternehmensgründung im Life Science-Sektor ist nur unter erschwerten Bedingungen möglich. Zum einen ist - in Europa allgemein – das zur Verfügung stehende Risikokapital zu gering (Abramson et al., 1997, S. 29), zum anderen ist die Produktentwicklung in diesem Sektor sehr langwierig. Besonders auffällig ist hier die Medikamentenentwicklung. Beispielsweise muss jedes Medikament mehrere Studienphasen durchlaufen (siehe Abbildung 1), bis es zur Anwendung am Menschen zugelassen wird. Der Weg von der Entwicklung eines Präparates bis zur Marktreife dauert in der Regel acht bis zwölf Jahre und kann Kosten bis zu 874 Millionen Euro verursachen (Tschabitscher et al., 2004, S. 2). Der Verband Forschender Arzneimittelhersteller beziffert die Summe mit durchschnittlich 800 Mio. Dollar, Fehlschläge eingerechnet. Hierbei gilt es zu beachten, dass in der Regel nur eine von 5.000 bis 10.000 untersuchten Substanzen das Ziel, nämlich die Marktzulassung als Wirkstoff in einem neuen Medikament erreicht (VFA, 2004, Online).

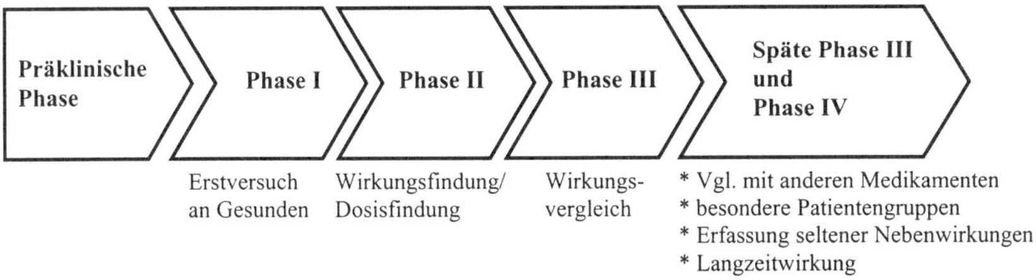

Abbildung 3: Phasen der Entwicklung eines medizinischen Präparates bis zur Marktreife

Quelle: modifiziert nach Tschabitscher et al., 2004, S. 3

In der präklinischen Phase erfolgt die Herstellung der Substanzen für die Präparate nach GLP-Richtlinien („Good Laboratory Practice"). Erfolg versprechende Substanzen werden anschließend in drei klinischen Phasen getestet. In Phase I erfolgt der Erstversuch an zehn bis zwanzig gesunden Menschen. Diese Probanden müssen, ebenso wie die in Phase II und III einbezogenen Patienten, umfassend aufgeklärt werden und freiwillig an der Studienphase teilnehmen. In Phase II wird das Medikament auf seine vorläufige Wirkung an 100 bis 800 Patienten getestet. In Phase III werden Wirksamkeit und Sicherheit des Medikamentes an 400 bis 4.000 Patienten getestet. In der vierten Phase erfolgt abschließend die Langzeitüberwachung an bis zu 10.000 Patienten. In diese Phase fallen auch der Vergleich mit anderen am Markt befindlichen Medikamenten, das Einbeziehen besonderer Patientengruppen wie z.B. Kindern, sowie die Erfassung seltener Nebenwirkungen. Die Rolle und Verantwortlichkeiten der an der Durchführung von klinischen Studien Beteiligten, also Sponsor, Prüfarzt, Monitor und Inspektor, werden durch das Arzneimittelgesetz (AMG) und der EU-Richtline zu GCP-Leitlinien („Good Clinical Practice") bestimmt (Tschabitscher et al., 2004, S. 2ff.).

5 Beratungslandschaft für den Life Science Bereich in Tirol

In Zuge einer empirischen Studie (Gossner, 2004) wurde der Life Science-Sektor Tirols untersucht. Hierbei wurde festgestellt, dass die Anzahl der Tiroler Life Science-Unternehmen in den letzten Jahren angestiegen ist, gleichzeitig gab es jedoch einen Rückgang in der Unternehmensgröße gemessen an der Zahl der Beschäftigten. Bemerkenswert ist, dass unter den Beschäftigten der relative Anteil an hoch qualifiziertem Personal gestiegen ist. Zugleich wurde festgestellt, dass die Mehrzahl der Unternehmensgründungen nur mithilfe von öffentlichen

Fördergeldern bzw. Darlehen möglich war. Mehr als die Hälfte der Tiroler Life Science-Unternehmen ist im Bereich der Medizintechnik und der Biotechnologie tätig.

Die folgenden zehn Einrichtungen, gereiht nach ihrem Bekanntheitsgrad in Tirol, stehen in der Tiroler Landeshauptstadt Innsbruck für Beratung im Bereich Technologietransfer zur Verfügung:

Einrichtung	**Gründungsjahr**
Tiroler Zukunftsstiftung	1998
Kompetenzzentrum Medizin Tirol (KMT)	2001
Center for Academic Spin-offs Tyrol (CAST)	2002
Volkswirtschaftliche Abteilung (Wirtschaftskammer Tirol)	--
Tech Tirol	1991
Wirtschaftsförderung des Landes Tirol	--
Health and Information Technology Tirol (HITT)	2002
TransIT	2002
Projekt.service.büro (p.s.b.)	2001
Büro für Europäische Programme (BEP)	1990

Abbildung 4: Tiroler Beratungseinrichtungen für den Technologietransfer
Quelle: *eigene Darstellung*

Zusätzlich steht Forschern im Bereich der Life Sciences die Wissenschafts- und Transferstelle der Medizinischen Universität Innsbruck offen.

5.1 Tiroler Zukunftsstiftung

Die Tiroler Zukunftsstiftung wurde als öffentlich rechtlicher Fonds des Landes Tirol eingerichtet, um die Attraktivität des Wirtschaftsstandortes Tirol zu erhöhen. Die Tiroler Zukunftsstiftung fördert keine Einzelprojekte, sondern das Wachstum von Zukunftsbranchen, in denen die Tiroler Wirtschaft besondere Vorzüge und die Tiroler Menschen besonderes Wissen besitzen. Als Zukunftsbranchen werden folgende Bereiche betrachtet: Alpin, Mechatronik und Gesundheit. Für diese Stärkefelder versteht sich die Tiroler Zukunftsstiftung als Plattform (Broschüre, Tiroler Zukunftsstiftung, 2004). Bei den Förderungen liegt der Fokus in der verstärkten Vernetzung der Tiroler Wirtschaft durch Einrichtung und Finanzierung von Clustern. Weiters initiiert und finanziert die Tiroler Zukunftsstiftung als Landes-Kofinanzier Forschungszentren aus den Kompetenzzentrumsprogrammen des Bundes und ist zuständig für den Wissens- und Technologietransfer im Lande. Förderungen aus Mitteln der Tiroler Zukunftsstiftung können erfolgen durch Zinsen- oder Annuitätenzuschüsse, die Gewährung von Darlehen, Beteiligungen und die Gewährung von Zuschüssen. (Tiroler Zukunftsstiftung, Online, 2004).

5.2 Kompetenzzentrum Medizin Tirol (KMT)

Das KMT ist ein industrielles Kompetenzzentrum (Kind) mit Schwerpunkt Bioanalytik, Implantattechnik und Zelltherapie. Es investiert im Auftrag des Bundesministeriums für Wirtschaft und Arbeit (BMWA) und der Tiroler Zukunftsstiftung in einer ersten Entwicklungsstufe 18 Millionen Euro in zukunftsträchtige innovative Forschungsprojekte. Das KMT versteht sich als Dienstleistungsunternehmen und Schnittstelle zu hoch spezialisierten Partnern. Es bietet seinen Kunden das komplette betriebswirtschaftliche Setup und schafft dadurch Freiraum für Forschung. Das KMT bietet folgende Leistungen (Broschüre KMT, 2003):

- Beratung von der Projektplanung bis hin zur Verwertung der Forschungsergebnisse.
- Hilfestellungen für die Kunden in Managementfragen und administrativen Fragen.
- Das KMT bietet den Kunden ein Netzwerk für Kooperationsmöglichkeiten.

Weiters koordiniert das KMT den Life Science Cluster Tirol, der eine Clusterinitiative für die Bereiche Medizintechnik, Biotechnologie und Pharma ist. In diesem Netzwerk arbeiten F&E mit Produktion und Vertrieb zusammen, ergänzt durch spezialisierte Dienstleistungsunternehmen. Das KMT forciert gemeinsam mit den Clusterpartnern optimale Rahmenbedingungen für den Life-Science-Standort Tirol durch Intensivierung von Wissenszusammenführung und Know-how-Transfer, Schaffen eines Partnerpools von internationalem Status und durch Bündelung der Anliegen der Branche.

5.3 Center for Academic Spin-offs Tyrol (CAST)

Die CAST GmbH ist ein gemeinsames Unternehmen der Universität Innsbruck, der Tiroler Zukunftsstiftung, der Innovations- & Venture- Partners GmbH und des Management Centers Innsbruck (MCI) . Sie wird unterstützt vom AplusB Programm des Bundesministeriums für Verkehr, Innovation und Technologie (BMVIT) und die Tiroler Zukunftsstiftung im Namen des Landes Tirol. Zusätzliche Unterstützung in ihren Aktivitäten erhält CAST von der Technologie Impulse Gesellschaft (TIG). Die Hauptaufgaben von CAST liegen einerseits im Bereich der Mobilisierung und Stimulierung von Gründungen im akademischen Umfeld und andererseits in der konkreten Unterstützung (Seedfonds) von GründerInnen von der Idee bis zur Unternehmensgründung. Dabei unterstützt CAST die Teams bei diesem Prozess in Form von unternehmerischer Beratung und Coaching, Weiterbildungsmöglichkeiten, Infrastruktur, Finanzierungen und dem Aufbau von Netzwerken. Der Schwerpunkt liegt im Bereich Life Sciences. Zielgruppe sind GründerInnen aus dem Umfeld der Universität Innsbruck, der Medizinischen Universität Innsbruck, der außeruniversitären Forschungseinrichtungen und des MCI. CAST bietet folgende Leistungen (CAST, Online, 2004):

- Qualifizierung und Weiterbildung: Unternehmensgründerseminare, Impulsvorträge, Patentworkshops, Betriebswirtschaftliche Workshops, Praktika
- Stimulierung: Ideenwettbewerb, Business Plan Wettbewerbe, Erstgespräche, Business-Chance-Check, Geschäftsfeldmining, Seedfonds
- Gründungszentrum mit Infrastruktur: Beratung & Begleitung, Finanzierung der Mitarbeiter (Darlehen), Finanzierungsunterstützung des Unternehmens (z.B. Seedfinancing), Nutzung von Netzwerken (z.B. Vertrieb), Coaching bei der Erarbeitung eines Business Plans, Identifizierung und Mitarbeit bei der Ansprache von Financiers, Evaluation des Geschäftsmodells, Intensivierung internationaler Beziehungen

5.4 Volkswirtschaftliche Abteilung / Wirtschaftskammer Tirol

Die Volkswirtschaftliche Abteilung der Tiroler Wirtschaftskammer bearbeitet Grundsatzfragen zur Energiepolitik, Industriepolitik, Mittelstandspolitik, Technologiepolitik, Wettbewerbspolitik und allgemeinen Wirtschaftspolitik unter besonderer Berücksichtigung der Tiroler Wirtschaft. Die Abteilung behandelt Fragen der Agrarpolitik, Wirtschaftsleitbilder, Wirtschaftsinitiativen für die Tiroler Bezirke, Energiepolitik, EU-Agrarpolitik, EU-Förderpolitik, Bevorratung und der wirtschaftlichen Landesverteidigung, Marktordnung, Förderung von Entwicklungsgebieten, Kommunalpolitik, Preispolitik und Preisrecht, Regionalpolitik, regionales und nationales Beschäftigungsprogramm, Stabilitätspolitik sowie Wohnbauförderung und arbeitet mit bei Sonderprojekten der Wirtschaftskammer Tirol wie z.B. beim Aufbau von Kompetenzfeldern (Cluster) der Tiroler Wirtschaft und bei Studien der Tiroler Sozialpartner. Die Volkswirtschaftliche Abteilung koordiniert die Begutachtung einschlägiger Gesetze mit den zuständigen Kammerabteilungen und arbeitet in den entsprechenden Ausschüssen auf Bundes- und Landesebene mit (Volkswirtschaftliche Abteilung, Online, 2004).

5.5 Tech Tirol

Die Tech Tirol Technologietransfer und Standortmarketing GmbH ist im Auftrag des Landes Tirol erster Ansprechpartner für Betriebsansiedlungen. Gesellschafter sind das Land Tirol, die Wirtschaftskammer Tirol und die Vereinigung Österreichischer Industrieller, Landesgruppe Tirol. Hierfür wurde ein Netz an Experten für alle Fragen der Betriebsansiedlung und Expansion aufgebaut und Kontakte zu den Außenhandelsstellen der Wirtschaftskammer und Botschaften intensiviert. Erklärte Ziele sind die Verbesserung der regionalen Wirtschaftsstruktur, die Intensivierung des Technologietransfers auf nationaler und internationaler Ebene, die Aktivierung des Potentials an technologieorientierten Unternehmensgründungen und die Hebung der Innovationskultur. Das Tech Tirol unterstützt in- und ausländische Unternehmen bei ihren Expansionswünschen, Neugründung und Innovation durch die Wahl des richtigen Standortes und Technologietransfer. Die Leistungen des Tech Tirol in diesen Bereichen setzen sich zusammen aus bei der Einrichtung vorhandenen Standort- und Strukturdaten, individuellen Standort- und Objektangeboten, Unterstützung bei Behördenkontakten und Genehmigungsverfahren, Identifizierung von Geschäfts- und Kooperationspartnern, individuellen Marktuntersuchungen, Informationsbesuchen in Tirol und Kooperationsarbeiten. Weiterhin ist Tech Tirol operativer Partner bei der Umsetzung von EU-Programmen. Hier werden Technologieprogramme genutzt, um Fördergelder der EU und des Bundes nach Tirol zu holen. Ziel ist es, die Innovationskultur und die Technologieorientierung zu erhöhen. Die Leistungen des Tech Tirol reichen hier von der operativen Umsetzung mit Kooperationspartnern, Übernahme der Leadpartnerschaft bis zum Einbringen von Anträgen sowie dem Monitoring von EU-Ausschreibungen (Broschüre Tech Tirol 2003).

5.6 Wirtschaftsförderung / Land Tirol

Die Wirtschaftsförderung des Landes besteht aus drei Säulen. Die erste Säule ist das Wirtschaftsförderungs-Programm. Über die verschiedenen Aktionen dieses Programms sollen die drei Hauptziele – Erhöhung der Wertschöpfung der Tiroler Wirtschaft und Steigerung des Einkommens der Tiroler Bevölkerung, Sicherung und Ausweitung der Arbeits- und Beschäftigungsmöglichkeiten, schonender Umgang mit den knappen Umweltressourcen - erreicht werden. Die zweite Säule stellt der Tiroler Wirtschaftsförderungsfonds dar. Dieser vergibt zur Förderung von Kleinbetrieben der gewerblichen Wirtschaft Tirols zinsgünstige Direktdarlehen. Die dritte Säule bildet das Raumordnungs-Schwerpunktprogramm. Mit diesem Programm sollen vor allem die Ziele der Tiroler Raumordnung erreicht werden. Die von der Abteilung Wirtschaft des Amtes der Tiroler Landesregierung abgewickelten EU-Förderungsprogramme erstrecken sich auf gemeinsame kofinanzierte Förderungsprogramme der EU, des Bundes und des Landes Tirol (Wirtschaftsförderung, Online, 2004).

5.7 Health and Information Technology Tirol (HITT)

HITT ist ein Kompetenzzentrum für Medizininformatik, in dem Wirtschaft und Industrie, Krankenhäuser und Gesundheitseinrichtungen sowie Universitäten und Forschungsinstitute eng kooperieren. Know-how und Entwicklungen der Bereiche Informationstechnologie und Medizin sollen zusammengeführt werden. Das primäre Ziel von HITT ist die Erforschung und Entwicklung von IT-Systemen für das Gesundheitswesen. HITT versteht sich als Plattform für innovative österreichische Unternehmen, die EDV-gestützte Lösungen für das Gesundheitswesen erforschen und entwickeln. Der Tätigkeitsbereich wird in vier Gebiete unterteilt (Broschüre HITT, 2003):

- Information Management and Content: Hierzu zählen Aufbau und Optimierung von Lösungen für eine vollintegrierte multimediale Patientenakte, sowie kaufmännisch-administrative Basissysteme.

- E-Health: Zu diesem Bereich gehören die elektronische Vernetzung im Gesundheitswesen (Krankenhäuser, Sanatorien, Sozialeinrichtungen, niedergelassene Ärzte, Patienten) und Telemedizin-Lösungen.

- Process and Optimization: Hierzu zählen die Weiterentwicklung statischer dokumentationsorientierter Ansätze hin zu prozessorientierten Lösungen.

- Education: Zu diesem Gebiet gehören die medizinische Informatik als Feld der aktiven Wissensvermittlung an Systemanwender, Medizininformatiker, medizinisches Fachpersonal und Patienten durch Wissensmanagement, neue Medien und E-Learning.

5.8 TransIT

Das TransIT Entwicklungs- und Transfercenter ist die Wissens- und Forschungstransfereinrichtung der Universität Innsbruck, des Management Center Innsbruck und der Tiroler Zukunftsstiftung. Als integrierter Bestandteil der Informatik-Offensive Tirol leistet TransIT einen Beitrag zur weiteren Entwicklung und Anwendung von Informations- und Kommunikationstechnologien im Land Tirol. TransIT stellt Kontakte zwischen Wirtschaft und Wissenschaft her, um innovativen Projekten im Bereich der Informations- und Kommunikationstechnologien auf die Sprünge helfen zu können. TransIT unterstützt bei der Konzeption, Begleitung und Evaluation von Projekten, ebenso wie bei der Suche nach Fördermöglichkeiten. TransIT wird über Räumlichkeiten verfügen, die es Forschern und Wirtschaftstreibenden ermöglichen, Teams unterzubringen, um gemeinsame Projekte realisieren zu können. TransIT erstellt Studien und Umfragen zu aktuellen Themenstellungen als Unterstützung von öffentlichen oder privaten Entscheidungsträgern zur Weiterentwicklung des Informatik-Standorts Tirol (TransIT, Online, 2004).

5.9 Projektservicebüro (p.s.b.)

Das p.s.b. berät und unterstützt die Wissenschaftlerinnen und Wissenschaftler der Universität Innsbruck bei der Entwicklung von Projektkonzepten, der Auswahl passender Fördermöglichkeiten, dem Verfassen und Einreichen von Projektanträgen sowie der Durchführung und Verwaltung von Projekten. Das Team des p.s.b. ist selbst in koordinierender Funktion mehrerer nationaler und internationaler Projekte tätig und hat umfassende Erfahrungen bei der Antragsstellung und beim Management großer Forschungsprojekte. Das p.s.b. berät bei der Auswahl der geeigneten Förderungsstelle, informiert über wichtige Abgabetermine und überprüft Anträge darauf, ob sie die inhaltlichen und formalen Richtlinien der Ausschreibung erfüllen (p.s.b., Online, 2004).

5.10 Büro für Europäische Programme (BEP)

Der Verein BEP (ehemals ATTAC) ist die zentrale Serviceeinrichtung zu den Europäischen Forschungs- und Technologieprogrammen in Tirol. Im Auftrag des BMBWK, des BMWA und des Landes Tirol berät und coacht das BEP regional ansässige Unternehmungen und Forschungseinrichtungen unentgeltlich, beginnend von der Projektidee bis zur Abrechnung und

Berichtslegung der Projekte. Als akkreditierter Partner des Europäischen Innovation Relay Centre (IRC) Netzwerkes öffnet das BEP Tiroler und Vorarlberger Unternehmungen und Forschungseinrichtungen den Zugang zum Europäischen Forschungs- und Technologiemarkt. Weiters werden Technologiekooperationspartner auf europäischer Ebene vermittelt und Kooperationsprojekte begleitet. Das BEP organisiert und vermittelt Leonardo da Vinci - Auslandspraktikumsplätze für Studenten und Graduierte aller akademischen Bildungseinrichtungen in Tirol, Vorarlberg und Salzburg. Jährlich erfahren dadurch ca. 140 Studenten und Jungakademiker eine wesentliche berufliche Qualifizierung durch einen Auslandsaufenthalt in den EU-Ländern bzw. Beitrittsländern zur EU. Durch professionelle Unterstützung ermöglicht bzw. erleichtert das BEP die Teilnahme von Unternehmungen und Forschungseinrichtungen an internationalen Kooperationsprojekten aus den Bereichen Technologie, Forschung und Bildung (BEP, Online, 2004).

6 Perspektiven

In einer regionalpolitischen Studie der Tiroler Wirtschaftskammer (Beyer et al., 2004) wird festgestellt, dass die Öffnung der Innsbrucker Universität in den letzten Jahrzehnten große Fortschritte erzielt hat. So wurde beispielsweise die Errichtung des Gründerzentrums CAST und des TransIT umgesetzt. Um diese positive Entwicklung fortzusetzen, soll unter anderem das TransIT weiter ausgebaut werden. Die Universität Innsbruck soll den Kern für das Technologienetzwerk der Innovationszentren bilden und die Kontakte zwischen der Tiroler Wirtschaft und der Universität Innsbruck sollen intensiviert werden. Insbesondere die Strukturen der Medizinischen Universität Innsbruck sollen langfristig stärker aufgebaut werden, um zunehmend internationale Spitzenleistungen in der Forschung erbringen zu können. Auch die Zusammenarbeit innerhalb Europas soll forciert werden. Weiterhin sollen folgende Akteure der Tiroler Technologiepolitik eine Schlüsselposition für die weitere wirtschaftliche Entwicklung des Landes Tirol einnehmen: die Tiroler Zukunftsstiftung, das Tech Tirol, Trans IT, BEP und TIZ. Laut dieser Studie sollte die Tiroler Zukunftsstiftung im Jahr 2004 vor allem das Wachstum von Zukunftsbranchen fördern mit dem Ziel eines nachhaltigen Wirtschaftswachstums und Beschäftigungszuwachses in den Tiroler Klein- und Mittelbetrieben. Dies soll die Tiroler Zukunftsstiftung unter anderem durch die Förderung verschiedenster Kompetenzzentren und Cluster, sowie durch die Betreuung interregionaler EU-Projekte umsetzen. Das TransIT hat im Jahr 2004 die Aufgabe, einen aktiven Beitrag zur weiteren Entwicklung und

Anwendung der Informations- und Kommunikationstechnologien im Land Tirol zu leisten und sich als Innovations-Transferstelle aller Fakultäten der Universität Innsbruck zu positionieren. Für das BEP wird in dieser Studie empfohlen, vermehrt regionale Unternehmungen und Forschungseinrichtungen bei deren Teilnahme an europäischen Forschungs- und Technologieprojekten professionell zu unterstützen. Abschließend wird von den Autoren festgestellt, dass es im Jahr 2004 generell notwendig ist, ein Netzwerk zwischen den Einrichtungen aufzubauen, um die Treffsicherheit und die Effizienz der Tiroler Technologiepolitik zu erhöhen. Am 26. April 2004 wurde in der Generalversammlung der TechTirol Technologietransfer- und Standortmarketing GmbH beschlossen, das TechTirol an die Tiroler Zukunftsstiftung im Zuge der Neustrukturierung der Tiroler Wirtschaftsförderung anzugliedern. Der Geschäftsführer der Tiroler Zukunftsstiftung ist seit diesem Zeitpunkt gleichzeitig der Geschäftsführer des TechTirol (Land Tirol, Online, 2004).

7 Fragen

a) Beurteilen Sie die Beratungslandschaft in Bezug auf die vorhandene Wirtschaftsstruktur in Tirol.

b) Welche Veränderung der Tiroler Life-Science-Beratungslandschaft würden Sie aufbauend auf dem Netzwerk-Ansatz, dem Kooperations-Ansatz sowie einem Fokus auf Technologietransfer vornehmen? Welche wirtschaftspolitischen Maßnahmen sind in diesem Zusammenhang zu treffen?

c) Entwickeln Sie eine Geschäftsidee im Bereich der Life Sciences und skizzieren Sie ein realistisches Bild Ihres zu gründenden Unternehmens (Finanzierung, Rechtsform, SWOT-Profil, etc.). Entwerfen Sie ein SWOT-Profil Ihres Unternehmens. Entwickeln Sie anhand der Charakteristika Ihres Unternehmens und des (in Tirol) vorhandenen Beratungsangebotes einen Prozessplan von Ihrer Idee bis zur Gründung des Unternehmens.

8 Literaturhinweise

Abramson, H. N./Encarnacao, J./Reid, P.P./Schmoch, U. (1997). Technology Transfer Systems in the United States and Germany: Lessons and Perspectives, National Academy of Engineering, Washington D.C.

Austrian Council (2002). Tätigkeitsbericht 2001, Online im Internet, http://www.bmvit.gv.at/sixcms_upload/media/188/2001_bericht_rat.pdf [03.06.2004]

Beyer, N./Hämmerle, W./Garbislander, S. (2002). Tiroler Regionalpolitische Studien: Tirols Wirtschaft 2002 – 2003. In: Wirtschaftskammer Tirol. Tiroler Regionalpolitische Studien, Nr. 11

Beyer, N./Hämmerle, W./Garbislander, S. (2003). Tiroler Regionalpolitische Studien: Initiativen für eine moderne KMU-Politik in Tirol. In: Wirtschaftskammer Tirol. Tiroler Regionalpolitische Studien, Nr. 15

Beyer, N./Hämmerle, W./Garbislander, S. (2004). Die Tiroler Wirtschaft 2003 – 2004: Konjunkturausblick und wirtschaftspolitische Empfehlungen. In: Wirtschaftskammer Tirol, Tiroler Regionalpolitische Studien, Nr. 17

BMWA, Bundesministerium für Wirtschaft und Arbeit (2004). Historischer Sieg: Österreichs Unternehmen gewinnt den deutschen Biotech-Wettbewerb „Science 4 Life", Online im Internet,
http://www.bmwa.gv.at/BMWA/Aktuelles/Innovation/Innovationspolitik/science_4_life.htm [20.04.2004]

Buchberger, B. et al. (1999). Zukunftsgedanken für Tirol: Ideen und Vorschläge von Auslandstirolern. Wirtschaftskammer Tirol / Volkswirtschaftliche Abteilung

Gossner, A. (2004): Technologietransfer im Tiroler Life Science-Sektor. Diplomarbeit. Universität Innsbruck

International Life Science Forum e.V. (o.J.): Statements: Was bedeutet Life Science? Online im Internet, http://www.lifescience.de/ [25.11.2003]

Land Tirol (2004): Neustrukturierung: TechTirol wird an Zukunfts-Stiftung angegliedert! Online im Internet, http://www.tirol.gv.at/presse/tech-tirol.shtml [24.05.2004]

Reinhard, M./Schmalholz, H. (1996). Technologietransfer in Deutschland: Stand und Reformbedarf. Schriftenreihe des ifo Instituts für Wirtschaftsforschung, Nr. 140, Berlin/ München

Statistik Austria (2003): Volkszählung 2001, Hauptergebnisse I – Tirol. Wien

Tschabitscher, D./Wilfing, C. (2004). Im Blickpunkt: Klinische Studien. Burgenländische Gebietskrankenkasse, Informationsbroschüre, Sondernummer März 2004

Verband Forschender Arzneimittelhersteller, VFA (2004): Kurzgefasst: Die Phasen der Medikamenten-Entwicklung, Online im Internet,
http://www.vfa.de/print/de/forschung/amf/amf_kurzgefasst.html [03.06.2004]

Wahren, H.-K. (2004): Erfolgsfaktor Innovation, Berlin

9 Weitere Informationen über die beschriebenen Institutionen

Büro für Europäische Programme: http://www.bep.at/ [Abfragedatum: 03.06.2004]

Center for Academic Spin-off Tyrol: http://www.cast-tyrol.com/ [Abfragedatum: 03.06.2004]

HITT (Hrsg.): Health Information Technologies Tirol, Broschüre

KMT (Hrsg.): Kompetenzzentrum Medizin Tirol: Freiraum für Forschung, Broschüre

Projektservicebüro: http://www2.uibk.ac.at/service/c126/intern/ [Abfragedatum: 03.06.2004]

Tech Tirol (Hrsg.): Tech Tirol: Ihr Partner bei der Standortwahl, Broschüre

Tiroler Zukunftsstiftung (Hrsg.): Tiroler Zukunftsstiftung: Tätigkeitsbericht 2002, Broschüre

Tiroler Zukunftsstiftung: http://www.zukunftsstiftung.at/ [Abfragedatum: 03.06.2004]

TransIT: http://www.transit.ac.at/ [Abfragedatum: 03.06.2004]

Volkswirtschaftliche Abteilung, Wirtschaftskammer Tirol: http://www.wko.at/Detail_Dst.asp?DstID=1421 [Abfragedatum: 03.06.2004]

Wirtschaftsförderung des Landes Tirol: http://www.tirol.gv.at/themen/wirtschaftundtourismus/wirtschaftsfoerderung/wirtschaftsforderung.shtml [Abfragedatum: 03.06.2004]

Die Gründung im Team

inspiria event services GmbH

Eva-Maria Hammann

Lehrziele

- Einblick in eine alternative Form der Unternehmensgründung: Die Gründung im Team
- Erarbeitung der Vorzügen und Herausforderungen von Teamgründungen
- Kritische Auseinandersetzung mit der Theorie und Praxis von Gründungsteams

1 Einleitung

Unternehmensgründungen im Team haben in den vergangenen Jahren einen nicht unerheblichen Stellenwert in der Entrepreneurship-Forschung erlangt. Dabei wurde mehrfach die Frage gestellt, ob Teamgründungen im Vergleich zu Einzelgründungen erfolgreicher sind und welche Chancen bzw. Herausforderungen Gründer im Team sich gegenüber sehen.

Wenn man die theoretischen Modelle zur Teamgründung den tatsächlichen Erfahrungen der Praxis gegenüberstellt, wird schnell klar, dass die Realität oftmals einen anderen Weg geht, als den, der in der Theorie beschrieben wird. Gerade bei Teamgründungen spielt die persönliche Komponente, d.h. die individuellen Einstellungen, Erfahrungen und Charaktereigenschaften jedes einzelnen Mitglieds des Gründerteams eine, wenn nicht sogar die wichtigste Rolle. Nicht vernachlässigt werden darf allerdings nicht der Umstand, dass die Gruppendynamik Einfluss auf die zwischenmenschlichen Beziehungen hat.

Auch im nachfolgend dargestellten Unternehmen verlief die Gründung nicht immer mustergültig, sondern vielmehr atypisch, was jedoch der Erfolgsgeschichte der *inspiria event services GmbH* keinen Abbruch tat.

2 Vorstellung der Agentur von der Gründung bis heute

2.1 Die Entstehung

Die *inspiria event service GmbH* ist eine recht junge Agentur, die sich nicht als Event-Agentur definiert, sondern die sich vielmehr als Reisebüro, Werbeagentur und Veranstaltungs-Organisations-Büro für Firmenkunden versteht. Mit diesem Selbstverständnis wurde die Firma im April 2001 in Salzburg von den heutigen Gesellschaftern Dorothee Nabe, Stefan Heissel und Walter Stugger mit einem Startkapital von ca. 30.000.- € gegründet. Damit verbunden waren der Abschluss der Gesellschafter-Verträge, diverse Termine bei Notaren und Rechtsberatern sowie die Erlangung des Gewerbescheines. Abgesehen von der Notwendigkeit dieser Maßnahmen, bewerten die drei Gründer heute jedoch ihre persönlichen Kundenkontakte als viel entscheidender und nachhaltiger für die erfolgreiche Gründung und die anschließende Etablierung des Unternehmens. Erst durch diese Kontakte war es möglich, ohne Start- bzw. Anlaufschwierigkeiten die Geschäftstätigkeit auszunehmen.

Die Idee, eine eigene Agentur zu gründen, entstand eher spontan und aus einem Bauchgefühl heraus, obwohl das Gründerteam schon lange über eine berufliche Veränderung und damit das Verlassen ihres bisherigen Arbeitsgebers, bei dem sie sich kennen gelernt hatten, nachgedacht hatten. Doch anstatt künftig getrennte Wege zu gehen, entschied sich das Team, dass sie die weitere gemeinsame Zusammenarbeit vorzogen. Es folgte die stufenweise Kündigung beim „alten" Arbeitgeber, um sowohl diesen als auch die übrigen Konkurrenzunternehmen über die gemeinsamen Pläne so lange wie möglich im Unklaren zu lassen. Dieser Findungsprozess und die Gründungsvorbereitung dauerten ca. drei Monate und endeten am 2. Mai 2001 mit der Eintragung der *inspiria event service GmbH* ins Firmenregister bei der österreichischen Wirtschaftskammer. Einer der Gründer erklärte, dass dieser Schritt in die Öffentlichkeit bei der Konkurrenz zu schockähnlichen Reaktionen führte, die – rückblickend betrachtet – eher positive Auswirkungen (in Form von Gratis-Publicity in der Branche) auf die neu gegründete Agentur hatten: die Kunden wurden auf *inspiria* aufmerksam.

Obwohl das Gründungsteam zu dieser Zeit weder Räumlichkeiten oder Büroausstattung noch ein definitives Firmenlogo besaß und auch nicht auf große finanzielle Ressourcen zurückgreifen konnte, ging das Team im Folgemonat der Gründung also daran, neue und alte Kunden zu kontaktieren und intensive Auftragsakquisition zu betreiben. Es dauerte nicht lange und der erste Auftrag eines großen deutschen Konzerns sorgte für den ersten Cash-flow der Agentur. Seither ist das Unternehmen sowohl in Bezug auf den Umfang des Kundenstamms als auch die Größe des Teams stetig gewachsen.

Nach nunmehr drei Jahren erfolgreicher Geschäftstätigkeit hat es dieses Gründerteam schließlich geschafft, die *inspiria event service GmbH* zu den Top-3-Agenturen in Westösterreich aufzubauen.

2.2 Das Geschäftskonzept

Zentral für die Gründung war die Idee, Veranstaltungen kreativ zu erarbeiten, professionell durchzuführen und dadurch Menschen erfolgreich zu motivieren. Basierend auf den individuellen professionellen Erfahrungen („hard facts“) und die persönlichen Einstellungen („soft facts“) entwickelten die drei Gründer die Firmenphilosophie der *inspiria event service GmbH.* Dabei war es jedem der drei Gründer möglich, ihm/ihr wichtige Aspekte in die Unternehmensphilosophie und -kultur zu verankern und jene dadurch nachhaltig zu prägen. So bestand beispielsweise einer der Gründer darauf, auch Charity-Projekte in das Leistungsangebot des Unternehmens aufzunehmen.

Der nächste Schritt war die Suche und Entwicklung eines Firmennamen und des ‚Corporate Image' (CI), um dem Unternehmen auch nach außen ein Gesicht und eine Gestalt zu geben. Der Name „*inspiria*“ versinnbildlicht für die Gründer Offenheit und eine Atmosphäre, die Emotionen weckt und nachhaltige Eindrücke hinterlässt.

Die Philosophie drückt sich dabei in fünf Elementen aus, die als Stützpfeiler des Unternehmens fungieren und so die tägliche Arbeit, die Ziele des Unternehmens und letztlich auch die Art und die Umsetzung der einzelnen Veranstaltungen bestimmen. Diese fünf Elemente sind nachfolgend graphisch dargestellt:

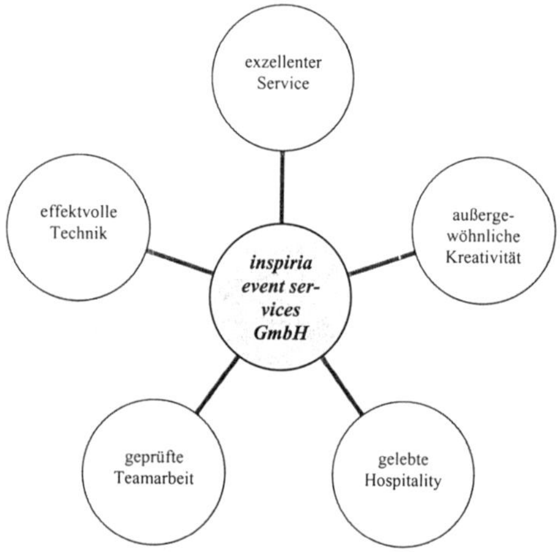

Abbildung 1: Die fünf Elemente der inspiria event services GmbH
Quelle: eigene Darstellung

Darüber hinaus definiert sich inspiria als ein Unternehmen, das überschaubar ist, schnell und flexibel reagiert, persönliche Betreuung garantiert, individuell auf Wünsche eingeht, Enthusiasmus zeigt und auch unkonventionell arbeiten kann. Auf diese Weise gelingt es dem Unternehmen, sich erfolgreich gegenüber seinen Mitbewerbern zu behaupten und bei den Kunden einen nachhaltigen Eindruck zu hinterlassen.

2.3 Die Aufgaben

Auf der Website des Unternehmens definiert die *inspiria event service GmbH* ihre Aufgaben folgendermaßen:

> *„Die inspiria event service GmbH hat es sich zur Aufgabe gemacht, [...] Vorstellungen und Zielsetzungen für Veranstaltungen kreativ zu erarbeiten, professionell umzusetzen und dadurch Menschen erfolgreich zu motivieren.*
>
> *Wir verstehen uns als ein Unternehmen, das Offenheit und Toleranz repräsentiert, Emotionen weckt, Atmosphären schafft und Eindrücke hinterlässt.*
>
> *[Die] Ziele [unserer Kunden] sind unsere Vorgabe, [ihre] Zufriedenheit unser Ziel!“*

Zur Erreichung dieser Ziele bilden – wie oben beschrieben – die fünf Elemente die Basis.

3 Das Team

3.1 Das Gründerteam

Das Team, das die ***inspiria*** *event services GmbH* gegründet hat, setzt sich aus Dorothee Nabe, Stefan Heissel und Walter Strugger zusammen, die gleichberechtigte Gesellschafter sowie Geschäftsführer des Unternehmens sind. Wie bereits ausgeführt wurde, lernten sich die drei Unternehmer bei ihrem gemeinsamen früheren Arbeitgeber kennen. Durch die dort gesammelten positiven wie negativen Erfahrungen entwickelten sie – eher spontan als von langer Hand geplant – die Idee, gemeinsam ein neues Unternehmen zu gründen, um das, was ihnen wichtig erschien, besser umsetzen zu können. Die Zusammenarbeit hatte schon beim früheren Arbeitgeber gut funktioniert und das Team hatte auch schon dort harmoniert. Nicht deshalb, weil sich die drei Unternehmer in Wesen, Einstellung und Arbeitsweise so glichen, sondern gerade aufgrund ihrer großen Verschiedenheit ergänzten sie sich als Team hervorragend. Die Erkenntnis, dass die Unterschiedlichkeit der Charaktere zu einer viel größeren kreativen Vielfalt führte, spiegelte sich auch in der Folge bei der Auswahl und Einstellung weiterer Mitarbeiter wider. Doch bis es dazu kam, verging ungefähr ein Jahr, in dem das Gründerteam allein ihr Unternehmen nach innen wie außen prägte. Vor allem in dieser Phase, in der vor allem auch der Druck von außen immens groß war und in der das Unternehmen selbst noch nicht wirklich gefestigt war, wurde die Teamfähigkeit der drei Gründer auf große Belastungsproben gestellt. Auch heute noch ist die Verschiedenheit der drei Gründer der Grund dafür, dass hitzige Diskussionen zu den unterschiedlichsten Belangen entfachen. Einer der Gründer bemerkte in diesem Zusammenhang, dass vor allen private und persönliche Entbehrungen, die durch den hohen Arbeitseinsatz des Anfangsphase unvermeidlich waren, aber auch der äußere Druck das „3er-Gespann“ zusammengeschweißt hätte.

3.2 Die Erweiterung des Teams

Rund ein Jahr nach der Gründung des Unternehmens (im August 2002) konnte das Gründerteam die Arbeit nicht mehr allein bewältigen und entschloss sich dazu, die ersten Mitarbeiter einzustellen. Im August 2002 verstärkten ein fest angestellter Mitarbeiter und ein Praktikant das Team, bis im Januar 2003 zwei weitere Mitarbeiter angestellt wurden. Heute arbeiten neben dem Gründerteam und den drei Angestellten durchgängig zwei Praktikanten im Team mit. Bei der Auswahl der geeigneten Mitarbeiter legen die Gesellschafter großen Wert darauf, dass die neuen Mitarbeiter das Team durch ihre Fähigkeiten, Erfahrungen oder ihr persönliches Auftreten ergänzen. Dabei gibt es keine fixen Vorgaben, wie das Profil der betreffenden Person auszusehen hat, vielmehr spielen ihre „Softskills“, aber auch Faktoren wie Motivation, Belastbarkeit in Stresssituationen oder Teamfähigkeit eine entscheidende Rolle. In der Vergangenheit haben die Teammitglieder immer Mitarbeiter aus ihrem Bekannten- oder Freundeskreis „akquiriert“. Auf diese Weise konnten sie viele Unsicherheitsfaktoren im Vorhinein ausschließen.

Auf die Frage, wie man dieses Team zu Spitzenleistungen motiviert, zählt einer der Gründer die folgenden Anreize auf:

- Es gibt im Unternehmen absolut keine Hierarchie.
- Die Führung der Mitarbeiter könnte als indirekt beschrieben werden.
- Alle Mitglieder der *inspiria event services GmbH* bringen sich den höchsten gegenseitigen Respekt entgegen.
- In der Firma herrscht ein sehr kollegiales und freundschaftliches Verhältnis. Auch außerhalb der Geschäftszeiten bzw. in der Freizeit treffen sich die Mitarbeiter.
- Jeder Mitarbeiter hat Zugang zu den verschiedensten Aufgabenbereichen, was die Arbeit sehr abwechslungsreich gestaltet.
- Dadurch, dass die Projekte sich über einen gewissen Zeitraum erstrecken und damit einem „Projektlebenszyklus" unterworfen sind, entstehen während, vor allem aber nach Abschluss eines Projektes bei den darin involvierten Mitarbeitern immer wieder neue Erfolgserlebnisse.
- Die in der Kultur der Agentur verankerte Offenheit im Miteinander führt dazu, dass jedes Mitglied der Agentur regelmäßig (positive wie negative) Feedbacks bekommt, die ihm/ihr ermöglichen, an sich zu arbeiten, zu lernen und sich dadurch persönlich weiterentwickeln zu können.

Kein wirklich besonderer Anreiz ist dagegen das Gehalt, da alle Mitarbeiter die branchenüblichen „Flatrate"-Gehälter plus eine Provision beziehen; und dennoch ist die gesamte „Mannschaft" hoch motiviert und engagiert und zweigt beispielsweise auch an Wochenenden noch großen Arbeitseifer. Stefan Heissel bringt die Philosophie seines Unternehmens auf den Punkt: „Leben und leben lassen!"

4 Produkte und Märkte

4.1 Die Dienstleistung

inspiria hat es sich zur Aufgabe gemacht, individuelle Ideen und Lösungen für die unterschiedlichsten Veranstaltungen jedes einzelnen Kunden zu entwickeln, die dessen Anforderungsprofil am besten entsprechen. Dabei versteht sich das Unternehmen als „Full Service"-

MICE-Agentur, das heißt, dass das Leistungsportfolio von *inspiria* neben der Organisation von **M**eetings, **I**ncentives, **C**onventions- und **E**vents („MICE“) darüber hinausgehend auch die Bereitstellung der Technologie („MORE“) umfasst, die für die *inspiria event services GmbH* zum konzeptionellen Bestandteil einer Veranstaltung wird. In diesen Geschäftsbereichen sind auch die Kernkompetenzen des Unternehmens zu finden.

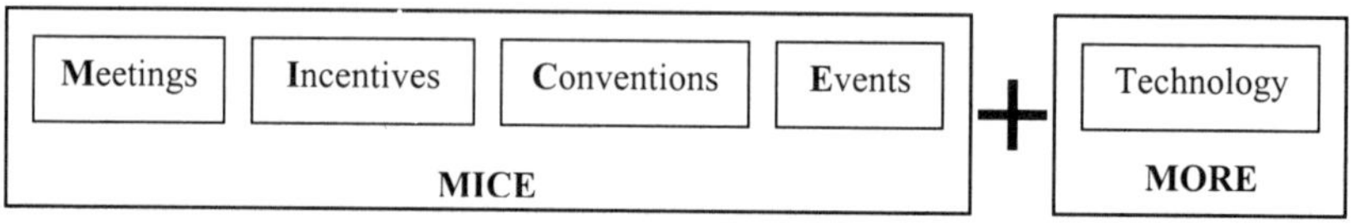

Abbildung 2: Die Geschäftsbereiche
Quelle: eigene Darstellung

Großen Wert legt inspiria auf den individuellen Zuschnitt ihrer Dienstleistung auf die jeweiligen Kundenwünsche und -anforderungen. In der dreijährigen Geschichte der Agentur wurde gemäß dieser Prämisse keine einzige Veranstaltung zweimal in gleicher Form organisiert. Selbst für die schriftlichen Angebote gibt es keine standardisierte Vorlage. In Zusammenarbeit mit dem Kunden wird eine Gesamtkonzeption der jeweiligen Veranstaltung erstellt und der Kunde wird beispielsweise bei der Gestaltung von Rahmenprogrammen, bei der Buchung von Hotelzimmern oder bei der Beschaffung von Personal unterstützt.

Auch im Hinblick auf die technische Umsetzung verfügt inspiria über das dafür notwendige technische Know-how (Licht-, Ton- und Videotechnik, Abstimmungsanlagen TED, Dolmetschanlagen, Video Conferencing, Bühnenbau).

4.2 Der Markt

Grundsätzlich agiert das Unternehmen auf zwei unterschiedlichen Schauplätzen. Dabei wird zwischen „Incoming“ und „Outgoing“ unterschieden.

Unter „Incoming“ fallen all jene Veranstaltungen, die entweder in Österreich oder in Budapest (Ungarn) abgehalten werden. *inspiria* plant, organisiert und wickelt diese Veranstaltungen völlig eigenständig ab. Dagegen werden Events, die zur Kategorie „Outgoing“ gezählt werden, zumeist in enger Zusammenarbeit mit Partnern veranstaltet. Diese Events können dann unter Umständen überall in Europa stattfinden, je nachdem, wo und wie die Kunden dies wünschen.

Heute veranstaltet *inspiria* durchschnittlich zwischen 50 und 60 Veranstaltungen im Jahr.

4.3 Die Kunden

Für *inspiria* sind die Kunden neben den Mitarbeitern und den Partnern ein wesentlicher Bestandteil des Teams. Dies wurde bereits oben ausgeführt. Grundsätzlich geht es dem Unternehmen darum, all jene, die in die Veranstaltungen involviert sind und daran aktiv teilhaben, zu einer produktiven Partnerschaft zusammenzuschließen und so den Erfolg der Veranstaltung zu garantieren. Dank dieser Strategie ist es *inspiria* gelungen, sogar die Kunden der ersten Stunde langfristig an sich zu binden und so den Kundenstamm durch die zusätzliche Akquisition neuer Kunden nachhaltig zu vergrößern. Schätzungsweise 70-80% der Kunden sind „Return Customers", die schon mehr als eine Veranstaltung mit *inspiria* durchgeführt hat.

Die *inspiria event services GmbH* gliedert seine Kunden in drei Gruppen:

- die Salzburger Hotels, die gleichzeitig als „Multiplikatoren" fungieren, weil sie es sind, die das Unternehmen weiterempfehlen und ihre eigenen Kunden an *inspiria* weitervermitteln.

- Agenturen im In- und Ausland, mit denen *inspiria* punktuell oder generell Kooperationen eingeht, um diverse Events und Veranstaltungen zu entwickeln und abzuwickeln. 80-90% dieses Kundensegments sind in Deutschland angesiedelt.

- Endkunden sind die dritte Kundengruppe. Dazu zählen vor allem Firmen der Informations- und Telekommunikationsbranche, der Pharmaindustrie sowie deutsche Automobilhersteller, aber auch Firmen anderer Branchen gehören zu den – zumeist langjährigen, zufriedenen – Kunden. Eine detaillierte Referenzliste findet sich auf der Website des Unternehmens.

Ihr Erfolgsrezept und die große Kundenzufriedenheit führen die Gründer auf ihr hohes Differenzierungspotential gegenüber den anderen Mitbewerbern zurück. Die Kunden schätzen die Zusammenarbeit und das aktive Eingebundensein in die Planung, Organisation und Durchführung der Veranstaltungen. In letzter Konsequenz heißt dies aber für das *inspiria*-Team, dass es den Kunden wie alle anderen, an der Veranstaltung beteiligten Personen auch ein Feedback zum Abschluss des Projekts gibt und so sichtbar einen Schritt in Richtung einer weiteren Zusammenarbeit tut.

4.4 Die Konkurrenz

Da *inspiria* sich nicht als typische Eventagentur definiert und über ein viel umfangreicheres Leistungsprofil verfügt, ist es schwierig, festzustellen, wer die tatsächlichen Konkurrenten des Unternehmens sind. Darüber hinaus operieren die meisten Agenturen über die jeweiligen Landesgrenzen hinweg in verschiedenen Staaten und konkurrieren folglich nicht nur mit inländischen, sondern auch mit ausländischen Wettbewerbern.

Betrachtet man die Konkurrenzsituation, in der sich *inspiria* momentan befindet, so können in Westösterreich ungefähr sechs direkte Konkurrenten identifiziert werden, die sich allerdings alle in Größe, Mitarbeiterzahl und Leistungsportfolio mehr oder weniger voneinander unterscheiden. Nach eigenen Angaben ist *inspiria* allerdings zu den Top-3-Agenturen in Westösterreich zu zählen.

Einer der größten Wettbewerber ist dabei der ehemalige Arbeitgeber des Gründungsteams, der sich den härtesten und wohl auch erbittertsten Konkurrenzkampf mit *inspiria* liefert. Allerdings betrachtet das Unternehmen diesen Zweikampf, der auch in der Branche Aufmerksamkeit erregt, als positive Belebung des Geschäfts und als ständiger Antrieb, besser und kreativer zu werden.

Daneben stellt aber insbesondere die Konkurrenz in Wien eine wirkliche Herausforderung für *inspiria* dar.

5 Perspektiven

Die *inspiria event services GmbH* sieht sich einer relativ Erfolg versprechenden Zukunft gegenüber. Dies kann nicht zuletzt daran festgemacht werden, dass sich das Unternehmen erfolgreich im Markt etablieren konnte. Auch der nach dem 11. September verstärkte Trend vieler deutscher Konzerne und Unternehmen, ihre Incentive-Veranstaltungen und Tagungen nicht mehr in fernen Ländern durchzuführen, sondern im benachbarten Österreich stattfinden zu lassen, kann als unterstützendes Element für den Unternehmenserfolg von inspiria gewertet werden. Dabei ist gegenwärtig nicht damit zu rechnen, dass sich eine massive Kehrtwendung einstellen wird.

Vor diesem Hintergrund sehen die drei Gründer konkret die folgenden Schritte als kurz- und mittelfristige Perspektiven für ihr Unternehmen an:

Zunächst ist die Einstellung eines weiteren Mitarbeiters im September 2004 geplant, womit die Mannschaft der Agentur auf „7+2" Personen anwachsen wird. Allerdings wird sich das Team dann nicht zwingend weiter vergrößern, da die kurzen Kommunikationswege im Unternehmen und damit unter den Mitarbeitern weiterhin genutzt werden können.

Damit in Zusammenhang steht die Absicht des Gründungsteams die Mitarbeiter und infolgedessen das gesamte Team weiterhin zu fördern, damit das Unternehmen auch in Zukunft auf die „Null-Fluktuation" der Mitarbeiter stolz sein kann. Dies soll insbesondere durch zusätzliche Incentives erreicht werden.

Die Gründer sehen nach den ersten Jahren des sehr schnellen Wachstums ihres Unternehmens die Zeit gekommen, um die bis dato geschaffenen Standbeine und die dabei aufgebauten Märkte zu halten und zu stabilisieren. Die Unternehmer sind dabei vor allem auf Qualität fokussiert, um die Kunden auch langfristig an inspiria zu binden. Erst in einem nächsten Schritt geht es dann um die weitere Akquisition neuer Kunden und damit weiterer Märkte.

In engem Zusammenhang mit dem hohen Qualitäts- und Serviceanspruch von *inspiria* ist auch die Konzentration auf die Kernkompetenz des Unternehmens zu sehen. Deshalb sollen Bereiche wie Buchhaltung oder Druck weiterhin an externe Partner abgegeben werden, um dem Team die Möglichkeit zu geben, sich auch weiterhin auf das „Wesentliche" zu konzentrieren.

Denn das „Erfolgserlebnis eines gelungenen Events [ist] der Motor und die Motivation für unseren Job", so Stefan Heissel.

6 Fragenstellungen

a) Wenn Sie die Literatur zum Thema „Teamgründung" betrachten, wo sehen sie Unterschiede zwischen dem, was theoretisch den Idealweg beschreibt und dem, was am Fallbeispiel der Unternehmensgründung der *inspiria event services GmbH* dargestellt wurde?

b) Identifizieren Sie die allgemein gültigen, maßgeblichen Faktoren für eine erfolgreiche Unternehmensgründung wie sie das in der Fallstudie vorgestellte Unternehmen vollbracht hat.

c) Vergleichen Sie die Gründung in einem Team mit der Gründung eines einzelnen Unternehmers. Wo sehen Sie die entscheidenden Unterschiede?

d) Nennen Sie die Vor- und Nachteile der Teamgründung und setzen Sie diese in Bezug zu den einzelnen Phasen der Unternehmensentwicklung.

7 Literaturhinweise

Belbin, R. Meredith (2003): Management Teams - Why they succeed or fail, 2nd edition

Eisenhardt, K.M/Kahwajy, J.L./ Bourgeois III, L.J. (1997): How management team can have good fight, Harvard Business Review, Jul/Aug 97, Vol. 75 (4)

Shepherd, D.A./Krueger, N.F. (2002): An Intentions-Based Model of Entrepreneurial Teams' Social Cognition, Entrepreneurship: Theory & Practice, Winter 2002, Vol. 27 (2)

Gemünden, H.G./Högl, M. (1991): Management von Teams: theoretische Konzepte und empirische Befunde, 2. Auflage, Wiesbaden

Kamm, J.B. (1990): Entrepreneurial teams in new venture creation: A research agenda, Entrepreneurship: Theory & Practice, Summer 1990, Vol. 14 (4)

Lechler, T. (2003): Gründerteams: Chancen und Risiken für den Unternehmenserfolg, 1. Auflage, Heidelberg

Steward, A. (1989): Team Entrepreneurship, Newbury Park, 1st edition

Vom Wissenschaftler zum Unternehmer – Eine strategische Herausforderung

InnovaCell Biotechnologie GmbH

Sandra Rothenberger & Rainer Marksteiner

Lehrziele

Die Formulierung einer wissenschaftlichen Forschungsidee in eine Geschäftsidee bedeutet ideell keine große Zauberei, hingegen die theoretische und letztendlich praktische Umsetzung in Form eines Businessplans eine große. Eine Unternehmensgründung erweist sich somit für viele Wissenschaftler und Forscher als große Hürde und Herausforderung.

Die nun folgende Fallstudie „Vom Wissenschaftler zum Unternehmer“ soll im Hinblick dieser Herausforderung und Problematik ein Beispiel darstellen, wie es drei Wissenschaftler geschafft haben, ihre Forschungsidee erfolgreich in eine Geschäftsidee und somit in ein Unternehmen umzusetzen. Durch systematische Herangehensweise soll dieser Beitrag anregen, wie Herausforderungen und Problematiken bewältigt werden können, um zu einem erfolgreichen Umsetzungskonzept zu gelangen.

1 Einleitung

Wenn sich Wissenschaftler unternehmerisch selbständig machen wollen, setzt dies eine Abkehr vom rein wissenschaftlichen Denken voraus. Vor dieser Entscheidung muss eine Menge an Fragen positiv beantwortet werden. Möglich Fragen stellen sich, ob die Forschungsidee wirklich neu und möglichst durch Patente zu schützen wäre? Gibt es hierfür Kaufinteressenten, also grundsätzlich einen Markt? Kann ein schlüssiges, überzeugendes Unternehmenskonzept entwickelt werden, für das auch andere Interessenten gewonnen werden können? Bringen der Gründer oder das Gründerteam die Voraussetzungen mit, um die Idee erfolgreich umsetzen zu können? Kann es gelingen, für die Umsetzung die erforderlichen Finanzmittel einzuwerben?

Die Zahl von Unternehmensgründungen aus universitären Forschungseinrichtungen hat sich seit 1990 im deutschsprachigen Raum verdreifacht. Eine weitere Steigerung ist zu erwarten. Das Gründerpotential in universitären Forschungseinrichtungen ist damit noch lange nicht erschöpft. Nach Selbsteinschätzung hat sich jeder vierte Wissenschaftler bereits weiterführend mit einem Gründungsvorhaben beschäftigt, dass heisst eine Gründungsidee konkretisiert oder ein Konzept ausgearbeitet oder sogar schon erste konkrete Gründungsschritte eingeleitet (Kriegesmann und Bestel, 1998).

2 Das Unternehmen – Innovacell Biotechnologie GmbH

Die Innovacell Biotechnologie GmbH wurde im Jahre 2000 von Prof. Steffen Hering (Pharmakologe), Prof. Hannes Strasser (Urologe) und Dr. Rainer Marksteiner (Mikrobiologe) gegründet. Fasziniert und überzeugt von der Geschäftsidee eine weltweit neuartige Zelltherapie für Harninkontinenz (Blasenschwäche) anbieten zu können, nahmen die drei Wissenschaftler an dem Businessplanwettbewerb AdventureX 2001 in Innsbruck teil und schrieben die Geschäftsidee in einem Businessplan nieder. Das Ergebnis wurde mit dem 1. Preis der Tiroler Zukunftsstiftung ausgezeichnet und die Finanzierung des Projektes erfolgte anschließend über ein Konsortium von „Venture Captial“ Unternehmen, wie Horizonte Venture Capital, uni venture und HypoEquity. Zusätzlich zur Finanzierung über private Geldgeber wurde das Projekt durch den Fond der gewerblichen Wirtschaft (FFF) unterstützt und gefördert.

Das junge Biotech-Unternehmen versucht durch sein Forschungsvorhaben in erster Linie an zukunftsweisenden Therapieverfahren zur Behandlung von Harninkontinenz zu arbeiten. Herkömmliche Behandlungsmethoden für diese Erkrankung, die vor allem erhebliche psychosoziale Probleme verursacht, sind sehr kosten- und zeitintensiv und zudem nicht langfristig wirksam. Hier versucht das Unternehmen Innovacell vor allem mit ihren Entwicklungen neue Maßstäbe zu setzen.

Eine wesentliche Ursache für Harninkontinenz ist die Schwächung der Muskulatur des Beckenbodens. Das Verfahren der Innovacell nützt die natürliche Regenerationsfähigkeit der betroffenen Zellen und stellt die Funktionsfähigkeit des geschwächten Schließmuskels wieder her. Dazu werden patienteneigene Zellen in einem unkomplizierten Eingriff entnommen, im Labor vermehrt und mit Hilfe einer speziellen Ultraschallsonde wieder eingepflanzt. Das patentierte Verfahren ermöglicht eine zielgerichtete und schonende Verabreichung der Zellen. In Zukunft wird diese Behandlungsmethode auch in anderen medizinischen Bereichen, wie für die Therapie bestimmter Formen von Herzinsuffizienz, Muskelrekonstruktionen und zur Heilung chronischer Wunden in der plastischen Chirurgie Anwendung finden.

Neben der Entwicklung dieses revolutionären Behandlungsverfahrens arbeitet die Firma auch an der Automatisierung der im Labor durchgeführten Zellvermehrungsschritte - eine Methode, die in vielen Bereichen der Biotechnologie Anwendung finden wird. Das Unternehmen verfügt über langjährige Kompetenz und Erfahrung im Bereich Pharmakologie, Zellbiologie und klinischer Praxis sowie in patentrechtlichen Angelegenheiten. Das Know-how des derzeit 10 Mitarbeiter umfassenden Unternehmens wird ständig erweitert bzw. befindet sich im intensiven Austausch mit verschiedenen medizinisch-wissenschaftlichen Institutionen und industriellen Partnern. Mit neuen Partnern könnte das Unternehmen sein klinisches Programm umsetzen und einen wichtigen Beitrag zur Entwicklung der österreichischen und internationalen Biotechnologieszene leisten.

3 Die Gründer der Innovacell Biotechnologie GmbH

Als Projektleiter zweier Forschungsprojekte und durch die Leitung einer Forschungsgruppe des Instituts für Biochemische Pharmakologie an der Universität Innsbruck, brachte Prof. Dr. Steffen Hering Erfahrung mit dem Management von Forschungsprojekten mit. Als Inhaber zweier Patente und Anmelder von zwei weiteren Patenten zu einer neuartigen Klonierungstechnik und einem Zelltransfersystem verfügt er außerdem über Erfahrungen im Bereich der Zellkulturtechnik. Er besitzt ausgewiesene Expertise auf den Gebieten Zellphysiologie und Zellpharmakologie und kümmert sich deshalb um die Entwicklung des Zelltransfersystems und um die Patentstrategie des Unternehmens. Derzeit ist er im Vorstand der Pharmakologie in Wien tätig.

Der Molekularbiologe und Proteinchemiker, Dr. Rainer Marksteiner arbeitete im Rahmen eines vom Österreichischen Fonds zur Förderung der Wissenschaftlichen Forschung geförderten Projektes an Methoden zur enzymatischen Isolierung und Charakterisierung von Muskelzellen aus dem Rhabdosphinkter mit. Dr. Marksteiner ist verantwortlich für den Bereich Zellkultur- und Reinraumtechnik und übernimmt derzeit die Position des Geschäftsführers von Innovacell.

Univ. Prof. Dr. med. Hannes Strasser ist Facharzt für Urologie an der Universitätsklinik Innsbruck und ist auf dem Gebiet der Inkontinenzforschung tätig. Er ist ausgewiesener Spezialist auf dem Gebiet der transurethralen Ultraschalldiagnostik. Prof. Strasser ist für die vorklinischen und klinischen Untersuchungen zuständig und entwickelt neue Zellinjektionsverfahren. Derzeit ist er Oberarzt auf der Universitätsklinik für Urologie in Innsbruck.

Alle drei Wissenschaftler zusammen bilden mit den Finanzinvestoren den Beirat der Innovacell. Herr Marksteiner ist verantwortlich für die Geschäftsführung, die ebenfalls im ständigen Austausch mit Forschung und Entwicklung, Produktion und Verwaltung stehen. Aktuell beschäftigt die Innovacell zehn Mitarbeiter. Wie die Organisation der Innovacell aussieht soll die folgende Grafik darstellen:

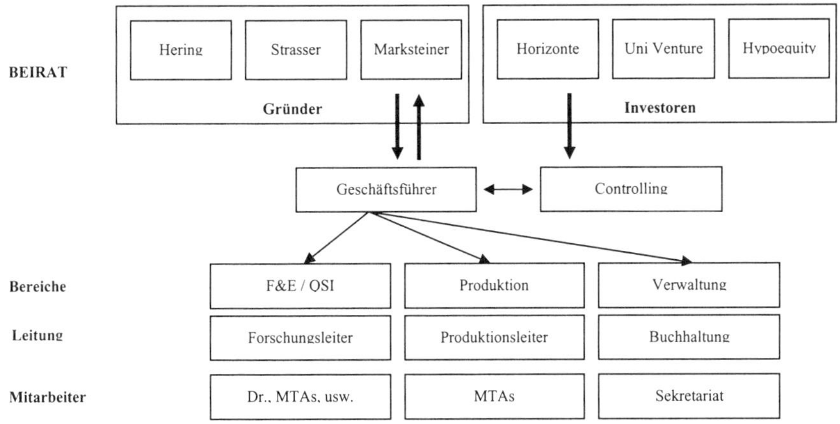

Abbildung 1: Organisation der Innovacell Biotechnologie GmbH
Quelle: eigene Darstellung

4 Der Markt der Innovacell Biotechnologie GmbH

Harninkontinenz ist ein weit verbreitetes Gesundheitsproblem, welches erst 1998 von der Welt-Hilfs-Organisation (WHO) als Krankheit anerkannt wurde. Bis dahin wurde es lediglich als „Befindlichkeitsstörung" klassifiziert. Diese Indikation ist in erster Linie eine Erkrankung des Alters, die hohe Kosten verursacht sowie eine enorme Varianz in der Diagnostik und Therapie aufweist.

In der Literatur findet man auch große Schwankungen was die Häufigkeit des Leidens in der Bevölkerung betrifft. Die Bandbreite reicht von fünf bis über fünfzig Prozent (Payne 1998). Die Erklärung dafür sind unterschiedliche Untersuchungsgruppen, Erhebungsmethoden und Inkontinenzdefinitionen. Die Datenerhebungen werden zudem beeinflusst durch den Tabucharakter des Symptoms.Unsensible, direkte Fragen nach Problemen bei der Blasenentleerung werden oft verneint und verzerren dadurch das Reporting. Aus einer Studie (Teasdale et al. 1988) geht hervor, dass ein Drittel der Befragten sich zwar selbst nicht als inkontinent bezeichnen, aber auf die Frage nach konkreten Symptomen (Urinverlust unter Belastung, nicht beherrschbarer Harndrang etc.) angeben, diese zu haben.

Am wesentlichsten sind jedoch die unterschiedlichen Definitionen für Inkontinenz. Da es kein einheitliches System gibt, kann z.B. der Verlust weniger Tropfen Urin, die nur vereinzelt auftreten, bereits als „Inkontinenz" definiert werden. Definiert man jedoch Harninkontinenz als „das soziale Leben störende oder die Lebensqualität beeinträchtigendes Symptom" kann für die Prävalenz von Harninkontinenz in der erwachsenen Bevölkerung von Europa und USA von rund 6% abgeleitet werden (Cheater und Castleden 2000)

Generell lässt sich aus dem vorhandenen wissenschaftlich erhobenen Datenmaterial ableiten, dass mit zunehmendem Alter ein deutlicher Anstieg zu verzeichnen ist. Bei Menschen über 60 Jahre liegt der Mittelwert bei etwa 30%. Ein signifikanter Unterschied im Vergleich zwischen den Industriestaaten und den Ländern der Dritten Welt lässt sich jedoch nicht ermitteln. Eine deutliche Prävalenz liegt bei Heimbewohnern vor. Da die Krankheit dort meist sehr ausgeprägte Formen aufweist ist eine diagnostische Zuordnung kein Problem. Interessant erscheint jedoch folgende Tatsache:

Während in der Bevölkerung bzw. bei den zu Hause lebenden Betroffenen zahlenmäßig die Frauen überwiegen, verändern sich die Geschlechtsunterschiede bei den Heimbewohnern mit zunehmenden Alter zuungunsten der Männer; d.h. die Männer holen im Alter auf! Jenseits von 80 Jahren sind sie stärker betroffen als Frauen.

Durch die Überalterung der Bevölkerung und der damit verbundenen demographischen Verschiebung ist mit einer weiteren Zunahme der Harninkontinenz zu rechnen. Im Jahr 2030 werden ca. 35% der Bevölkerung über 60 Jahre alt sein.

LAND	**ERKRANKTE**	**AUSGABEN***
Deutschland	5 Mio.	2,5 Mrd. EUR
Österreich	800.000	100 Mio. EUR
USA	20 Mio.	26 Mrd. EUR

(*dabei handelt es sich um Ausgaben für therapeutische Mittel (Einlagen, Katheter etc.). Nicht berücksichtigt dabei sind Pflege- und Folgekosten)

Tabelle 1: Beispielerkrankungen in einzelnen Ländern (Stand 2000)
Quelle: eigene Darstellung

4.1 Ein neuartiges Therapiekonzept zur Behandlung von Stress- bzw. Belastungsharninkontinenz

Diese am häufigsten vorkommende Form der Harninkontinenz wird durch einen defekten Schließmuskel der Blase verursacht. Ursache hierfür ist die omegaförmige Struktur des Schließmuskels (Sphinkter), der schleifenförmig um die Harnröhre liegt und anatomisch nur wenige mm dick ist. Bei Männern befindet er sich in unmittelbarer Umgebung der Prostata, und wird bei deren radikaler Entfernung oft verletzt.

Das Muskelgewebe kann durch viele Ereignisse im Laufe des Lebens geschädigt werden (Schwangerschaft, Geburt, Operationen etc.) aber auch natürlich bedingte Alterungsprozesse (z.B. Apoptose) beeinträchtigen in Folge die Funktionsfähigkeit. Reicht der Verschlussdruck nicht mehr aus um dem Druck der vollen Blase entgegen zu wirken kommt es dann zum unfreiwilligen Harnverlust.

Bei den meisten herkömmlichen Methoden werden kurativ oder operativ nur den Folgen entgegen gewirkt, d.h. auch nach einer beispielsweise erfolgten TVT-Operation (Implantation einer Schlinge (trans vaginal tape) um die Harnröhre) bleibt der Schließmuskel weiterhin defekt.

Die von Innovacell entwickelte Therapie urocell® stellt durch die Implantation der Myoblasten in das defekte Muskelgewebe den ursprünglichen Zustand weitgehend wieder her. Erstmalig wird auf diese Art und Weise die Ursache beseitigt, damit eine Kontinenz wieder eintritt.

4.2 Urocell® – Wie die Innovacell Biotechnologie GmbH helfen kann

Die einzelne Zelle und ihre Funktion im Verbund mit anderen Zellen innerhalb eines Organs ist der Ansatz einer neuartigen Form der Therapie, der so genannten Zelltherapie. Bei diesem Verfahren werden die Zellen eines bestimmten Typs (z.B. Knorpel-, Haut-, oder Muskelzellen) außerhalb des Körpers vermehrt und anschließend implantiert, um so das zerstörte Gewebe zu ersetzen. Werden die gezüchteten Zellen demselben Patienten re-implantiert, aus dem die Probe gewonnen wurde, so ist mit keiner Abstoßung zu rechnen (autologer Zelltransfer).

Als erstes erfolgreiches Produkt wurde urocell® für die Behandlung von Harninkontinenz entwickelt. Unfreiwilliger Harnverlust ist eine sehr weit verbreitete Krankheit. Eine der Ursache des Leidens ist die Schwächung der Muskulatur des Urogenitaltraktes durch Alterungsprozesse und/oder operative Eingriffe.

Dem Patienten wird aus dem Oberarm ein kleines Stück Muskelgewebe entnommen. Aus dieser Biopsie werden die Muskelstammzellen isoliert und anschließend vermehrt. Nach ca. 6-8 Wochen können diese neuen Muskelzellen in den Schließmuskel der Harnröhre wieder implantiert werden. Die Zellen integrieren sich in den Muskel und führen zur einer Regeneration und Stärkung.

Die Therapie verlangt vom Patienten eine sehr aktive Teilnahme. Er muss nicht nur ein Muskelgewebeprobe abgeben sondern auch eine Blutkonserve zur Ernährung der Zellen. Nach der Implantation müssen die neuen Muskelzellen auch trainiert werden wie bei jedem Muskel in unserem Körper. Der Patient muss daher auch lernen diese Muskelregion bewusst zu erkennen und zu steuern.

Alle diese Dinge erfordern, dass der Patient gut aufgeklärt wird über das Verfahren der Therapie und deren Ablauf. Nur wenn er auch die Hintergründe seiner Erkrankung kennt und versteht kann es zu einer erfolgreichen Zusammenarbeit zwischen Arzt und Patient kommen das wiederum schlussendlich zu einer erfolgreichen Behandlung führt.

Unsere Erfahrung waren bisher, dass der Patient sehr oft einen jahrelangen Leidensweg hinter sich hat und bereit ist, diese „aktive Zusammenarbeit" einzugehen. Es zeigte sich, dass der Therapieerfolg sich üblicherweise schon nach ca. 14 Tagen zeigt. Da jeder Patient seine eigenen Zellen bekommt konnten auch keine Nebenwirkungen bisher gefunden werden.

Mit Hilfe von Ultraschall und urodynamischen Messungen konnte gezeigt werden, dass der Schließmuskel der Blase durch die Behandlungsmethode massiv verstärkt werden konnte. Zusätzlich stiegt die Lebensqualität der Patienten sehr stark an die durch Fragebögen vor und nach der Behandlung ermittelt wurden.

5 Lizenz und Schutzrechte der Innovacell Biotechnologie GmbH

Die Firma Innovacell hat folgende Schutzrechte erworben:

- Name: **innovacell** und Internetadresse
- Name: **urocell**: Zellen zur Behandlung der Inkontinenz

- Name: **cardiocell**: Zellen zur Behandlung der Herzinsufizienz
- Patente: DE 102 13 809 C (Zellträger und Verfahren zu dessen Herstellung); mehrere Patentanträge im Prüfungsverfahren

6 Perspektiven für die Zukunft

Ziel der Innovacell Biotechnologie GmbH ist es Marktführer mit der Urocell Therapie in Österreich und Europa zu werden. Zusätzlich soll die Therapie durch Lizenzvergabe international verbreitet werden.

Weiters soll die Züchtung von Muskelzellen als Kernkompetenz der Firma InnovaCell ausgebaut werden. Dabei sind zwei Punkte von besonderer Bedeutung:

- **Räumliche Züchtung von Muskelgewebe außerhalb des Körpers**
  - Ziel: Die Vorformung von Muskelfasern;
  - Vision: Geschädigte Muskelregionen werden schon vorgeformt gezüchtet und anschließend implantiert (z.B. Plastische Chirurgie)
- **Die Zusammenarbeit zwischen Nervenzellen und Muskelgewebe**
  - Ziel: Neues Muskelgewebe optimal mit Nervenzellen zu versorgen

Dabei handelt es sich um Grundlagenforschung die in enger Zusammenarbeit mit der Universität Innsbruck durchführen werden.

Im Bereich der Angewandten Forschung geht es um die laufende Verbesserung der Zellzüchtung und die Möglichkeit der Automatisierung von Einzelschritten. Hier besteht eine enge Zusammenarbeit mit dem KMT (Kompetenzzentrum Medizin Tirol). Dieser Zusammenschluss von Biotechnologiefirmen in Tirol ermöglicht auch kleineren Unternehmen im Verbund neue Technologien und Verfahren zu entwickeln und gemeinsam Synergien zu nutzen.

7 Anregungen & Fragen

a) Wie wurde die Umsetzung von einer Forschungsidee in eine Geschäftsidee vollzogen? (Organisation, Konzeptualisierung, Wettbewerb, Marktinformation, Mitarbeiter

b) Patentierung & Schutz des geistigen Eigentums – vom wissenschaftlichen zum wirtschaftlichen Problem?

c) Budgetierung & Planung: Wie kann die Finanzierung gesichert werden (Uni/Klinik oder Venture/Investoren/Venture-Veranstaltung)?

d) Welche Anforderungen der Venture-Finanzierung sind zu berücksichtigen? Wie sollte der Business Plan im Zuge eines Business Plan-Wettbewerbs entwickelt werden? Wie sind der Ist- und Soll-Zustand zu definieren?

e) Welche Möglichkeiten der Förderungen bzw. Finanzierung gibt es für Start-ups?

f) Wie könnte der Kernbereich und die Kernkompetenzen der Firma InnovaCell Biotechnologie GmbH gekennzeichnet werden?

8 Literatur

Albach, H./Kuron, I. (1987): Die Finanzierung von Gründungsunternehmen, in: Institut für Mittelstandforschung Bonn (Hrsg.): Rückblick auf das Jahr 1987, Bonn, S. 353-381

Cheater, F.M./Castleden, C.M. (2000): Epidemiology and classification of urinary incontinence, Baillieres Best Pract Res Clin Obstet Gynaecol, Vol. 14 (2), S. 183-205

Koch, L.T./Zacharias, C. (Hrsg.): Gründungsmanagement, München/Wien

Kriegesmann, B. (2000): Unternehmensgründungen aus der Wissenschaft, in: Zfb- Zeitschrift für Betriebswirtschaft, 70 Jg., Heft 4, Wiesbaden, S. 397-414

Kriegesmann, B./Bestel, S. (1998): "Unternehmensgründungen aus außeruniversitären Forschungseinrichtungen - Eine empirische Bestandsaufnahme zu Stand, Potentialen und institutionellen Rahmenbedingungen", in: Bochum, Institut für angewandte Innovationsforschung

Neubauer, H. (2003): Unternehmerqualifizierung und Unternehmerausbildung, in: Albach, H./Pinkwart, A.: Von der Gründung bis zur Insolvenz - Erfahrungen von Start-up-Unternehmen, ZfB Ergänzungsheft 2/2003, Wiesbaden, S. 1-24

Teasdale, T.A./Taffet, G.E./Luchi, R.J./Adam, E. (1988): Urinary incontinence in a community-residing elderly population, J Am Geriatr Soc, Vol. 36, S. 600-606

Kernkompetenzen und Diversifikation

Jägle Verkehrsbetriebe GmbH

Eva-Maria Hammann, Harald Pechlaner & Elisabeth Fischer

Lehrziele

Die vorliegende Fallstudie präsentiert ein mittelständisches Unternehmen in der Region Oberbayern, das im Verlauf seiner Geschichte unterschiedliche unternehmerische Wege eingeschlagen hat. Die Entscheidung, die Geschäftsfelder auszuweiten bzw. neu auszurichten, basierte auf der Besinnung zurück zu den einzigartigen Fähigkeiten und einschlägigen Branchenerfahrungen des Unternehmens. Die Fallstudie konzentriert sich aus diesem Grund auf das Konzept der Kernkompetenzen sowie die unterschiedlichen Aspekte der Unternehmensentwicklung und -umgründung.

1 Einleitung

Die Entwicklung eines Unternehmens verläuft nicht immer in geordneten Bahnen. Vielfach sind Richtungswechsel unausweichlich, wenn sich gesellschaftliche, gesetzliche und politischen Rahmenbedingungen oder aber das wirtschaftliche Umfeld, in dem ein Unternehmen tätig ist, über den Zeitverlauf verändern. Der Aufbau und die Nutzung von Kernkompetenzen fordern das Unternehmen dauernd heraus, Fähigkeiten, Fertigkeiten, Wissen und spezifische Technologien einer laufenden Prüfung zu unterziehen und dann entsprechend weiterzuentwickeln. Die Entwicklung der Kernkompetenzen ist keine einfache Aufgabe, sie erfordert unternehmerische Erfahrung und Weitsicht, um den Puls der Entwicklungen im Markt und bei den Kunden zu fühlen und angemessen darauf zu reagieren (Hinterhuber/Handlbauer/Matzler, 2003). Die vorliegende Fallstudie zeigt deutlich, dass auch im Fall der Jägle Verkehrsbetriebe GmbH eine ständige Anpassung aufgrund geänderter wirtschaftlicher Rahmenbedingungen nötig war.

2 Vorstellung des Unternehmens

2.1 Die Firmengeschichte

Wenn man nicht über das nötige Wissen verfügt,
dann ist es kaum möglich, eine Situation richtig einzuschätzen.
Karl Jägle

Die Unternehmensgeschichte der Jägle Verkehrsbetriebe GmbH beginnt nicht bei der Gründung des Unternehmens durch ein Familienmitglied, sondern im Jahr 1907 mit der Übernahme eines bestehenden Unternehmens, nämlich der im damaligen Königreich Bayern bereits etablierten Posthalterei mit Lohnkutschen durch den Großvater der heutigen Unternehmer Karl und Wolfgang Jägle. Damals fand regelmäßiger Verkehr zwischen Eichstätt, dem Sitz der heutigen Jägle Verkehrsbetriebe, und den Nachbarorten Beilngries, Kipfenberg, Titting und Weißenburg statt. Zum Paketdienst kam die Personenbeförderung, was sich als wichtige und richtige Entscheidung herausstellte, als der Paketdienst schließlich verstaatlicht wurde und man sich in der Folgezeit nunmehr auf das zweite Standbein, die Personenbeförderung und den „Anmietverkehr" konzentrieren konnte. In den 30er Jahren des letzten Jahrhunderts, wurden Reiseaktivitäten in zunehmendem Maße staatlich gefördert, was zu einer nachhaltigen Verankerung des Reisegedankens in den Menschen führte. So entstand stetig die Nachfrage nach Reisen ins benachbarte Ausland. Zu dieser Zeit baute die Firma Jägle die Touristik-Sparte aus. In der Nachkriegszeit explodierte auch in Deutschland das Bedürfnis nach Mobilität, und so wurde auch der öffentliche Personennahverkehr wurde im Unternehmen Jägle zu einem wichtigen Thema. Im Jahr 1957 wagten die Unternehmer dann den Aufbau der ersten Buslinien innerhalb des Stadtbereichs von Eichstätt. Der öffentliche Personennahverkehr (ÖPNV) wurde in den 60er Jahren dann sukzessive ausgebaut, indem man ein Liniennetz zur Beförderung von Schulkindern, die nach der Schließung zahlreicher Dorfschulen nun zwischen ihren Heimatorten und der Stadt Eichstätt zum Zweck des Schulbesuchs pendeln mussten, entwickelte. Begünstigt wurde diese Entwicklung durch die finanzielle Unterstützung des Schülerverkehrs durch die öffentliche Hand.

Seit 1951 führten die Unternehmer Jägle neben dem Busbetrieb – sozusagen als ein neues zweites Standbein – eine Autowerkstatt, in welcher der heutige Geschäftsführer der Jägle Verkehrsbetriebe GmbH, Karl Jägle, 1958 seine Karriere im Familienunternehmen begann. In den folgenden Jahrzehnten wurde der Autobetrieb – die Firma Jägle war Opel-

Vertragshändler – aufgebaut, allerdings nur bis zu dem Tag, an dem die Unternehmerbrüder auf einer Reise durch die USA feststellen mussten, dass das Schritthalten mit den Trends und Entwicklungen im Automobilvertrieb Investitionen in Millionenhöhe nötig machen würde. Die Unternehmer entschieden sich also, ihren Vertrag mit Opel zu kündigen und das Autohaus bzw. die Werkstatt aufzugeben, ohne dabei die rund 30 Mitarbeiter entlassen zu müssen. Letztere konnten – und darauf sind die Unternehmer Jägle zu Recht stolz – bei Kollegen und ehemaligen Konkurrenten untergebracht werden.

Heute ist klar, dass die Brüder Jägle diesbezüglich unternehmerischen Weitblick bewiesen. Nach einer Studie zur Zukunft der Automobilindustrie[3] sehen Experten einen klaren Trend, der die Halbierung der Erträge von herstellergebundenen Kfz-Betrieben bedeutet. Grund dafür seien zum einen der verschärfte Margen- und Kostendruck, aber auch der intensiver werdende Wettbewerb mit neuen Konkurrenzen, welcher sich durch die Marktöffnung für verschiedene Vertriebsformen und -kanäle zunehmend verstärken wird.

In der Folge schuf sich die Unternehmerfamilie Jägle ein neues Standbein als Reiseveranstalter. In einer Kooperation mit sieben anderen Busunternehmern der Region stieg die Firma Jägle in die Reisebranche ein, unterhielt mehrere Reisebüros und veranstaltete Busreisen innerhalb Europas, wobei jährlich bis zu 9000 Gäste transportiert wurden. Doch auch hier zeichnete sich mittelfristig ein Problem ab. In der Region gab es zu viele Busreiseunternehmen, die nicht miteinander kooperierten, sondern sich gegenseitig Kunden und Gäste abwarben. Der Kooperationsgedanke wurde vielfach missverstanden und die Ziele unterschiedlich verfolgt und gesetzt. Zudem zeigten einige der Kooperationspartner letztlich zu wenig unternehmerische Konsequenz, insbesondere da sie nicht bereit waren, notwendige Investitionen zu tätigen, die zu einer besseren Wettbewerbsfähigkeit der Busreisen im Vergleich zu anderen Reisetypen geführt hätte. Jägle stieg aus dem Geschäft aus und witterte bereits Ende der 80er/Anfang der 90er Jahre eine neue Chance, erfolgreich Geschäfte zu machen: der regionale Busbetrieb. Zunächst bewarb sich Karl Jägle's Bruder Walter für den Posten des Geschäftsführers der Regionalbus Augsburg GmbH (RBA) und wurde mit der Sanierung des Unternehmens betraut. Allerdings konnte er diese Aufgaben nicht wie ursprünglich geplant beginnen und abschließen, da das Unternehmen schon zuvor veräußert wurde. So beteiligte sich die Firma Jägle GmbH 1993 an einem Konsortium aus zehn privaten Unternehmern, die gemeinsam 86,3% der RBA erwarben sowie fünf städtischen Kommunen, wobei letztere insgesamt

[3] Die Studie „Auto 2010 – Eine Expertenbefragung zur Zukunft der Automobilindustrie" wurde von der internationalen Unternehmensberatung für Management und Technologie, *Accenture,* durchgeführt. Dabei wurden 500 Branchenfachleute und Führungskräfte nach ihren erwartungen für die kommenden Jahre befragt.

13,7% der Anteile halten, um das Unternehmen Regionalbus Augsburg GmbH zu privatisieren. Innerhalb von 18 Monaten konnte die neue Geschäftsführung das wirtschaftlich schwache Unternehmen wieder in die Gewinnzone bringen.[4] Heute betreibt die RBA im bayerisch-schwäbischen Raum ca. 170 eigene und 350 angemietete Busse

Einem weiteren Trend und gleichzeitig einer persönlichen Vorliebe und Begeisterung folgend, schufen die Gebrüder Jägle ein weiteres Standbein, indem sie Ultraleichtflugzeuge, die damals in den USA bereits zugelassen waren, im deutschen Markt einführten und den dortigen Richtlinien anpassten. Durch die Durchführung von Testflügen, dem Verfassen eines „Manuals" sowie der technischen Adaptierung und Verbesserung der amerikanischen Leichtflugzeuge an die deutschen Bestimmungen gelang es den Brüdern Jägle, erstmals in Deutschland eine Zulassung für derartige Ultraleichtflugzeuge zu erhalten. Nach den anfänglichen Erfolgen zeigten sich einige Schwierigkeiten, einerseits durch die von der Bevölkerung zunehmend als störend wahrgenommene Lärmbelästigung sowie andererseits durch diffizile Bestimmungen bezüglich der Landeerlaubnis von Flugzeugen auf Flugplätzen. Die Brüder erkannten, dass es auch hier langfristig schwer werden würde, erfolgreich zu sein. Sie entschlossen sich, diesen Unternehmensbereich – das neben dem ÖNPV und dem Kfz-Betrieb das dritte Standbein darstellte – wieder aufzugeben.

Bereits in den 80er, jedoch verstärkt in den 90er Jahren erwarben die Jägle Verkehrsbetriebe einige private Omnibusunternehmen in der Region, um die Fahrzeugflotte zu vergrößern und infolgedessen ein flächenmäßig größeres Gebiet (Region 10 mit Eichstätt, Beilngries, Nassenfels, Neuburg an der Donau und Ingolstadt) abdecken zu können.

Die nachfolgende Abbildung zeigt die Entwicklung der verschiedenen unternehmerischen Betätigungsfelder der Unternehmerfamilie Jägle nochmals graphisch im Zeitverlauf:

[4] Auf diesen (unerwarteten) Erfolg hin nahm die Deutsche Bahn – vorherige Eigentümerin der Regionalbus Augsburg (RBA) – Abstand von weiteren Veräußerungen diverser Regionalbahnen; somit blieb der Regionalbetrieb Augsburg das einzige Unternehmen, das letztlich veräußert wurde.

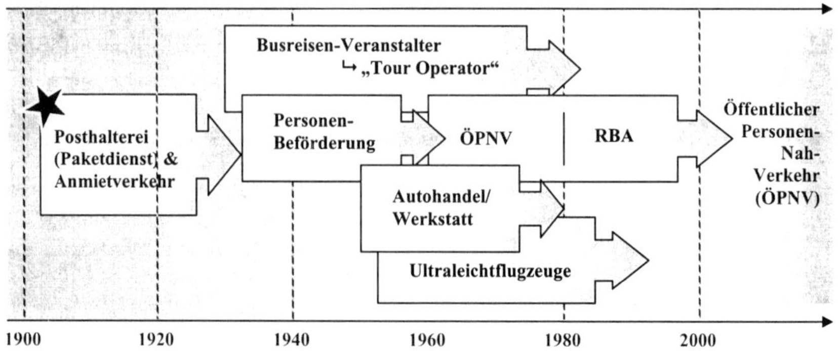

Abbildung 1: Geschäftsfelder des Unternehmens

Quelle: *eigene Darstellung*

2.2 Das Unternehmen heute

Die Firma Jägle operiert heute auf regionaler Ebene in der Branche des öffentlichen Straßenpersonenverkehrs, der jährlich bundesweit rund 7,9 Mrd. Fahrgäste befördert und ca. 6 Mrd. € Einnahmen generiert (vgl. Statistisches Bundesamt, 2001).

Das Unternehmen setzt sich nach eigenen Angaben aus vier eigenständigen Firmen zusammen: die Jägle Verkehrsbetriebe GmbH (JVB), die Firma Seitz GmbH in Neuburg, die Firma Sandner-Bus GmbH in Nassenfels sowie die Firma Sillner GmbH in Beilngries.

Dadurch kann das Unternehmen auf 65 Omnibusse, die zwischen 36 und 150 Plätze bieten und zum Teil mit „Niederflur"-Technik ausgestattet sind, sowie 70 Kleinbusse mit 8 bis 20 Plätzen zurückgreifen. Mit dieser Flotte befördert das Unternehmen jährlich rund 3,5 Millionen Fährgäste und legt über 5 Millionen Kilometer zurück. Möglich wird der Erfolg des Unternehmens durch 75 fest angestellte Mitarbeiter und ca. 140 Teilzeitbeschäftigte.

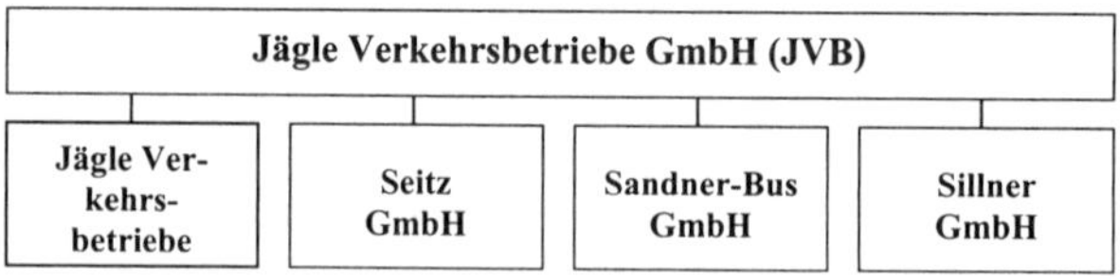

Abbildung 2: Das Unternehmen JVB

Quelle: *eigene Darstellung*

Grundsätzlich konzentriert sich das Unternehmen auf vier Tätigkeitsfelder, die alle zu den Kernbereichen der Branchen gerechnet werden können: den Regionalverkehr, den Stadtbusverkehr, die Omnibusvermietung und schließlich Omnibusreisen, wie die nachfolgende Abbildung zeigt:

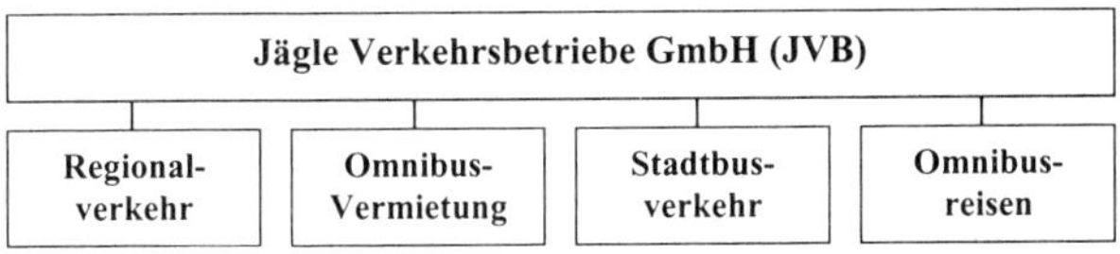

Abbildung 3: Tätigkeitsfelder der JVB
Quelle: eigene Darstellung

2.3 Die Unternehmenskultur

Die Brüder Jägle haben in ihrem Unternehmen eine eigene Kultur vorgelebt, die stark durch die persönlichen charakterlichen Eigenschaften jedes einzelnen geprägt ist. Unter Unternehmenskultur versteht Hinterhuber die Summe aller gelebten und anerkannten Werte, Normen und Zielvorstellungen. Dabei bestimmt sie konkret das menschliche Verhalten in jeder unternehmerischen Tätigkeit (vgl. Hinterhuber, 1998). Beispiele für Kulturwerte sind unternehmerische Weitsicht und Antrieb, Innovations-, Kunden-, Mitarbeiter-, Kosten-, und/oder Serviceorientierung, Flexibilität, soziale Kompetenz sowie Teamfähigkeit.

Wie sehr diese Beschreibung auch auf das unternehmerische Denken und Handeln innerhalb der Firma Jägle zutrifft, zeigt sich beispielsweise in der Art der Entscheidungsfindung von Karl und Wolfgang Jägle. Ausgehend von ihren ganz persönlichen Erfahrungen und ihrem eigenen Empfinden schätzen sie die Kundenbedürfnisse ein und legen auf Basis dieses Bewusstseins, nachhaltig die für das Unternehmen entscheidende Marschrichtung fest. So kam beispielsweise Karl Jägle – aus gehend von der Frage nach dem höchsten Reisekomfort für den Kunden – schon vor mehr als 25 Jahren zu dem Schluss, dass die Zukunft des Reisens nicht im Reisen in Bussen – wie dies noch in den 50er und 60er Jahren aktuell war – läge, sondern dass bequemere Alternativen die touristische Busreise verdrängen würden. Heute besteht so Karl Jägle kein Zweifel mehr, dass Flugreisen genau dieses Mehr an Komfort bieten.

Allerdings sieht Jägle nur dann eine wirkliche Chance für den Unternehmer, strategische Entscheidungen zu treffen und die Entwicklungen im wirtschaftlichen Umfeld beobachten zu können, wenn die Mitarbeiter dem Unternehmer den Rücken freihalten bzw. durch ihr Wirken stärken. Damit die Mitarbeiter eigenständig und im Sinne der Unternehmensziele verantwortlich handeln, müssen sie Freiraum und Verantwortung bekommen, um Erfahrungen machen zu können. Da dies nicht immer reibungslos vonstatten geht, vertritt Jägle die Ansicht, dass es im Unternehmen unbedingt eine Toleranz für Fehler geben muss, die allerdings so zu verstehen ist, dass Lösungen für die entstandenen Probleme und Schwierigkeiten gemeinsam gesucht und anschließend mit vollem Einsatz umgesetzt werden. Nur so kann sichergestellt werden, dass die Fehler nicht ein zweites Mal gemacht werden. Dies bedingt allerdings ein reziprokes menschliches wie fachliches Vertrauensverhältnis zwischen Mitarbeitern und Führungskräften. Nur wenn man bereit ist, die Mitarbeiter entsprechend ihren Fähigkeiten im Unternehmen einzusetzen und zu fördern, wird – so Jägle – der Unternehmer Zukunftschancen abschätzen und Potential intern und extern zu entdecken.

Auch das Thema „Kostenorientierung" ist in der Unternehmenskultur der Jägle Verkehrsbetriebe GmbH verankert. Der Unternehmer ist davon überzeugt, dass man sich bei der Entscheidung für eine Investition einen finanziellen und zeitlichen Rahmen stecken und klare Zielvorgaben festlegen muss. Nur so kann einem möglichen Misserfolg entgegengewirkt werden. Nicht immer sind klein- und mittelständische Unternehmer allerdings in der Lage, diese klare Linie zu ziehen. Letztlich sind beispielsweise gerade die ehemaligen Partner Jägles im Bereich des Veranstalterwesens daran gescheitert. Jägle stellt dabei besonders heraus, dass ein Unternehmer sehr genau wissen muss, wo er seine Gewinne generiert und wofür das erwirtschaftete Kapital dann verwendet bzw. investiert wird. Nur wenn eine ausreichende Eigenkapitaldecke geschaffen wurde, mit welcher der Fortbestand des Unternehmens in seinem Kerngeschäft auch in Krisenzeiten gesichert werden kann, macht unternehmerisches Engagement im Sinne einer Diversifikation in verwandte und fremde Geschäftsfelder Sinn.

2.4 Die Kompetenz des Unternehmens

Man sollte das tun, was man kann.
Karl Jägle

Wie bereits in Abbildung 1 deutlich wurde, zeichneten sich in der Unternehmensgeschichte der JVB unterschiedliche geschäftliche Aktivitäten ab. Grundsätzlich basierte die Entscheidung für die Diversifikation in eines der beschriebenen Geschäftsfelder auf der Existenz einer fachlichen Kompetenz und großen persönlichen Interesses. Die Brüder Jägle definieren die Kompetenz als eine Fähigkeit, mit der gesichert ist, dass niemand in der betreffenden Branche ihnen etwas vormachen kann. Dabei standen die Unternehmer in der Vergangenheit vor der Entscheidung, aus den verschiedenen Fähigkeiten, die sie besaßen, die eigentliche Kernkompetenz des Unternehmens klar herausarbeiten und gegebenenfalls den veränderten Bedingungen anzupassen. Aufbauend auf den unterschiedlichen Aktivitäten der JVB kamen für die Geschäftsführung zwei Definitionen ihrer Kernkompetenzen in Frage:

- Die Mobilität, die sich aus einer Kombination aus Fähigkeiten, Ressourcen und Prozessen in den Bereichen ÖPNV, Touristik, Automobilvertrieb und Leichtflugzeuge zusammensetzt.
- Der öffentliche Personennahverkehr mit den damit verbundenen Fähigkeiten, Ressourcen und Prozessen.

Daraus leitete Karl Jägle die heute gültige Kernkompetenz seines Unternehmens ab: „Wir sind in der Lage, den Öffentlichen Personennahverkehr (ÖPNV) kostendeckend zu betreiben."

Es kommt grundsätzlich darauf an, den Grad der Flexibilität der Kernkompetenz festzulegen, wobei eine zu flexibel definierte Kernkompetenz generell eine nicht zu unterschätzende Gefahr in sich birgt: Sie macht zwar die Diversifikation in viele verschiedene Geschäftsfelder möglich und verhindert aber die klare Fokussierung der Tätigkeit des Unternehmens.

3 Die Persönlichkeit der Unternehmer Jägle

Entscheidungen kann man auf Dauer nicht einsam treffen.

Karl Jägle

Die Brüder Karl und Wolfgang Jägle sind Unternehmer mit Leib und Seele. Schon früh traten sie in den Familienbetrieb ein. Karl Jägle begann beispielsweise unmittelbar nach der Schulzeit seine Ausbildung im elterlichen Kfz-Betrieb. Im Jahr 1972 übernahmen dann die Brüder Karl, Walter und Wolfgang Jägle die Firma des Vaters mit damals zehn Bussen. Seit dieser Zeit bewiesen die Brüder immer wieder unternehmerisches Geschick und Gespür in Bezug auf ihr Geschäft. Wie bereits in Kapitel 2.1 deutlich wurde, veränderte sich die Geschäftstätigkeit des Unternehmens mehrfach, was nicht zuletzt auf die unterschiedlichen Interessen der Unternehmer zurückzuführen war. Dies sah man beispielsweise auch in Bezug auf ihre Flugbegeisterung und dem dementsprechenden Engagement für die Zulassung dieser Flugzeuge in Deutschland.

Entscheidend für den nachhaltigen unternehmerischen Erfolg waren und sind bis heute einige charakterliche Eigenschaften wie Entschlossenheit und Konsequenz, Mut, Risikobereitschaft, Vertrauen in die eigenen Fähigkeiten und jene der Mitarbeiter, Realitätssinn, Selbstbewusstsein, Begeisterungsfähigkeit sowie der Zusammenhalt und die gegenseitige Rückendeckung innerhalb der Familie. So kam es, dass die Unternehmer gegen den Rat von Freunden und Bekannten Anfang der 90er Jahre den traditionellen Reisebusbetrieb einstellten, und sich verstärkt auf den regionalen Nahverkehr konzentrierten. Die Brüder Jägle verfolgten damit zwei Ziele: zum einen schufen sie ein effizientes Nahverkehrskonzept, zum anderen konnten sie ein regionales Nahverkehrsnetz zwischen den Kommunen Eichstätt, Neuburg und Ingolstadt aufbauen, das bis dato immer an der mangelnden Kooperationsbereitschaft und den unterschiedlichen Einzelinteressen der regionalen Busunternehmer gescheitert war. Der Erfolg gab ihnen Recht und das Stadtlinien-Konzept der Unternehmer Jägle wurde zum Lehrstück und Vorzeigeobjekt moderner Verkehrsentwicklung („Modell Eichstätt").

Karl Jägle ist davon überzeugt, dass man als mittelständischer Unternehmer langfristig daran zerbrechen würde, wichtige Entscheidungen allein zu treffen. Dabei geht es grundsätzlich nicht darum, die Verantwortung auf mehrere Personen zu verteilen, sondern die Bestätigung für eine bestimmte Entscheidung durch eine fachlich kompetente Vertrauensperson zu erhalten.

Zum Zeitpunkt dieser Konsultation hat der Unternehmer – so Karl Jägle – die betreffende Entscheidung dabei zumeist innerlich schon längst getroffen, es geht nur noch um die Rückversicherung bzw. dem Feedback bezüglich der Richtigkeit der Entscheidung. Genau diesen Rückhalt haben sich die Brüder Jägle gegenseitig gegeben, und somit gleichzeitig sichergestellt, dass die zum Teil schwerwiegenden Entscheidungen zum Wohl der gesamten Unternehmung und im Sinne aller Beteiligten getroffen wurden.

4 Das wirtschaftliche Umfeld/der Markt

Nicht nur die Frage der Kompetenz ist für einen Mittelständler ungemein wichtig, sondern auch die Fähigkeit, seinen Betrieb in die gesamtwirtschaftliche Entwicklung einzuplanen.

Karl Jägle

Veränderungen in einer Branche zu erkennen und gesamtwirtschaftliche Entwicklungen abschätzen zu können, sind für Karl Jägle entscheidende unternehmerische Aufgaben und zeugen von der Kompetenz des jeweiligen Unternehmers. Karl Jägle unterscheidet hierbei jedoch ganz eindeutig zwischen der internen und externen Kompetenz eines mittelständischen Unternehmers. Mit „interner Kompetenz" meint er die Kompetenz im eigenen Betrieb, d.h. der Erkennung und Entwicklung der Kernkompetenz, die in den letzten Jahren als wichtiger Einflussfaktor auf den Unternehmenserfolg erhebliche Resonanz gefunden hat (Friedrich von den Eichen/Stahl/Matzler, 2002). Dieser internen Kompetenz stellt Jägle die externe Kompetenz gegenüber, welche für die Fähigkeit steht, die Zukunft einer Branche abschätzen, Veränderungen in anderen (z. T. verwandten) Branchen erfassen und diese Veränderungen dann auf die Situation der eigenen Branchen anpassen zu können.

Ein Wandel des Mobilitätsverhaltens oder Veränderungen im Konsum der Menschen können Auswirkungen auf verschiedene Branchen haben. Mobilität beispielsweise greift in das tägliche Leben der Menschen vielfältig ein, d.h. Menschen sind auf unterschiedliche Art und Weise mobil. Nimmt man an, dass alle fünf Komponenten einen bestimmten Anteil der Mobilität ausmachen, so leuchtet ein, dass wenn – ceteris paribus – beispielsweise der Anteil des Flugverkehrs an der Gesamtmobilität steigt, eine oder mehrere der anderen Komponenten anteilig verlieren werden. Genau diese Entwicklung zeichnete sich in den letzten Jahren ab: der touristische Flugverkehr stieg, während Bahn- und Busreisen kaum nennenswert Zuwächse bzw. sogar teilweise Rückgänge zu verzeichnen hatten. Das Erkennen einer derartigen Entwicklung stellt die unternehmerische Weitsicht dar, von der Karl Jägle spricht.

Ferner wird die zukünftige Ausrichtung des ÖPNV zunehmend durch die Richtlinienkompetenz der Europäischen Union beeinflusst. Im Zuge dessen erteilte die EU den Auftrag, verschiedene Nahverkehrssysteme in Europa miteinander zu vergleichen und ihre Vor- und Nachteile herauszuarbeiten. Drei Arten von ÖPNV-Systemen konnten identifiziert werden (vgl. www.bmvbw.de)[5]:

- Das deregulierte System in Großbritannien (ausgenommen London)
- Die Systeme mit beschränktem Wettbewerb durch Ausschreibungen, wie in Dänemark, Frankreich, Norwegen und Schweden.
- Die klassischen, reglementierten Systeme (Belgien, Deutschland, Griechenland, Italien, Irland, Luxemburg, Niederlande, Österreich, Portugal und Spanien).

Seit mehreren Jahren werden die Veränderungen im deutschen wie europäischen ÖPNV immer deutlicher. Obwohl der europäische ÖPNV-Markt in einigen Ländern noch nicht zur Gänze frei zugänglich ist, kam es in einigen Ländern bereits zu einer massiven Verschiebung der Marktanteile hin zu einer kleinen Zahl von kapitalkräftigen Anbietern. Diese hatten durch den Kauf von Verkehrsbetrieben im europäischen In- und Ausland Verkehrsleistungen übernommen und gebündelt und so den Wettbewerb intensiviert (vgl. www.bmvbw.de).

5 Perspektiven

Der Straßengebundene ÖPNV, zu dem insbesondere der Busbetrieb zu rechnen ist, ist heute nicht mehr aus den Stadtbildern wegzudenken; auf die Fläche[6] gesehen, ist der Bus noch immer das wichtigste öffentliche Verkehrsmittel (vgl. www.bmvbw.de).

Dennoch wird der ÖPNV bedingt durch stagnierende bzw. sinkende Bevölkerungszahlen, der Überalterung der Gesellschaft sowie einer steigenden Pkw-Motorisierung in Deutschland langfristig entsprechend mit einem Rückgang der Fahrgästezahlen rechnen müssen. Dabei wird sich allerdings das Verkehrsaufkommen verstärken, da die Menschen aus den Städten ins Umland ziehen: Diese Verlagerung des Wohnortes geht jedoch nicht mit einer Verlegung des Arbeitsplatzes einher, was zu der genannten Veränderung führen wird.

[5] vgl. Bericht der Bundesregierung über den öffentlichen Personennahverkehr in Deutschland nach der Vollendung der Deutschen Einheit, 1999, S. 81

[6] Zur „Fläche" gehören rund 82% des Bundesgebietes und ca. 59% der Bevölkerung, jedoch nur ca. 37% des Verkehrsaufkommens im ÖPNV. In der Fläche wird der ÖPNV um das 2,5 fache weniger als in den Ballungsräumen genutzt (vgl. www.bmvbw.de).

Innovative Verkehrskonzepte sind gefragt, die eine noch stärkere Vernetzung von Bus und Bahn zu integrierten Nahverkehrssystemen herbeiführen, um die Attraktivität der öffentlichen Verkehrsmittel vor allem im ländlichen Raum zu verbessern. Rund um moderne Informations- und Telekommunikationssysteme, neue Kooperationsmodelle und Kunden- müssen innovative private und kommunale Verkehrsunternehmen gleichermaßen in attraktive Angebote und Dienstleistungen schaffen.

Vor allem aber werden mittelständische Verkehrsbetriebe wie die JVB hohe Flexibilität und Anpassungsfähigkeit beweisen müssen, da sich durch die Harmonisierungsprozesse der EU die gesetzlichen Rahmenbedingungen meist halbjährlich ändern, und dadurch die Planungssicherheit fast vollkommen verschwunden ist.

Die Geschäftsführer der Jägle Verkehrsbetriebe GmbH haben bereits in der Vergangenheit ihre Innovationsfähigkeit immer wieder unter Beweis gestellt, und sie zeigen sich auch heute zuversichtlich, dass sie den neuen Herausforderungen durch die geänderten Strukturen und Rahmenbedingungen erfolgreich begegnen können.

6 Fragenstellungen

a) Welche Rolle spielt das Wissen bei der Entwicklung eines Unternehmens? Wer entwickelt dieses Wissen und wo wird Wissen im Unternehmen greifbar? Wie kann der Terminus „Wissen“ definiert werden und wo genau besteht der Unterschied zwischen „Wissen“ und „Kompetenz“?

b) Wie kann eine Kernkompetenz definiert werden? Worin unterscheiden sich die beiden möglichen Kernkompetenzen „ÖPNV“ und „Mobilität“? Warum ist die Entwicklung der Kernkompetenz für ein Unternehmen entscheidend? Wie sind die gegenwärtigen und vergangenen Tätigkeitsfelder der Firma Jägle in diesen Kontext einzuordnen?

c) Wie kann das Unternehmen ausgehend von der Kernkompetenz in neue Geschäftsfelder diversifizieren? Welche Arten von Diversifikation werden in der Theorie unterschieden und wie sind diese im Lichte der Kernkompetenz eines Unternehmens zu sehen?

d) Der Spruch „Schuster bleib bei deinen Leisten“ trifft nach Ansicht der Unternehmens Karl Jägle vor allem für klein- und mittelständische Unternehmen zu. Diskutieren Sie diese Aussage?

e) In der Fallstudie wurde mehrfach die unternehmerische Weitsicht herausgestellt. Wo besteht künftig für ein Unternehmen im Öffentlichen Personennahverkehr (ÖPNV) wie den Jägle Verkehrsbetrieben GmbH Handlungsbedarf? Wie kann ein privater Unternehmer auf Veränderungen im wirtschaftlichen, sozialen, gesellschaftlichen und/oder politischen Umfeld reagieren? Welche Auswirkungen hat diese Reaktion auf die Entwicklung des betreffenden Unternehmens?

7 Literaturhinweise und weitere Informationen

Hinterhuber, H.H./Handlbauer, G./Friedrich von den Eichen, S.A./Stuhec, U. (1995): Die Unternehmung als kognitives System von Kernkompetenzen und strategischen Geschäftseinheiten, in: Wildemann, H. (Hrsg.): Produktions- und Logistiknetzwerke, München, S. 67-103

Hinterhuber, H.H./Handlbauer,G./Matzler, K. (2003): Kundenzufriedenheit durch Kernkompetenzen – Eigene Potentiale erkennen, entwickeln und umsetzen, 2. Auflage, Wiesbaden

Hinterhuber, H.H./Stuhec, U. (1997): Kernkompetenzen und strategisches In-/Outsourcing, in: Zeitschrift für Betriebswirtschaft, Ergänzungsheft 1, S. 1-20

Matzler, K./Pechlaner, H./Renzl, B. (Hrsg.) (2003): Werte schaffen. Perspektiven einer Stakeholder-orientierten Unternehmensführung, Wiesbaden

Prahald, C.K./Hamel, G. (1990): The core competence of the corporation, in: Harvard Business Review, May/June, S. 79-91

Tsoukas, H. (1996): The Firm as a Distributed Knowledge System – A Constructivist Approach, in: Strategic Management Journal, Winter Special Issue, S. 11-25

Van Krogh, G./Ichijo, K./Nonaka, I. (2000): Enabling Knowledge Creation – How to Unlock the Mystery of Tacit Knowledge and Release the Power of Innovation

http://www.accenture.de/static_pdf/auto1.pdf [Abrufdatum: 16.08.2004]

http://www.bmvbw.de [Abrufdatum: 04.08.2004]

http://www.jaegle-bus.de [Abrufdatum: 16.08.2004]

Die Herausgeber

Prof. Dr. Harald Pechlaner,

geb. 1965 in Meran/Südtirol, Inhaber der Stiftungsprofessur Tourismus der Katholischen Universität Eichstätt-Ingolstadt, wissenschaftlicher Leiter am Institut für Management und Tourismus der Europäischen Akademie Bozen (EURAC Research). Verfasser zahlreicher Publikationen. Forschungsschwerpunkte: strategisches Management, Entrepreneurship, Diversifikationsstrategien, Kooperationsmanagement, Destinationsmanagement, touristische Produktentwicklung.

Email: harald.pechlaner@ku-eichstaett.de

Prof. Dipl.-Ing. Dr. Hans H. Hinterhuber,

geb. 1938 in Bruneck/Südtirol, ordentlicher Professor und Vorstand des Instituts für Unternehmensführung, Tourismus und Dienstleistungswirtschaft der Leopold-Franzens-Universität Innsbruck, Professor für Internationales Management an der Wirtschaftsuniversität Bocconi in Mailand. Verfasser zahlreicher Publikationen auf den Gebieten der strategischen Unternehmensführung und des Führungsverhaltens. Forschungsschwerpunkte: Innovationsmanagement, Leadership, Prozessmanagement und Internationalisierung.

Email: hans.hinterhuber@uibk.ac.at

Mag. Eva-Maria Hammann,

geb. 1977 in Memmingen/Bayern, wissenschaftliche Mitarbeiterin an der Stiftungsprofessur Tourismus der Katholischen Universität Eichstätt-Ingolstadt, sowie Dissertantin am Institut für Unternehmensführung, Tourismus und Dienstleistungswirtschaft der Leopold-Franzens-Universität Innsbruck. Forschungsschwerpunkte: Entrepreneurship & Corporate Entrepreneurship, strategisches Leadership, internationales Management.

Email: eva.hammann@ku-eichstaett.de

Die Autoren

Mag. Dagmar Abfalter

Wissenschaftliche Mitarbeiterin und Dissertantin am Zentrum für strategische Unternehmensführung und Leadership der Leopold-Franzens-Universität Innsbruck.

Mag. Marita Böhme

Key Account Manager der Firma Berlitz in Wien.

Mag. Elisabeth Fischer

Wissenschaftliche Mitarbeiterin an der Stiftungsprofessur Tourismus der Katholischen Universität Eichstätt-Ingolstadt sowie Dissertantin an der wirtschaftswissenschaftlichen Fakultät der Katholischen Universität Eichstätt-Ingolstadt.

Mag. Alexandra Gossner

Administrative Assistentin am Institut für Biomedizinische Alternsforschung der Österreichischen Akademie der Wissenschaften sowie kaufmännische Assistentin bei der Firma Amynon Biotech GmbH.

Mag. Eva-Maria Hammann

Wissenschaftliche Mitarbeiterin an der Stiftungsprofessur Tourismus der Katholischen Universität Eichstätt-Ingolstadt und Dissertantin am Zentrum für strategische Unternehmensführung und Leadership der Leopold-Franzens-Universität Innsbruck.

Prof. Dipl.-Ing. Dr. Hans H. Hinterhuber

Professor und Vorstand des Instituts für Unternehmensführung, Tourismus und Dienstleistungswirtschaft der Leopold-Franzens-Universität Innsbruck sowie Professor für Internationales Management an der Wirtschafts-Universität Bocconi in Mailand.

Mag. Wolf von Holzschuher

Project Manager im Bereich Structured Finance bei der KG Allgemeine Leasing GmbH & CO., mit Sitz in Grünwald bei München.

Dott. Markus Mair

Geschäftsführer der ESSENZA ITALIA GmbH mit Sitz in Bozen.

Dr. Rainer Marksteiner

Mitbegründer und Head of Development and Production der InnovaCell Biotechnologie GmbH, Innsbruck.

Mag. Christian Mathes

Geschäftsführer der CAST Gründungszentrum GmbH in Innsbruck sowie Geschäftsführer der transIT Entwicklungs- und Transfercenter GmbH der Universität Innsbruck.

Mag. Kathrin Meier

Absolventin der Sozial- und Wirtschaftswissenschaften der Leopold-Franzens-Universität Innsbruck.

Mag. Johann M. Pacher

Manager der SEZ AG und Verantwortlicher im Bereich Financial Controlling, Business Excellence & Quality Systems im südost-asiatischen Raum.

Prof. Dr. Harald Pechlaner

Inhaber der Stiftungsprofessur Tourismus der Katholischen Universität Eichstätt-Ingolstadt sowie wissenschaftlicher Leiter am Institut für Management und Tourismus der Europäischen Akademie Bozen.

Dr. Sandra Rothenberger

Wissenschaftliche Mitarbeiterin am Zentrum für strategische Unternehmensführung und Leadership der Leopold-Franzens-Universität Innsbruck.

Mag. Sandra Schwaiger

Instore Manager bei Douglas Italia, Verona.

Mag. Gabriele Türtscher

Mitarbeiterin im Bereich Absatzplanung und Disposition der Swarovski AG, Lichtenstein.

Mag. Gerhard Zoller

Unternehmensberater in den Bereichen Corporate Finance Consulting (M&A) und Turnaround Management bei der Management Partner GmbH, Stuttgart.